BIOGRAFIA

*

TEATRO

*

OTRAS OBRAS

*

BIBLIOGRAFIA

*

CUADRO CRONOLOGICO

BIOGRAFÍA

"No es hombre quien de su tierra no sale", dice Tirso de Molina en "Ventura te de Dios"; y vuelve a insistir en el tema en la comedia titulada "El amor médico", poniendo en boca de D. Iñigo los versos siguientes:

> Huélgome infinito yo
> De veros por esta tierra;
> Que el que en la suya se encierra
> Y nunca se divirtió
> En las demás, no merece
> De discreto estimación.
> Historias los reinos son
> Y el que verlos apetece
> Estudiando en la experiencia
> Que a tantos renombre ha dado,
> Vuelve a casa consumado
> Y es para todo. No hay ciencia
> En libros como en los ojos
> Porque en la práctica estriba
> La más especulativa;
> La ociosidad causa enojos...

Bien pueden aplicarse estos conceptos al propio Tirso de Molina que tanto viajó. Conoce casi toda España, está en América, seguramente visita Portugal y se explica con evidencia su conocimiento de las gentes, la variedad de personajes y su realidad en el teatro, pues es bien seguro que llevaba los ojos muy abiertos durante tantas correrías; y si como algunos afirman que fue el confesonario quien le proporcionó aquella experiencia que tanto valor da a sus comedias, mucho más pudo apreciar y observar en la vida misma. Casi puede reducirse su biografía a viajes constantes por las ciudades más típicas de España. Toledo, predilecta del fraile en todo momento, y preferida a Madrid su ciudad natal "tan apoderada de la envidia extranjera". En Toledo estuvieron Lope de Vega y Cervantes: en Toledo terminó Santa Teresa de Jesús "Las Moradas"; en Toledo se escribe el auto de "Los Reyes Magos" primera obra dramática de la literatura española; en la Imperial ciudad el Greco se transforma en el más alto exponente de la espiritualidad nacional, y es la ciudad del Tajo la cristalización de la Historia de España. También vive Tirso de Molina en Sevilla, complemento para el dominio del alma española. En Sevilla se encuentran Lope de Vega y Cervantes, en Sevilla fundó Santa Teresa de Jesús. Y conoce el fraile mercedario Salamanca, Soria, Barcelona, Galicia, Portugal, América. ¡Cuánta riqueza para el dramaturgo! ¡Cuántos temas inagotables para sus comedias y qué bien aprovechados!

Pero al tratar de fijar fechas exactas en que Tirso de Molina vivió en estas ciudades, las confusiones son frecuentes y ni siquiera se puede afirmar el año de su nacimiento. Para Dña. Blanca de los Ríos es muy clara la partida de bautismo encontrada en la parroquia de San Ginés de Madrid, atribuida al padre Téllez, en la que consta el nombre de Gabriel solamente, hijo de padre "incógnito" y de madre sin apellidos "Gracia Juliana", fechada el 9 de Marzo de 1584. Pero en este documento hay tres tachaduras en el margen, que pretende interpretar la Sra. de los Ríos como "Téllez Girón, hijo del Duque de Osuna". Muchos biógrafos han aceptado la afirmación de la Sra. de los Ríos, pero el R. P. Fray Miguel de los Ríos, mercedario presidente de la "Junta Nacional de Chile para la celebración del tercer centenario de Tirso de Molina", asegura que Fray Gabriel Téllez no es bastardo y que la partida de bautismo que defiende Dña. Blanca de los Ríos no es la del fraile mercedario. Y son tantos los argumentos aportados por Fray Miguel de los Ríos, que merecen tenerse en cuenta, pues dice, en primer lugar, que los nombres de Gabriel y Téllez eran muy comunes en aquellos tiempos, y que si hubiese sido bastardo tenía que figurar la bastardía en gran cantidad de documentos, pues se necesitaba su dispensa para obtener los títulos y honores que Fray Gabriel Téllez, que con el nombre de Tirso de Molina fue conocido el fraile en el mundo de las Letras, consiguió dentro de la Orden de los Mercedarios. Llegando a la conclusión de que no pudo ser la partida de bautismo de Téllez la que defiende Dña. Blanca de los Ríos, por ser un año posterior al de su nacimiento, según declaración oficial del poeta hecha el año 1616. Pero un año de diferencia no puede influir en la biografía ni en la obra de Tirso de Molina, como para llegar a tan complicadas disquisiciones.

En realidad es que nada se conoce de la familia de Fray Gabriel Téllez, el que solamente hace referencia en una ocasión a una hermana "parecida a él en ingenio y en desdichas" como dice en "Los Cigarrales de Toledo". Tampoco se sabe nada de su infancia; solamente que estudió en Alcalá y que en 1600 era novicio del convento de la Merced de Guadalajara donde profesó el 21 de Enero de 1601. A partir de este momento se han tratado de llenar las lagunas que respecto de su biografía existían; se ha investigado en los archivos de Trujillo, Soria, Cuenca, Toledo, Guadalajara, Madrid y Sto. Domingo, y no solamente Dña. Blanca de los Ríos ha dedicado su vida a re-construir la de Tirso de Molina, sino que los frailes mercedarios han realizado trabajos del mayor interés, además de otros muchos inves-tigadores, para resolver las dudas que aparecían en la vida de tan in-signe dramaturgo que completa el triunfo con Lope y Calderón; quizá equidistante de ellos, siendo los tres religiosos, y los tres presentando el problema de la relación que puede existir entre su obra realizada, tan terriblemente profana en ocasiones, y sus actividades dentro de la religión.

Habiendo profesado en Guadalajara el año 1601 vuelve a encon-trarse en la ciudad en 1605. ¿Dónde estuvo mientras tanto? Parece seguro que fue en Galicia y así lo afirma el Padre Fray Gumersindo Placer, fraile mercedario de la Real Academia Gallega, que ha tratado de demostrar que estuvo dos veces en aquella región española, la una antes de 1606 y la otra antes de 1622, y aclara que se hospedó en los conventos de mercedarios de Conujo, en las afueras de Santiago de Compostela y en Verín. También Dña. Blanca de los Ríos afirma que Tirso de Molina estuvo en Galicia, pero no fija las mismas fe-chas y habla de su ciclo de comedias galaico portugués pues no me-nos de trece ocurren en Galicia y en Portugal, desde "La gallega Mari Hernández", hasta "Las Quinas de Portugal". Y en estas obras inter-cala Tirso de Molina con mucha frecuencia fragmentos en gallego y en portugués. Hace referencia constante al campo gallego:

> ¿Ves esas yedras y parras
> desos álamos enredos?
> pues celosas de sus hojas
> tiene ya sus troncos secos.
> Celos que del prado tiene
> hacen que aquel arroyuelo
> hechos labios sus cristales
> se coma aquel lirio a besos...
>
> ("La gallega Mari-Hernández.")

A su fauna y a su flora, a sus gentes, hasta de las típicas comidas gallegas habla:

> "¿Qué parecen las viudas con monjil negro?
> Truchas empanadas en pan centeno."
>
> ("Tanto es lo de más como lo de menos.")

Si no cabe duda que Tirso de Molina conoció Galicia, y de la misma manera puede asegurarse que estuvo en Portugal, los biógrafos coinciden, sin embargo, en la época que pudo visitar esa nación.

Parece seguro que el año 1604 estaba el fraile mercedario en Toledo y probablemente ese mismo año se encontró con Lope de Vega en la Imperial Ciudad. Del encuentro de Tirso con Lope nace aquella parte de su teatro que puede llamarse su período libre "precalderoniano". Y en Toledo se produce el teatro religioso de Tirso de Molina; es en el claustro toledano, porque en el mercedario todo el poeta es fraile y todo el fraile es poeta como dice Dña. Blanca de los Ríos. Son distintas las veces que vive en Toledo, ciudad de su preferencia, y allí está los años 1613 y 1614, teniendo extraordinaria importancia el año 1616 en el que por Real Cédula de 23 de Enero es autorizado para embarcarse en Sevilla con varios compañeros de su Orden para la isla de Santo Domingo "La Española", donde leyó tres cursos de Teología y reformó el monasterio de la Orden. No puede pasar desapercibida la estancia de Tirso de Molina en Sevilla, tan típica, tan castiza, donde tantas enseñanzas pudo recoger para su teatro, y probablemente en la ciudad del Guadalquivir concibió el fraile mercedario a Don Juan Tenorio. Vuelve a estar en Sevilla a la vuelta de Santo Domingo y en ella vive el año 1625; lo que no se sabe es si antes estuvo en algún otro sitio y pudiera ser que visitase Galicia por segunda vez.

Hasta esta época no parece que tuvo problema alguno por su doble actividad de religioso y escritor dramático; sin embargo, aquel mismo año de 1625 empiezan las críticas y en alguna ocasión bien violentas contra el escritor. Se inicia la protesta en forma oficial por una Junta de reformación para entender en materia de "vicios, abusos y cohechos" que se creó en el año 1624, la que sancionó a Fray Gabriel Téllez con este gravísimo acuerdo: *"Maestro Téllez por otro nombre Tirso que hace comedias.* Tratóse del escándalo que causa un fraile mercedario que se llama el Maestro Téllez, por otro nombre Tirso con comedias que hace profanas y de malos incentivos y ejemplos. Y por ser caso notorio se acordó que se consulte a S. M. de que el confesor diga al Nuncio le eche de aquí a uno de los monasterios más remotos de su religión y le imponga excomunión mayor *latae sentenciae* para que no haga comedias ni otro ningún género de versos profanos. Y esto se haga luego." Y en vista de aquella sentencia Tirso de Molina tomó la resolución de no escribir más para la escena, resolución que mantuvo durante diez años, como él mismo afirma en la "Tercera parte" de sus comedias.

nocimiento asombroso del idioma. Es discípulo y es maestro de Lope
en muchas ocasiones. Asombroso creador de caracteres es el fraile
mercedario y muy especialmente, y en ello se diferencia también de
Lope, en la creación de tipos femeninos. Nadie como Tirso de Molina dominó la psicología femenina. Solamente con él entró la mujer
realmente en el teatro, con toda su infinita variedad; desde la augusta
figura de Dña. María de Molina, que ningún otro dramaturgo llegó
a igualar ni a aproximarse por lo que se refiere a la excelsa signifi-
cación de la "madre", que Lope no supo o no quiso crear en su
teatro. Tirso, discípulo de Lope en la técnica dramática, no lo fue en el
dominio psicológico, y supo sentir en sus obras el tipo augusto de
la madre que tampoco Calderón hace aparecer en su teatro barroco.
La exclusión de la figura excelsa de la madre en todo el teatro del
siglo XVI hace de la obra de Tirso de Molina una verdadera excepción. Y de la misma manera es único en la concepción de tan va-
riados y tan valiosos tipos femeninos como los que nos ofrece en su
teatro. Y el ser profundo conocedor del alma femenina no le impide
dominar también gran cantidad de caracteres masculinos, que la "realidad" se le entregó entera al fraile mercedario; y sus obras, que en
muchas ocasiones no son otra cosa que una serie de escenas unidas
por el interés, que él antepuso a las unidades clásicas, nos convencen,
precisamente, y nos cautivan y nos conmueven, por ofrecernos la realidad, la vida. Dentro de la fórmula teatral de Lope, hay en Tirso de
Molina un predominio realista y psicológico sobre todos sus contemporáneos.

Si, por lo tanto, queremos adjudicar dos notas al teatro de Tirso
de Molina, sería una de ellas su dominio psicológico, su creación de
caracteres; y la otra, la captación del ambiente que tiene una importancia extraordinaria, pues era la realidad de la época, la realidad del
siglo XVI. La España de los Austrias está viva en la escena del fraile
mercedario; lo mismo fiestas de toros que escenas cortesanas y religiosas; romerías populares, paseos, mentideros, posadas y mesones,
peripecias de viajes, las calles más típicas de las ciudades: Madrid,
Toledo, Salamanca, Sevilla con las características de cada una de
ellas, y hasta los paisajes de los distintos lugares, añadiendo Galicia
y Portugal. Todo lo que el fraile conoció, sintió, interpretó y que
llevó a la escena, bien puede ponerse en competencia con la de Lope
de Vega y la de Calderón; probablemente creaciones las del mercedario más humanas que las de los otros dos, pues no aspiraban a la
perfección de los personajes de Calderón, ya que el personaje humano,
por serlo, no puede ser perfecto; y si una nota puede destacar con

valor excepcional en el teatro de Tirso fue su amor a la verdad. Y por lo que se refiere al otro de los valores fundamentales del teatro de Tirso de Molina, la del creador de "caracteres" es preciso recordar las palabras de Menéndez Pelayo: "Realmente, después de Shakespeare en el teatro moderno no hay creador de caracteres tan poderoso y enérgico como Tirso; y la prueba es el Don Juan, que de todos los personajes de nuestro teatro es el que conserva juventud y personalidad más viva; el único que fuera de España ha llegado a ser tan popular como Hamlet y Romeo y ha dejado más larga progenie que ninguno de ellos." Y en muy diversas ocasiones compara Menéndez Pelayo a Tirso con Shakespeare, siendo preciso no olvidar la predilección del maestro por Lope de Vega, al que considera como genio máximo de la escena; pero aclara que no es el único y que los nombres de Tirso de Molina y de Calderón completan los máximos valores del teatro de aquella época. No se puede negar que Lope es el fundador de la escena, el creador de la fórmula de la dramática nacional; épico asombroso, lírico inspiradísimo al mismo tiempo; pero sin Tirso de Molina el teatro quedaría incompleto, pues es mucho lo que aporta a la dramática nacional y Lope de Vega no lo llena todo. El realismo que encontramos en el teatro de Lope no es el mismo que aparece en el del mercedario, pues el de Lope está poetizado por una enorme capacidad de idealización que todo lo embellece, y en Tirso de Molina esta visión se objetiva, se despoja de sus matices épicos quedando reducida a lo "que es", a la realidad; y mientras Lope crea, inventa, poetiza la historia y la vida, el otro, el mercedario observa, analiza, estudia en frío. La visión de uno es subjetiva y delirante, la del otro es objetiva y analítica. Y al lado de estos dos genios de la escena, no puede prescindirse del tercero, de Calderón de la Barca, pues si su obra no es exactamente la realidad de la España de su tiempo, es el ideal de aquella realidad. Y de los tres nombres extraordinarios que surgen en el Siglo de Oro, es Tirso de Molina el único que ha sido comparado con Shakespeare; no solamente como creador de caracteres, sino por su fuerza y grandeza trágicos, superando al dramaturgo inglés en fecundidad, en alteza filosófica, en sublime inspiración de teólogo, en fuerza cómica, en alto genio satírico y en riquísima dicción. Si Shakespeare produjo a Hamlet, Tirso produjo a D. Juan; y de los grandes mitos de la Edad Moderna: D. Quijote, D. Juan, Segismundo, Hamlet y Fausto, tres pertenecen a España y dos de ellos a nuestro teatro; y no son menos valiosos los nacionales que los extranjeros.

Las obras teatrales de Fray Gabriel Téllez, cuyo número ha sido tan discutido, han sido clasificadas en muy distintos grupos: y atendien-

do a la personalidad que más profundos estudios ha hecho acerca de
la obra del mercedario, Dña. Blanca de los Ríos, las divide en diversos ciclos, teniendo en cuenta los viajes, los destierros, los cargos mo-
násticos que iba consiguiendo el escritor y que marcaban distintas épocas de su produción literaria, empezando por el "Ciclo Toledano",
al que siguió el "Ciclo Aragonés"; viene luego el "Ciclo Sevillano",
muy breve, pero de extraordinario valor porque a él pertenece la concepción de "D. Juan" y del "Rey D. Pedro". Después sigue el "Ciclo
Galaico portugués"; el "Ciclo Extremeño", donde se engendró la valiosísima "Trilogía de los Pizarros", y el "Ciclo madrileño" en el que
pasa por la escena de sus comedias toda la villa y corte de los Austrias.

De todos estos ciclos, el "Galaico Portugués" muestra el peninsu-
liarismo de Tirso de Molina, que no solamente conoce España, sino
que también lleva a sus comedias todo el dominio que tenía de la
nación portuguesa, incluso de su idioma. Parece que este ciclo se inicia
al pasar el fraile de Salamanca a Galicia y a Portugal, y que empieza
con la comedia "Mari-Hernández", llena de ambiente gallego; y sigue con "El vergonzoso en palacio", comedia íntegramente portuguesa, para terminar, entre otras muchas obras como "La Romera de
Santiago", "La Villana de la Sagra", "El Burlador de Sevilla", "Dña.
Beatriz de Silva", y "El amor médico".

Y no pueden dejar de citarse sus autos sacramentales, habiendo algún crítico que afirma fueron estas piezas teatrales las primeras que
escribió, quizá porque la titulada "El Colmenero divino" parece
que fue una de las primeras obras conocidas de Tirso de Molina,
auto que se publicó en "Deleitar aprovechando" con la indicación de
que ya se había representado en Toledo, lo que hace suponer que se
siguió conociendo en otras ciudades después; quizá fue en Sevilla. También puede citarse "La Madrina del cielo", que no está incluida en ninguna de las colecciones de sus comedias, ni en las dos misceláneas
"Los Cigarrales de Toledo" y "Deleitar aprovechado"; y es un auto
que ofrece verdadero interés por la evidente analogía que ofrece con
el "Condenado por desconfiado". Puede contarse también como auto
sacramental "Los hermanos parecidos", inserto en "Deleitar aprovechando".

Otras muchas clasificaciones se han hecho de las comedias de Tirso de Molina, y entre las más completas figura la de Hurtado y Palencia que hace los grupos siguientes:

Autos, como El Laberinto de Creta.
Comedias religiosas entre las que clasifica las bíblicas, figurando

como una de las más valiosas "La Venganza de Tamar", que se considera como una de las mejores del fraile mercedario.

Comedias sobre leyendas y tradiciones devotas como "El Condenado por desconfiado" y "El Caballero de Gracia", para citar las principales.

Comedias de santos, destacando como valiosísimas la "Trilogía de Santa Juana" y "Los Lagos de San Vicente".

Comedias históricas, siendo la más famosa "La prudencia en la mujer", "El rey D. Pedro en Madrid" y "Las Quinas de Portugal".

Comedias de costumbres. Figurando en primer lugar Marta la piadosa, que se considera como la obra de carácter más valiosa dentro del grupo. También ofrece gran interés "El amor y la amistad", y clasificada como comedia palaciana la famosísima "El vergonzoso en palacio".

Y dentro de las comedias de costumbres pueden figurar las de enredo, destacando como una de las más famosas y más conocidas de Tirso de Molina "Don Gil de las Calzas verdes". También pueden figurar en este grupo "El amor médico" y "Desde Toledo a Madrid".

Comedias villanescas. En este grupo destacan "La Villana de Vallecas", "La Villana de la Sagra", "La Gallega Mari Hernández".

Comedias fantásticas y de carácter. "El Burlador de Sevilla y convidado de piedra", tan valiosa que se ha hecho con ella un solo grupo.

Comedias tomadas de novelas. La más conocida y elogiada "Los amantes de Teruel".

Y solamente se citan en esta clasificación algunas de las más conocidas que constituyen el teatro riquísimo y variadísimo de Tirso de Molina.

La fecundidad dramática de este escritor extraordinario no ha podido ser aquilatada exactamente. En el catálogo formado por Cotarelo aparecen 86 piezas; en las "Obras dramáticas completas" de Dña. Blanca de los Ríos, se cuentan 88; pero en el prólogo de "Los Cigarrales de Toledo" se dice: "Puede afirmarse que ya está comenzada (la segunda parte de "Los Cigarrales") y en tanto que se perfecciona dadas a la imprenta doce comedias, primera parte de muchas que quieren ver mundo entre *trescientas* que en catorce años han divertido melancolías y honestado ociosidades". Y en algunas ocasiones se ha hecho referencia hasta el número de cuatrocientas.

OTRAS OBRAS

No solamente fue dramaturgo Tirso de Molina, sino que dejó obras que le acreditan como novelista, historiador y hasta inspirado lírico. Y entre las más valiosas de estas creaciones merece citarse dos interesantes colecciones que pueden recibir el nombre de "misceláneas", por contener cuentos y narraciones al lado de las cuales se encuentran obras de teatro y poesías. Estas dos misceláneas muestran momentos bien distintos de la vida del dramaturgo. La más importante de ellas titulada "Los Cigarrales de Toledo" (1621) pertenece a la época mundana, galante, del autor, y está escrita en la ciudad que más interesó al fraile mercedario, en Toledo. Tiene gran importancia en relación con su teatro, porque en ella hace una defensa calurosa de Lope de Vega, referente a la nueva comedia que Lope consagra, y por estar incluidas en el libro varias piezas teatrales entre las que destaca la famosísima "El Vergonzoso en palacio"; las otras dos se titulan "Cómo han de ser los amigos" y "El celoso prudente". El lenguaje que Tirso de Molina emplea en "Los Cigarrales de Toledo" es barroco, con una prosa artificiosa cuando hace referencia a relaciones solemnes y ágil y punzante en los relatos picarescos, mostrando en todo momento su asombroso dominio del idioma. En el comienzo de cada "Cigarral" ofrece un tono amplio y rebuscado, perfectamente culterano; y puede servir de ejemplo un fragmento del "Cigarral tercero" cuando damas y galanes "discurrieron por los entoldados artesones de parras, pagando recreos de la mañana en permisiones al aire —entonces favorable y favorecido— consintiéndole que retozase tocas y besase rostros tan avarientos con deseos amantes y tan liberales con vientos atrevidos —que hasta los elementos conocen lo que les importa el llegar a la ocasión".

De lo más valioso que se encuentra en esta obra es la descripción que hace de Toledo, con sus edificios y lugares más destacados, captando fundamentalmente el ambiente de la ciudad. Todo lo que Toledo es para un hombre del Renacimiento queda recogido en la obra: el paisaje, el río, el fondo maravilloso de la Sagra, la parte monumental de la ciudad, los cigarrales, que así se llaman a las casas de campo que construidas en las afueras, al otro lado del río y dominando el paisaje, tienen las familias pudientes de la capital para su solaz y recreo, y que con sus fachadas blancas ofrecen un pintoresco panorama. Todo ello se fija más que el animado aspecto de las callejuelas estrechas, empinadas y tortuosas, aunque se haga referencia a ellas en muchas ocasiones.

Y en cada "Cigarral" incluye novelas cortas, que también recuerdan al dramaturgo en su descripción de ciudades en el sentido de la acción de los personajes, en la gracia indudable que muestra a cada momento. En el "Cigarral III" aparece un tipo picaresco llamado Carrillo, siendo la más valiosa de todas estas novelas la incluida en el "Cigarral V" que Tirso dejó sin título y que se ha llamado "Los tres maridos burlados", llena de gracia maliciosa y de jugoso lenguaje.

La segunda miscelánea recibe el título de "Deleitar aprovechado" (1635) que corresponde a otra actitud bien diferente del fraile mercedario, ya sesudo y sermoneador, severo, con el sentido sacro de lo literario y la dignidad de la historia. Y son bien distintas las poesías, relatos y piezas teatrales que incluye en esta segunda obra, revelando claramente la diferente situación que dominaba al fraile mercedario en aquella época. En "Deleitar aprovechando" ya no son los galanes y las damas de "Los Cigarrales" que se reúnen para gozar en la Imperial ciudad, son las familias madrileñas que se recogen en Toledo para librarse del ambiente frívolo de la corte en los días de carnaval, y entretenerse también, pero en provecho de sus almas. Y presenta en el relato autos sacramentales, consideraciones devotas, novelas de vidas de santos, dominando lo religioso sobre algunas otras piezas como "El bandolero", que es en prosa algo semejante al género de la comedia devota, que ofrece el interés de que no habiendo una edición moderna de "Deleitar aprovechando", pues son de 1635 que es la edición príncipe y de 1671, ambas bien medianas, existe una muy cuidada del fragmento "El bandolero" por L. C. Viada y Lluch. Barcelona. Editorial Ibérica. Esta pieza que puede significar un anticipo de la novela histórica en el género romántico, muestra también las actividades de Tirso de Molina como historiador, en aquella época. Y entre los autos que se intercalan en "Deleitar aprovechando" destaca el titulado "El Colmenero divino" que quizá haya sido la primera pieza teatral que escribió el mercedario.

El estilo que nos ofrece esta segunda miscelánea es el de una prosa trabajada y elegante, pero más sencilla y así dice por ejemplo: "Dos ferias hacen franca a Barcelona cada invierno en la materia más lucida, más delicada y quebradiza, si bien más útil que halló el uso de los hombres. Vidrio es la una, que en el primer día de enero no contentándose con los hielos de que la distancia del sol le viste, obliga al artificio que adorne su mayor plaza y sus vecinas calles de tiendas cristalinas que en desahogados aparadores, vajillas, aguamieles, vasos, escritorios, retablos, sortijas y brinqueños de vidrio transparente hermosean los portales de las casas con algún género de menosprecio de la argentería..."

En las dos misceláneas, en algunos casos sueltos y en parte de su teatro, se nos ofrece Tirso de Molina como poeta lírico; en algunas ocasiones muy inspirado, aunque siempre sea inferior al dramaturgo, al novelista y al historiador, que se manifiesta con personalidad bien destacada en la "Historia de la Merced". Esta obra que muestra toda la valiosísima personalidad de Fray Gabriel Téllez como historiador fue una continuación y refundición de la Historia General de la Orden de la Merced (1639) que había empezado Fray Alonso Remón —Téllez se ocupó solamente de los sucesos ocurridos desde 1570 a 1638.

La primera parte de la "Historia de la Merced" recibe el título de "Historia General de la Orden de Nuestra Señora de las Mercedes —Redentora de cautivos— 1ª parte. Contiene las vidas y sucesos de 28 Maestros generales desde el primero que fue nuestro glorioso fundador y patriarca San Pedro Nolasco hasta el último de los perpetuos por el discurso de 3, 9, 8, años. Escríbese también en esta primera parte las vidas de muchos santos mártires y confesores, religiosos, vírgenes, varones eminentes y todo género de letras y virtudes que florecieron en los dichos años. Compuesto por el Pe Mº Fray Gabriel Téllez, cronista general en el dicho Orden de Nuestra Señora de la Merced— Redentora de cautivos." En Madrid a catorce de diciembre en el año 1639.

El 24 de diciembre firma Fray Gabriel Téllez la segunda parte de la "Historia de la Merced" y al fin del volumen se lee: "En este Monasterio de Madrid a 24 de diciembre año 1639, por el Mº Fray Gabriel Téllez cronista general de la orden (Firma).

Esta segunda parte contiene las vidas y sucesos de catorce Maestros generales, desde el vigesimooctavo que fue el primero de los del Gobierno limitado de a seis años hasta el cuadrigesimosegundo en que se dio fin a esta segunda parte. Refiérese también en ella las vidas de muchos siervos de Dios, santos y eminentes en Letras y observancia, y muchos religiosos perfectísimos, todos hijos del dicho Orden —compuesto por el Pe Mº Fray Gabriel Téllez Cronista General en Madrid a los 30 de marzo del año 1939.

Escribió también el fraile mercedario la Genealogía de la casa de Sástago, respecto de cuyo trabajo dice Menéndez Pelayo: "Tirso, dedicado ya con predilección a los estudios históricos como lo exigía su oficio de cronista, publica una «Genealogía de la casa de Sástago». Sólo la cita Alvarez de Baena cuya autoridad bibliográfica no es mucha

(Menéndez Pelayo —Artículo «Tirso de molina»— Estudios de crítica literaria 2a. serie —2a. edición— Madrid 1912) Pero a esta afirmación rectifica Dña. Blanca de los Ríos, diciendo que la cita también Fray Antonio de Harda y Múgica en su Biblioteca de escritores mercedarios. Y escribió también Fray Gabriel Téllez un breve «Epítome de la vida de Sta. María de Cervellón»."

JUANA DE ONTAÑÓN.

Ciudad de México.

BIBLIOGRAFIA

DE LOS RÍOS, Blanca. *Tirso de Molina. Obras dramáticas completas.* Edición Aguilar. 1946.

DE LOS RÍOS, Blanca. *El enigma biográfico de Tirso de Molina.* Madrid, 1928.

DE LOS RÍOS, Blanca. *Del Siglo de Oro.* Estudios literarios, Madrid, 1910.

COTARELO, Emilio. *Tirso de Molina.* Comedias. Nueva Biblioteca de autores españoles IV y IX. Madrid, 1907.

MENÉNDEZ PELAYO. *Estudios de crítica literaria,* 2ª serie.

MENÉNDEZ PELAYO. *Historia de las ideas estéticas del teatro español.*

MUÑOZ PEÑA, Pedro. *El teatro del Maestro Tirso de Molina.* Estudio crítico literario. Valladolid, 1889.

CASTRO, Américo. *Tirso de Molina.* Comedias. Espasa-Calpe. Madrid.

VALBUENA, Angel. *Historia del teatro español.*

HARTZENBUSCH, Juan Eugenio. *Tirso de Molina.* Comedias escogidas. Biblioteca de Autores españoles. Tomo V.

Revista Estudios. (Ensayos sobre la biografía y la obra del Padre Maestro Fray Gabriel Téllez. Madrid, 1949.)

MESONERO ROMANOS. *Cuentos, fábulas, descripciones, diálogos, máximas y apotegmas, epigramas y dichos agudos escogidos de las obras de Tirso de Molina.* Madrid, 1848.

ARCO Y GARAY, Ricardo del. *La sociedad española en Tirso de Molina.* Revista internacional de Sociología VII (Octubre, diciembre, 1944).

BAENA ALVAREZ. *Hijos ilustres de Madrid.* Madrid 267 (Una sección sobre la vida de Tirso).

BELL, A. F. G. *Some notes on Tirso de Molina.* B. S. S. XVII. 172.

BOUSSAGOL, Gabriel. *Quelques mots sur Tirso de Molina* (1929).

BOZA MARVIDAL, A. *Tirso de Molina considerado como poeta trágico.* 1921, 1922, 1923.

CHARLES (B. E.). *P. Tirso de Molina.* En su "Voyages d'un critique".

FERNÁNDEZ JUNCOS, M. *Las mujeres de Tirso.* N T IV. 1916.

GUEVARA CASTAÑEIRO, Josefina. *Tirso de Molina.* Puerto Rico, 1948.

HENRÍQUEZ UREÑA, Pedro. *Tirso de Molina.* "Plenitud de España". Buenos Aires, 1940.

CUADRO CRONOLOGICO

1584. Nace en Madrid Tirso de Molina.

1585. Publica Cervantes "La Galatea".

1586. Pérdida de la Armada Invencible.

1591. Mueren Fray Luis de León y San Juan de la Cruz.

1591. Se imprimen en la ciudad de México los "Problemas y secretos maravillosos de las Indias", de Juan de Cárdenas.

1598. Sube al trono Felipe III, y publica Lope "La Arcadia".

1599. Publica Mateo Alemán la 1ª Parte de Guzmán de Alfarache.

1600. Nace Calderón de la Barca.

1601. Nace Baltasar Gracián.

1601. Profesa Tirso de Molina en Guadalajara.

1605. Se publica la 1ª parte de "El Quijote".

1606. Nace el dramaturgo francés Corneille.

1607. Nace Rojas Zorrilla.

1608. Mateo Alemán llega a México, y publica en esa ciudad la "Ortografía castellana" (1609).

1609. Parece "El arte nuevo de hacer comedias", de Lope de Vega.

1610. Es asesinado Enrique IV de Francia.

1613. Aparecen las "Novelas Ejemplares", de Cervantes

1615. Lope menciona despectivamente la comedia de Tirso "Don Gil de las calzas verdes" y su extraordinario éxito.

1615. Se publica la 2ª parte de "El Quijote".

1616. Mueren Cervantes y Shakespeare.

1618. Nace Agustín Moreto.

1620. El P. Francisco Bramón, publica en la ciudad de México "Auto del Triunfo de la Virgen y gozo mexicano", novela pastoril, y poema bucólico.

1620. Lope dedica a Tirso la comedia "Lo fingido verdadero'.

1621. Aparece la primera edición de "Los Cigarrales de Toledo".

1621. Guerra contra los Países Bajos, muerte de Felipe III y subida al trono de Felipe V.

1622. Nace Molière y muere Villamediana.

1623. Viene a España el Príncipe de Gales, más tarde Carlos I.

1623. Aparece firmada la aprobación de los "Donaires del Parnaso", de Castillo Solórzano.

1626. Se publica "El Buscón", de Quevedo.

1627. Muere Luis de Góngora y se publican sus obras completas.

1627. Se publica "La primera parte" de las comedias de Tirso.

1631. Muere Guillén de Castro.

1632. Se publica "La Dorotea", de Lope de Vega.

1634. Españoles y austriacos vencen en Nordlingen.

1634.   Se celebra la primera sesión de la Academia francesa.

1635.   Muere Lope de Vega.

1635.   Se publica en Tortosa "La tercera parte" de las comedias de Tirso de Molina.

1635.   Guerra con Francia.

1636.   Corneille escribe su famosa obra "Le Cid".

1637.   Se publica el "Discurso del Método", de Descartes.

1638.   Fecha Tirso de Molina en Madrid "Las Quinas de Portugal".

1639.   Publica Tirso de Molina la "Historia de la Merced".

1639.   Nace Racine y muere Ruiz de Alarcón.

1640.   Publica Tirso de Molina "La Genealogía de la Casa de Sástago".

1640.   Sublevación de Portugal y Cataluña.

1643.   Aparece el "Agudeza y arte de ingenio", de Baltasar Gracián.

1643.   Batalla de Rocroy.

1645.   Muere Quevedo. Tirso es elegido Comendador de Soria.

1648.   Paz de Westfalia.

1648.   Se publica en México la primera historia de la aparición de la Virgen de Guadalupe, escrita por el P. Miguel Sánchez, intitulada: "Imagen de la Virgen María... de Guadalupe, milagrosamente aparecida en la ciudad de México..."

1648.   Muere Tirso de Molina en Almazán.

EL VERGONZOSO EN PALACIO

EL VERGONZOSO EN PALACIO

Se publicó por primera vez en "Los Cigarrales de Toledo" cuya primera edición conocida es de 1624; pero el texto es anterior al 8 de octubre de 1621. El título de la obra fue tomado de un viejo refrán que se encuentra en La Celestina: "Al hombre vergonzoso el diablo le trajo a palacio", y se confirma el origen del título en la misma comedia que cita el proverbio en el acto III.

> TARSO. Esto es forzoso,
> bien dicen que al vergonzoso
> le trajo el diablo a palacio.

Comprueba el refrán la afición de Tirso de Molina por la nota popular y su profundo conocimiento del pueblo, pues en distintas ocasiones aprovecha los refranes para titular sus comedias.

El asunto del "Vergonzoso en palacio" es antiguo y muy español, aunque la trama se desarrolla en Portugal y ofrece la comedia, en primer lugar un "carácter" en Mireno, nombre tomado de *La Galatea* de Cervantes, cosa que no solía hacer Tirso de Molina, pues en general acudía a *La Arcadia* de Lope de Vega para proporcionarse estos nombres, siendo éste un caso de excepción. Para doña Blanca de los Ríos, el personaje Mireno, que es hijo de un duque, pero que aparece disfrazado de pastor, recuerda el propio origen de Fray Gabriel Téllez, al que la escritora considera como hijo bastardo del Duque de Osuna. La figura de Mireno es bien complicada y ofrece el mayor interés, pues mostrándose tímido hasta lo inconcebible frente a la mujer amada, en cualquiera otra ocasión no ofrece la menor timidez y muestra gran aplomo, como sucede por ejemplo cuando se enfrenta con el Duque de Avero en el acto I escena XVI:

> MIRENO. Vuescelencia no me ultraje
> ni ese título me dé,
> que no estoy acostumbrado
> a verme así despreciado.

Al ser representada la obra en Madrid, fracasó; probablemente por culpa de los actores que la representaron, como parece desprenderse de algunas afirmaciones de Tirso de Molina, porque después consiguió los mayores éxitos, afirmando el mismo fraile mercedario que fue muy elogiada tanto en España como en Italia y América, ganando renombre como una de las mejores de su tiempo, y dice textualmente en el prólogo de la comedia "Intitulábase la comedia «El Vergonzoso en Palacio», celebrada con singular aplauso (años había), no sólo en los teatros de España, pero en los más célebres de Italia y de entrambas Indias." Y en aquella época en que las comunicaciones eran tan difíciles, se necesitaba mucho tiempo para que se pudiesen divulgar las obras teatrales. También en la autocrítica que hace Tirso de Molina de la obra, se declara discípulo de Lope, y bien puede afirmarlo puesto que es uno de los más destacados representantes del "teatro nacional".

Entre los valores fundamentales de "El Vergonzoso en Palacio" está la defensa que hace su autor, del teatro de Lope de Vega y así dice: "Que mucho que la comedia varíe las leyes de sus antepasados y ingiera industriosamente lo trágico y lo cómico sacando una mezcla apacible de estos encontrados poemas..." "Además que si el ser tan excelentes en Grecia Esquilo y Eurípides como entre los latinos Séneca y Terencio, bastó para establecer las leyes tan diferenciadas por sus profesores, la excelencia de nuestra española Vega (es decir, Lope de Vega) les hace tan conocidas ventajas que la autoridad con que se les adelanta es suficiente a derogar sus estatutos. Y habiendo él puesto en la comedia en la perfección que agora tiene, basta para hacer escuela de por sí y para que los que nos preciamos de sus discípulos nos tengamos por dichosos de tal maestro y defendamos constantemente su doctrina contra quien con pasión la impugnare".

Y no solamente Tirso de Molina es discípulo aventajado de Lope, sino que en algunos casos se anticipa a él, pues es necesario recordar que el mercedario al rechazar las tres unidades clásicas por la unidad general "del interés", lo hizo antes que Lope de Vega, pues Tirso de Molina lo afirma en la defensa que hace del "Vergonzoso en Palacio" en "Los Cigarrales" y Lope de Vega lo hace diez años después en el prólogo de "La Dorotea".

Pero la reforma de la "comedia" no podía hacerse sin protesta, y fue precisamente Cervantes el que criticó con más violencia las comedias de Lope de Vega, y por consecuencia también las de Tirso de Molina, el más destacado defensor de ellas; defensa que no queda sin respuesta en Cervantes, y desde alguna de sus novelas ejemplares y desde el mismo *Quijote,* insiste en el absurdo de los nuevos giros que tomaba la comedia. No cede el fraile mercedario en la polémica, y en "El Vergonzoso en Palacio" contesta a la posición de Cervantes por boca de doña Serafina que dice haciendo calurosa defensa de la comedia:

> Manjar de diversos precios
> que mata de hambre a los necios
> y satisface a los sabios,
> mira lo que quiere ser
> de aquestos dos bandos.

Doña Juana. Digo, que el de los discretos sigo.

Bien claramente expone Tirso de Molina su posición frente a la de Cervantes, en aquella polémica que tuvo tantas repercusiones.

"El Vergonzoso en Palacio" no es una comedia de tesis, ni trata de resolver problemas, ni contiene situaciones excepcionales, ni ofrece un intrincado argumento; pero es eternamente joven con sus tres siglos de existencia, por presentar una serie de figuras del más alto interés, entre las que destaca, al lado de Mireno, la de doña Magdalena de Aveiro que ofrece una psicología femenina con personalidad propia, entregada a su vasallador amor, llena de astucia, de coquetería, de vida y de realidad, impulsiva con desbordamiento de ternura, osada, impetuosa, que se vale de todos los recursos para incitar al amado a la declaración que no consigue obtener, llegando hasta aquello de ofrecer la mano "para darle para muchas cosas pie"; pero, al mismo tiempo, al fingirse dormida y declarar su amor al tímido Mireno que quiere aprovechar sus palabras, ella le dice con la más asombrosa serenidad:

> DOÑA MADALENA. Don Dionís no creáis en sueños,
> que los sueños sueños son.

Y en oposición al carácter de doña Magdalena está el de su hermana doña Serafina, de sensibilidad refrenada, frívola y desdeñosa, tocada de narcisismo; y ofrecen entre las dos hermanas mil aspectos del amor y principalmente el hecho de la libertad de amar, pues las dos protagonistas de "El Vergonzoso en Palacio" eligen libremente al hombre que ha de ser su amante o su esposo. La libertad de amar aparece desde el Renacimiento en la Literatura, pero se manifiesta en la española antes y con más frecuencia que en las de otros países.

Menéndez Pelayo señala un precedente a la pareja del tímido Mireno y la impulsiva Magdalena en la novela "El siervo libre de amor" de Juan Rodríguez del Padrón "que contiene en cifra, que para los contemporáneos debió ser clara, la historia de unos desventurados amores suyos".

Según trata de demostrar con bien sólidos argumentos doña Blanca de los Ríos, Tirso de Molina redactó dos veces la comedia; la primera en 1611 y la segunda en 1621, que es cuando la incluyó en "Los Cigarrales de Toledo", ya retocada, confirmando esta afirmación una serie de alusiones a la política de la época, como por ejemplo la muerte repentina y misteriosa de la reina doña Margarita, ocurrida en El Escorial el 3 de octubre de 1611, lo que demuestra que la comedia fue retocada, pues no podía Tirso de Molina hacer referencia a este acontecimiento en julio de aquel año, que es cuando está firmado el manuscrito; luego es indudable que fue rehecha en 1621, ya que contiene otras alusiones de actualidad, aunque no todas sean políticas; y ya modificada es cuando la incluyó en "Los Cigarrales".

La acción de la comedia sucede en Portugal, y no es la única vez que Tirso de Molina ofrece sus temas en la nación portuguesa, pues seis de sus obras tienen lugar en aquella nación; cinco se desarrollan en Francia, dos en Bohemia, dos en América y una en la India portuguesa, existiendo una marcada diferencia entre las situadas en España y Portugal y las de otras naciones, pues solamente en las peninsulares aparece el estudio del ambiente; y por lo que se refiere a las portuguesas muestran que el escritor conocía bien la nación, puesto que ofrece mil observaciones locales: y en la comedia titulada "El amor médico" versifica en portugués con la misma facilidad y destreza que lo hace en español. Y es curioso observar que entre las muchas alusiones a que hace referencia de las características de los portugueses, una de las más destacadas en su capacidad para amar, que bien claro muestra en "El Vergonzoso en Palacio".

Aunque no sea absolutamente exacto el medio histórico y geográfico de la comedia, las ciudades y los personajes que en ella aparecen tienen mucho de realidad, y en ella se ofrecen bien marcadas las características del fraile mercedario, que en todo momento sabe recoger el ambiente, puede aprovechar el mundo que le rodea. Lo que no está claro es si al insertarla en "Los Cigarrales de Toledo", finge que la comedia se había representado en el cigarral de Buenavista, aunque quizá empleó este artificio, y así lo asegura Menéndez Pelayo para justificar la defensa que hace del teatro español al final de "El Vergonzoso en Palacio". Bien pudo haberse hecho aquella representación, pero la descripción que hace de ella en el libro es mera ficción literaria como sucede con el resto de "Los cigarrales", aunque es preciso apreciar que existe una perfecta unidad entre la comedia y el capítulo completo de "Los cigarrales" en el que está incluida. Y por esta razón, don Américo Castro la publica, por primera vez, con el prólogo y el epílogo en la edición de "Los clásicos castellanos"; y por creer que es de gran utilidad para apreciar el pensamiento de Tirso de Molina el conocimiento del prólogo y del epílogo, también los incluimos en la presente edición.

Es preciso advertir que durante todo el siglo XVII no hubo otra edición del "Vergonzoso en Palacio" que la de "Los Cigarrales de Toledo"

PRÓLOGO A LA REPRESENTACIÓN

Cuatro horas había que el mayor de los planetas cargaba en las Indias del oro que desperdicia pródigo con nosotros cada día —pues a no venir con nuevos tesoros, cansara el verle tan a menudo—, cuando en la mayor de las hermosas salas que en Buenavista conservan la memoria de su ilustrísimo dueño (fábrica digna de la mayor mitra del mundo), aguardaba la comedia el más bello e ilustre auditorio que dio estimación al Tajo y soberbia a sus aguas por verse trasladadas de cristales en soles —si no es baja ponderación ésta para quien conoce la excelencia de las caras de Toledo—. Alumbraban el dilatado salón doce blandones, ardiendo en ellos la nieve transformada en cera, parto de las repúblicas, aunque pequeñas aves, y afeite del sol que en la espaciosa Vega la convierte de oro en cristal. Ocupaba los estrados, tribunal de la hermosura, toda la que era de consideración en la imperial ciudad, y se realzaba con la nobleza. A otro lado el valor de sus caballeros honraban las sillas, en cuyos diversos semblantes hacía el tiempo alarde de sus edades: en unos, echando censos a la juventud, de oro; y en otros, cobrando réditos de la vejez, en plata.

Intitulábase la comedia *El Vergonzoso en Palacio*, celebrada con general aplauso (años había), no sólo entre todos los teatros de España, pero en los más célebres de Italia y de entrambas Indias, con alabanzas de su autor, pues mereció que uno de los mayores potentados de Castilla honrase sus musas y ennobleciese esta facultad con hacer la persona del *Vergonzoso* él mismo, quedándolo todos los que la profesan de verle aventajar, en un rato deste lícito entretenimiento, sus muchos años de estudio.

Los que entraban en ella eran de lo más calificado de su patria; y las damas, Anarda, Narcisa, Lucinda y doña Leocadia, ilustres como hermosas y milagros de la hermosura; con que quedó la representación autorizada como merece, pues si los sujetos que la ponen en práctica no la desdoran, ella, por sí misma, es digna de suma estimación y alabanza, principalmente saliendo tan acendrada (el día de hoy) de los que sin pasión y con suficiencia tienen a su cargo el expurgarla de palabras y acciones indecentes.

Salieron, pues, a cantar seis con diversidad de instrumentos: cuatro músicos y dos mujeres. No pongo aquí, ni lo haré en las demás, las letras, bailes y entremeses, por no dar fastidioso cuerpo a este libro, ni quebrar el hilo al gusto de los que le tuvieren en ir leyendo sucesivamente sus comedias. Baste para saber que fueron excelentes al dar por autores de los tonos a Juan Blas, único en esta materia; a Alvaro, si no primero, tampoco segundo, y al licenciado Pedro González, su igual en todo, que habiendo algunos años sutilizado la melodía humana, después, por mejoralla, tomó el hábito redentor de Nuestra Señora de la Merced, y en él es fénix único, si en el siglo fue canoro cisne. Los entremeses fueron de don Antonio de Mendoza, cuyos sales y concetos igualan a su apacibilidad y nobleza, y los bailes, de Benavente, sazón del alma, deleite de la naturaleza y, en fin, prodigio de nuestro Tajo. Y si por sus dueños ganaran fama, no la perdieron por los que en Buenavista los autorizaron hoy. Esto, pues, supuesto, y entrados los músicos, salió el que echaba la *Loa*, que fue la que sigue:

LOA

Llamó Jerjes (gran monarca
de Asiria y de Babilonia)
a cortes, en su colonia,
la gente que el Asia abarca.
Y juntos en su comarca,
desde el sagaz griego astuto
hasta el etíope bruto,
quiso que cada nación
le diese un presente y don
en vasallaje y tributo.
Sentóse en un trono de oro,
puesto debajo un dosel,
con más diamantes en él
que vio Oriente en su tesoro.
De Fidias y Cenodoro
labró la mano sutil
una silla de marfil,
perlas y oro, en que publica
que aunque es la materia rica
la vence el primo buril.
Por doce gradas de plata
subían pasos más dignos
que los que en sus doce signos
da el sol, que dorallos trata.
En fin, la labor remata
una punta de cristal
en forma piramidal
con un carbunco sobre ella,
que imaginó ser estrella
la máquina celestial.
Y vestido el rey asirio
por quitar el resplandor
al Sol, del rico color
que es sangre del pece tirio,
teniendo por centro un lirio
de oro y zafiros bellos,
y sobre rubios cabellos
la real diadema, quedó
tal, que el Sol imaginó
tener su eclíptica en ellos.
Con esta real apariencia
estaba, cuando, admirados,
le dieron todos, postrados
con humildad, la obediencia.
Y porque hiciese experiencia
del amor que le tenían,
de dos en dos le ofrecían
los más estimados dones
que en las diversas regiones
del mundo sus senos crían.
Oro le daba el arabio,
y plata el indio remoto,
aroma el sabeo devoto,

cristal helado el moravio,
púrpuras el griego sabio,
flechas el tártaro escita,
la persa perla infinita;
Judea, bálsamo puro,
seda el egipcio perjuro,
y pieles, el moscovita.
Y después que, cuanto pudo,
mostró a Jerjes cada cual
su ánimo liberal,
llegó un pastor tosco y rudo,
velloso el cuerpo, y desnudo
lo que la piel no ocultaba
de una onza que llevaba
por ropa; en fin, al villano
que habló al Senado Romano
al vivo representaba.
Y llevando un vaso tosco
de alcornoque, de agua lleno,
dijo, el semblante sereno:
"—Porque mi humildad conozco,
en fe de que reconozco
tu grandeza, a darte vengo
el presente que prevengo,
que, aunque no lo estimarás,
no debo, gran Jerjes, más
de ofrecerte lo que tengo.
"Entre las dádivas ricas
de diamantes, perlas y oro
con que aumentas tu tesoro
y tu majestad publicas,
si la voluntad aplicas
al don que te ofrezco escaso,
podrá ser hagas dél caso,
que el vaso de agua que ves
de mi amor y lealtad es,
aunque pobre, un rico vaso.
"Engastada en él está
mi lealtad; que el don mayor,
no le abona su valor,
mas la fe con que se da.
Esta es de oro; bien podrá
estimalla tu decoro
e igualarla a tu tesoro,
pues aunque es de agua su vista,
el amor, que es alquimista,
el agua transforma en oro."
Quedó Jerjes admirado
de que en tan tosca apariencia
se ocultase la elocuencia
con que Tulio es celebrado.
Y dijo: "—Mas he estimado
aquesta agua y tu humildad
que cuanto mi majestad
adorna, aunque la cotejo

con ella, porque es espejo,
en que he visto tu lealtad.
"A premiarte me provoco;
de Grecia te hago virrey,
que en lo mucho tendrás ley,
pues lo tuviste en lo poco."
Quedó de contento loco
el pastor y la grandeza
del rey premió con largueza
la voluntad y el afecto
del presente y don discreto,
que el agua fuera bajeza.
...Ilustrísimo Senado,
donde el cielo y la ventura
juntó el valor y hermosura
en el más supremo grado;
imperio que al godo ha dado
inmortal y augusta silla,
y coronando a Castilla
su cabeza te hizo agora,
cuando el Sol la tuya adora
y el Tajo a tus pies humilla.
 ¿Qué ha de darte un alma pobre
de poca estima y decoro,

pues entre méritos de oro
halla los suyos de cobre?
Agua te dará salobre.
Sé Jerjes en recibilla,
y repara al admitilla
(sin que de vertella trates)
que es oro de mil quilates
el amor del que se humilla;
que consolado me deja,
Toledo, el que prefirió
al oro que el rico dio
la blanca vil de la vieja.
Con ella, pues, me coteja,
y aunque mis prendas son bajas,
me premiarás con ventajas,
advirtiendo tu valor
que el pobre es mal pagador
y como tal paga en pajas.

Entróse, siguiéndose tras él un baile
artificioso y apacible, el cual concluido, comenzó la comedia, que es como
se sigue:

EL VERGONZOSO EN PALACIO

PERSONAJES

EL DUQUE DE AVERO.
DON DUARTE, *conde de Estremoz.*
DOS CAZADORES.
FIGUEREDO, *criado.*
TARSO, *pastor.*
MELISA, *pastora.*
DORISTO, *alcalde.*
MIRENO, *pastor.*
LARISO, *pastor.*
DENIO, *pastor.*

RUY LORENZO, *secretario*
VASCO, *lacayo.*
DOÑA JUANA.
DOÑA MAGDALENA.
DON ANTONIO.
DOÑA SERAFINA.
UN PINTOR.
LAURO, *viejo pastor.*
BATO, *pastor.*
UN TAMBOR.

REPRESENTÓLA SÁNCHEZ, ÚNICO EN ESTE GÉNERO.

[*La escena es en Avero y en sus cercanías*]

ACTO PRIMERO

Salen el DUQUE DE AVERO, *viejo, y el*
CONDE DE ESTREMOZ, *de caza.*

DUQUE

De industria a esta espesura reti-
[rado
vengo de mis monteros, que siguiendo
un jabalí ligero, nos han dado
el lugar que pedís; aunque no entiendo
con qué intención, confuso y alterado,
[5
cuando en mis bosques festejar pretendo
vuestra venida, conde don Duarte,
dejáis la caza por hablarme aparte.

CONDE

Basta el disimular; sacá el acero,
que, ya olvidado, os comparaba a
[Numa; 10
que el que desnudo veis, duque de
[Avero,
os dará la respuesta en breve suma.
De lengua al agraviado caballero
ha de servir la espada, no la pluma,
que muda dice a voces vuestra mengua.
[15
(Echan mano.)

DUQUE

Lengua es la espada, pues parece
[lengua;
y pues con ella estáis, y así os provoca
a dar quejas de mí, puesto que en vano,
refrenando las lenguas de la boca,
hablen solas las lenguas de la mano,
[20
si la ocasión que os doy (que será
[poca para ese enojo poco cortesano),
a que primero le digáis no os mueve;
pues mi valor ningún agravio os debe.

CONDE

¡Bueno es que así disimuléis los da-
[ños 25
que contra vos el cielo manifiesta!

DUQUE

¿Qué daños, conde?

CONDE

Si en los largos años
de vuestra edad prolija, agora apresta,
duque de Avero, excusas, no hay en-
[gaños
que puedan convencerme; la respuesta
[30
que me pedís ese papel la afirma
con vuestro sello, vuestra letra y firma.
(Arrójale.)
Tomalde, pues es vuestro; que el
[criado
que sobornastes para darme muerte
es, en lealtad, de bronce, y no ha bas-
[tado 35
vuestro interés contra su muro fuerte.
Por escrito mandastes que en mi estado
me quitase la vida, y, desta suerte,
no os espantéis que diga, y lo pre-
[suma,
que, en vez de espada, ejercitáis la plu-
[ma. 40

DUQUE

¡Yo mandaros matar!

CONDE

Aqueste sello,
¿no es vuestro?

DUQUE

Sí.

CONDE

¿Podéis negar tampoco
aquesa firma? Ver si me querello
con justa causa.

DUQUE

¿Estoy despierto o loco?

CONDE

Leed ese papel, que con leello   45
veréis cuán justamente me provoco
a tomar la venganza por mis manos.

DUQUE

¿Qué enredo es éste, cielos soberanos? (*Lee el* DUQUE *la carta.*)

"Para satisfacción de algunos   [50
agravios, que con la muerte del conde
de Estremoz se pueden remediar, no
hallo otro medio mejor que la confianza que en vos tengo puesta; y para
que salga verdadero, me importa, pues
sois su camarero, seáis también   55
el ejecutor de mi venganza; cumplilda
y veníos a mi estado; que en él estaréis seguro, y con el premio que merece el peligro a que os ponéis por mi
causa. Sírvaos esta carta de creencia,
y dádsela a quien os la lleva, ad-   [60
virtiendo lo que importa la brevedad
y el secreto. De mi villa de Avero, a
12 de marzo de 1400 años.—EL DU-
QUE."

CONDE

No sé que injuria os haya jamás hecho
la casa de Estremoz, de quien soy
[conde,
para degenerar del noble pecho   65
que a vuestra antigua sangre corres-
[ponde.

DUQUE

Si no es que algún traidor ha contra-
[hecho
mi firma y sello, falso, en quien se
[esconde
algún secreto enojo, con que intenta
con vuestra muerte mi perpetua afrenta,
[70
vive el cielo, que sabe mi inocencia,
y conoce al autor deste delito,
que jamás en ausencia o en presencia,
por obra, por palabra o por escrito,
procuré vuestro daño: a la experiencia,
[75
si queréis aguardarla, me remito;
que, con su ayuda, en esta misma tarde
tengo de descubrir su autor cobarde.
Confieso la razón que habéis tenido;
y hasta dejaros, conde, satisfecho,   80

que suspendáis el justo enojo os pido,
y soseguéis el alterado pecho.

CONDE

Yo soy contento, duque; persuadido
me dejáis algún tanto.

DUQUE
(*Aparte.*)

Yo sospecho. Aquí
quién ha sido el autor de aqueste insulto
[85
que con mi firma y sello viene oculto;
pero antes de que dé fin hoy a la
[caza,
descubriré quién fueron los traidores.
Salen dos CAZADORES.

C: 1º

¡Famoso jabalí

C. 2º

Dímosle caza,
y, a pesar de los perros corredores,   90
hicieron sus colmillos ancha plaza,
y escapóse.

DUQUE

Estos son mis cazadores.
Amigos...

C. 1º

¡Oh, señor!

DUQUE

No habréis dejado
a vida jabalí, corzo o venado.
¿Hay mucha presa?

C. 2º

Habrá la suficiente   95
para que tus acémilas no tornen
vacías.

DUQUE

¿Qué se ha muerto?

C. 2º

Más de veinte
coronados venados, porque adornen

las puertas de palacio con su frente,
y porque en ellos, cuando a Avero tor-
                                    [nen   100
originales vean sus traslados,
quien [en] figuras de hombres son ve-
                                    [nados;
tres jabalíes y un oso temerario,
sin la caza menor, porque esa espanta.

DUQUE

Mátase en este bosque de ordinario   105
gran suma della.

C. 1º

            No hay mata ni planta
que no la críe.

Sale FIGUEREDO.

FIGUEREDO

(Aparte.)

¡Oh falso secretario!

DUQUE

¿Qué es esto? ¿Dónde vas con prisa
                                    [tanta?

FIGUEREDO

¡Gracias a Dios, señor, que hallarte
                                    [puedo!

DUQUE

¿Qué alboroto es aqueste, Figueredo?
                                    [110

FIGUEREDO

Una traición habemos descubierto,
que por tu secretario aleve urdida,
al conde de Estremoz hubiera muerto,
si llegara la noche.

CONDE

¿A mí?

FIGUEREDO

            La vida
me debéis, conde.

CONDE

(Aparte.)

            Ya la causa advierto
                                    [115

de su enojo y venganza mal cumplida.
Engañé la hermosura de Leonela,
su hermana, y alcanzada, despreciéla.

DUQUE

¡Gracias al cielo, que por la justicia
del inocente vuelve! Y ¿de qué suerte
                                    [120
se supo la traición de su malicia?

FIGUEREDO

Llamó en secreto un mozo pobre y
                                    [fuerte,
y, como puede tanto la codicia,
prometióle, si al conde daba muerte,
enriquecerle; y, para asegurarle,   125
dijo que tú, señor, hacías matarle.
    Pudo el vil interés manchar su fama:
aquesta noche prometió, en efeto,
cumplillo; mas amaba, que es quien ama
pródigo de su hacienda y su secreto.
                                    [130
Dicen que suele ser potro la cama
donde hace confesar al más discreto
una mujer que da a la lengua y boca
tormento, no de cuerda, más de toca.
    Declaróla el concierto que había he-
                                    [cho   135
y encargóla el secreto; mas como era
el güésped grande, el aposento estrecho,
tuvo dolores hasta echalle fuera.
Concibió por la oreja; parió el pecho
por la boca, y fue el parto de manera
                                    [140
que, cuando el sol doraba el mediodía,
ya toda Avero la traición sabía.
    Prendió al parlero mozo la justicia,
y Ruy Lorenzo huyó con un criado,
cómplice en las traiciones y malicia,
                                    [145
que el delincuente preso ha confesado.
Desto te vengo a dar, señor, noticia.

DUQUE

¿Véis, conde, cómo el cielo ha averi-
                                    [guado
todo el caso, y mi honra satisfizo?
Ruy Lorenzo mi firma contrahizo.   150
    Averiguar primero las verdades,
conde, que despeñarse, fue prudencia
de sabias y discretas calidades.

CONDE

No sé qué le responda a vueselencia:
sólo que, de un ministro, en falsedades
[155
diestro, pudo causar a mi impaciencia
el engaño que agora siento en suma;
mas, ¿qué no engañará una falsa plu-
[ma?

DUQUE

Yo miraré desde hoy a quién recibo
por secretario.

CONDE

Si el fiar secretos   160
importa tanto, yo ya me apercibo
a elegir más leales que discretos.

DUQUE

Milagro, conde, fue dejaros vivo.

CONDE

La traición ocasiona estos efetos:
[huyó] la deslealtad, y la luz pura   165
de la verdad, señor, quedó segura.
¡Válgame el cielo! ¡Qué dichoso he
[sido!

DUQUE

Para un traidor que en esto se desvela,
todo es poco.

CONDE

Perdón humilde os pido.

DUQUE

A cualquiera engañara su cautela;   170
disculpado estáis, conde.

CONDE

(Aparte.)

Aquesto ha urdido
la mujeril venganza de Leonela;
pero importa que el duque esté igno-
[rante
de la ocasión que tuvo, aunque bastante.

DUQUE

Pésame que el autor de aqueste ex-
[ceso   175
huyese. Pero vamos; que buscalle

haré de suerte, que al que muerto o
[preso
le trujere, prometo de entregalle
la hacienda que dejó.

C. 2º

Si ofreces eso
no habrá quien no le siga.

DUQUE

Verá dalle
[180
todo este reino un ejemplar castigo.

CONDE

La vida os debo; pagaréla, amigo.
(Vanse.)

Salen TARSO y MELISA, pastores.

MELISA

¿Así me dejas, traidor?

TARSO

Melisa: domá otros potros;
que ya no me hace quillotros   185
en el alma vueso amor.
Con la ausencia de medio año
que ha que ni os busco ni os veo,
curó el tiempo mi deseo,
la enfermedad de un engaño.   190
Dándole a mis celos dieta,
estoy bueno poco a poco;
ya, Melisa, no so loco,
porque ya no so poeta.
¡Las copras que a cada paso   195
os hice! ¡Huego de Dios
en ella, en mí y en vos!
¡Si de subir al Parnaso
por sus musas de alquiler
me he quedado despeado!   200
¡Qué de nombres que os he dado!
una estrella, Lucifer...
¿Qué tenéis bueno, Melisa,
que no alabase mi canto?
Copras os compuse al llanto,   205
copras os hice a la risa,
copras al dulce mirar,
al suspirar, al toser,
al callar, al responder,
al asentarse, al andar,   210
al branco color, al prieto
a vuesos desdenes locos,
al escopir, y a los mocos
pienso que os hice un soneto.

Ya me salí del garlito   215
do me cogistes, por Dios;
que no se me da por vos,
ni por vueso amor, un pito.

MELISA

¡Ay Tarso, Tarso, en efeto
hombre, que es decir olvido!   220
¿Que una ausencia haya podido
hacer perderme el respeto
a mí, Tarso?

TARSO

A vos, y a Judas.
Sois mudable; ¿qué queréis?
si en señal deso os ponéis   225
en la cara tantas mudas?

MELISA

Así, mis prendas me torna,
mis cintas y mis cabellos.

TARSO

¿Luego pensáis que con ellos
mi pecho o zurrón se adorna?   230
¡Qué boba! Que a estar yo ciego
trujera conmigo el daño.
Ya, Melisa, habrá medio año
que con todo di en el huego.
Cabellos que fueron lazos   235
de mi esperanza crueles,
listones, rosas, papeles,
baratijas y embarazos,
todo el huego lo deshizo,
porque hechizó mi sosiego;   240
pues suele echarse en el huego,
porque no empezca, el hechizo.
Hasta el zurrón di a la brasa
do guardé mis desatinos;
que por quemar los vecinos   245
se pega huego a la casa.

MELISA

¿Esto he de sufrir? ¡Ay cielo!
(Llora.)

TARSO

Aunque lloréis un diluvio;
tenéis el cabello rubio,
no hay que fiar dese pelo.   250
Ya os conozco, que sois fina.
¡Pues no me habéis de engañar,
por Dios, aunque os vea llorar
los tuétanos y la orina!

MELISA

¡Traidor!

TARSO

¡Verá la embinción!   225
Enjugad los arcaduces;
que hacéis el llanto a dos luces
como candil de mesón.

MELISA

Yo me vengaré, cruel.

TARSO

¿Cómo?

MELISA

Casándome, ingrato.   260

TARSO

Eso es tomar el zapato,
y daros luego con él.

MELISA

Vete de aquí.

TARSO

Que me place.

MELISA

¿Que te vas desa manera?

TARSO

¿No lo veis? Andando.

MELISA

Espera.   265
¿Mas que sé de dónde nace
tu desamor?

TARSO

¿Mas que no?

MELISA

Celillos son de Mireno.

TARSO

¿Yo celillos? ¡Oh, qué bueno!
Ya ese tiempo se acabó.   270
Mireno, el hijo de Lauro,

a quien sirvo, y cuyo pan
como, es discreto y galán,
y como tal le restauro
vuestro amor; mas yo le miro   275
tan libre, que en la ribera
no hallaréis quien se prefiera
a hacelle dar un suspiro.
    Trújole su padre aquí
pequeño, y bien sabéis vos   280
que murmuran más de dos,
aunque vive y anda así,
    que debajo del sayal
que le sirve de corteza
se encubre alguna nobleza   285
con que se honra Portugal.
    No hay pastor en todo el Miño
que no le quiera y respete,
ni libertad que no inquiete
como a vos; mas ved qué aliño,   290
si la muerte hacelle quiso
tan desdeñoso y cruel,
que hay dos mil Ecos por él
de quien es sordo Narciso.
    Como os veis dél despreciada, 295
agora os venís acá;
mas no entraréis, porque está
el alma a puerta cerrada.

MELISA

Er fin: ¿no me quieres?

TARSO

                    No.

MELISA

Pues, para ésta, de un ingrato,   300
que yo castigue tu trato.

TARSO

¿Castigarme a mí vos?

MELISA

                    Yo:
presto verás, fementido,
si te doy más de un cuidado;
que nunca el hombre rogado   305
ama como aborrecido.

TARSO

Bueno.

MELISA

    Verás lo que pasa:
celos te dará un pastor;

que, cuando se pierde amor,
ellos le vuelven a casa.   (Vase.) 310

TARSO

¿Sí? Andad. Echome a temer
alguna burla, aunque hablo;
que no tendrá miedo al diablo
quien no teme a una mujer.

    Sale MIRENO, pastor.

MIRENO

¿Es Tarso?

TARSO

    ¡Oh, Mireno! Soy   315
tu amigo fiel, si este nombre
merece tener un hombre
que te sirve.

MIRENO

    Todo hoy
te ando a buscar.

TARSO

                    Melisa
me ha detenido aquí un hora;   320
y cuanto más por mí llora,
más me muero yo de risa.
Pero ¿qué hay de nuevo?

MIRENO

                    Amigo:
la mucha satisfacción
que tengo de tu afición   325
me obliga a tratar contigo
lo que, a no quererte tanto,
ejecutaré sin ti.

TARSO

De ver que me hables así,
por ser tan nuevo, me espanto   330
    Contigo, desde pequeño,
me crió Lauro, y aunque,
según mi edad, ya podré
gobernar casa y ser dueño,
    quiero más, por el amor   335
que ha tanto que te he cobrado,
ser en tu casa criado,
que en la mía ser señor.

MIRENO

    En fe de haber descubierto
mi experiencia que es así.   340

y hallar, Tarso, ingenio en ti,
puesto que humilde, despierto,
    pretendo en tu compañía
probar si, hasta donde alcanza
la barra de mi esperanza,   345
llega la ventura mía.
    Mucho ha que me tiene triste
mi altiva imaginación
cuya soberbia, ambición
no sé en qué estriba o consiste.   350
    Considero algunos ratos
que en los cielos, que pudieron
hacerme noble, y me hicieron
un pastor, fueron ingratos;
    y que, pues con tal bajeza   355
me acobardo y avergüenzo,
puedo poco, pues no venzo
mi misma naturaleza.
    Tanto el pensamiento cava
en esto, que ha habido vez   360
que, afrentando la vejez
de Lauro, mi padre, estaba
    por dudar si soy su hijo
o si me hurtó a algún señor;
aunque de su mucho amor   365
mi necio engaño colijo.
    Mil veces, estando a solas,
le he preguntado si acaso
el mundo, que a cada paso
honras anega en sus olas,   370
    le sublimó a su alto asiento
y derribó del lugar
que intenta otra vez cobrar
mi atrevido pensamiento;
    porque el ser advenedizo   375
aquí anima mi opinión,
y su mucha discreción
dice claro que es postizo
    su grosero oficio y traje,
por más que en él se reporte,   380
pues más es para la corte
que los montes, su lenguaje.
    Siempre, Tarso, ha malogrado
estas imaginaciones,
y con largas digresiones   385
mil sucesos me ha contado,
    que todos paran en ser,
contra mis intentos vanos,
progenitores villanos
los que me dieron el ser.   390
    Esto, que había de humillarme,
con tal violencia me altera,
que desta vida grosera
me ha forzado a desterrarme;
    y que a buscar me desmande   395

lo que mi estrella destina,
que a cosas grandes me inclina
y algún bien me aguarda grande;
    que, si tan pobre nací
como el hado me crió,   400
cuanto más me hiciere yo,
más vendré a deberme a mí.
    Si quieres participar
de mis males o mis bienes,
buena ocasión, Tarso, tienes;   405
déjame de aconsejar
    y determínate luego.

                TARSO

Para mí bástame el verte,
Mireno, de aquesa suerte;
ni te aconsejo ni ruego;   410
    discreto eres; estodiado
has con el cura; yo quiero
seguirte, aunque considero
de Lauro el nuevo cuidado.

                MIRENO

    Tarso: si dichoso soy,   415
yo espero en Dios de trocar
en contento su pesar.

                TARSO

¿Cuándo has de irte?

                MIRENO

                        Luego.

                TARSO

                                Hoy?

                MIRENO

Al punto.

                TARSO

            Y ¿con qué dinero?

                MIRENO

De dos bueyes que vendí   420
lo que basta llevo aquí.
Vamos derechos a Avero,
    y compraréte una espada
y un sombrero.

                TARSO

                ¡Plegue a Dios
que no volvamos los dos   425
como perro con pedrada!   (Vanse.)

[*Otro punto del bosque*]
Salen RUY LORENZO y VASCO, *lacayo.*

VASCO

Señor, vuélvete al bosque, pues co-
[noces
que apenas estaremos aquí una hora
cuando las postas nos darán alcance;
y los villanos destas caserías,   430
que nos buscan cual galgos a las lie-
[bres
si nos cogen, harán la remembranza
de Cristo y su prisión hoy con nosotros;
y quedaremos, por nuestros pecados,
en vez de remembrados, desmembrados.
[435

RUY

Ya, Vasco, es imposible que la vida
podamos conservar; pues cuando el
[cielo
nos librase de tantos que nos buscan,
el hambre vil, que son infames armas
debilita las fuerzas más robustas,   440
nos tiene de entregar al duque fiero.

VASCO

Para el hambre y sus armas no hay
[acero.

RUY

Por vengar la deshonra de mi hermana,
que el conde de Estremoz tiene usur-
[pada,
su firma en una carta contrahice;   445
y, saliéndome inútil esta traza,
busqué quien con su muerte me ven-
[gase;
mas nada se le cumple al desdichado,
y, pues lo soy, acabe con la vida,
que no es bien muera de hambre ha-
[biendo espada.   450

VASCO

¿Es posible que un hombre que se tiene
por hombre, como tú, hecho y derecho,
quisiese averiguar por tales medios
si fue forzada u no tu hermana? Dime:
¿piensas de veras que en el mundo ha
[habido   455
mujer forzada?

RUY

¿Agora dudas de eso?
¿No están llenos los libros, las historias
y las pinturas de violentos raptos
y forzosos estupros, que no cuento?

VASCO

Riyérame a no ver que aquesta noche
[460
los dos habemos de cenar con Cristo,
aunque hacer colación me contentara
en el mundo, y a oscuras me acostara.
Ven acá: ¿si Leonela no quisiera
dejar coger las uvas de su viña   465
no se pudiera hacer toda un ovillo,
como hace el erizo, y a puñadas,
aruños, coces, gritos y a bocados,
dejar burlado a quien su honor mal-
[trata,
en pie su fama y el melón sin cata? 470
Defiéndese una yegua en medio un
[campo
de toda una caterva de rocines,
sin poderse quejar. "¡Aquí del cielo,
que me quitan mi honra!", como puede
una mujer honrada en aquel trance; 475
escápase una gata como el puño
de un gato zurdo y otro carirromo
por los caramanchones y tejados
con sólo decir *miao* y echar un fufo;
y ¿quieren estas daifas persuadirnos 480
que no pueden guardar sus pertenencias
de peligros nocturnos? Yo aseguro,
si como echa a galeras la justicia
los forzados, echara las forzadas,
que hubiera menos, y ésas más honra-
[das.   485

Salen TARSO y MIRENO.

TARSO

Jurómela Melisa: ¡lindo cuento
será el ver que la he dado cantonada!

MIRENO

Mal pagaste su amor.

TARSO

Dala a Pilatos,
que es más mudable que hato de gi-
[tanos:
más arrequives tienen sus amores   490
que todo un canto de órgano; no quiero
sino seguirte a ti por mar y tierra,
y trocar los amores por la guerra.

RUY

Gente suena.

VASCO

Es verdad, y aun en mis
[calzas
se han sonado de miedo las narices 495
del rostro circular, romadizadas.

RUY

Perdidos somos.

VASCO

¡Santos estrellados!
Doleos de quien de miedo está en
[tortilla;
y si hay algún devoto de lacayos,
sáqueme de este aprieto, y yo le juro
[500
de colgalle mis calzas a la puerta
de su templo, en lavándolas diez veces
y limpiando la cera de sus barrios;
que, aunque las enceró mi pena fiera,
no es buena para ofrendas esta cera.
[505

RUY

Sosiégate; que solos dos villanos,
sin armas defensivas ni ofensivas,
poco mal han de hacernos.

VASCO

¡Plegue al cielo!

RUY

Cuanto y más, que el venir tan descui-
[dados
nos asegura de lo que tememos.   510

VASCO

¡Ciégalos, San Antonio!

RUY

Calla; lleguemos.
¿Adónde bueno, amigos?

MIRENO

¡Oh, señores!
A la villa, a comprar algunas cosas
que el hombre ha menester. ¿Está allá
[el duque?

RUY

Allá quedaba.

MIRENO

Dele vida el cielo. 515
Y vosotros, ¿do bueno? Que esta senda
se aparta del camino real y guía
a unas caserías que se muestran
al pie de aquella sierra.

RUY

Tus palabras
declaran tu bondad, pastor amigo. 520
Por vengar la deshonra de una her-
[mana
intenté dar la muerte a un poderoso;
y, sabiendo mi honrado atrevimiento,
el duque manda que me siga y prenda
su gente por aquestos despoblados; 525
y, ya desesperado de librarme,
salgo al camino. Quíteme la vida,
de tantos, por honrada, perseguida.

MIRENO

Lástima me habéis hecho, y ¡vive el
[cielo!
que, si como la suerte avara me hizo
[530
un pastor pobre, más valor me diera,
por mi cuenta tomara vuestro agravio.
Lo que se puede hacer, de mi consejo,
es que los dos troquéis esos vestidos
por aquestos groseros; y encubiertos 535
os libraréis mejor, hasta que el cielo
a daros su favor, señor, comience;
porque la industria los trabajos vence.

RUY

¡Oh, noble pecho, que entre paños bas-
[tos
descubre el valor mayor que he visto!
[540
Páguete el cielo, pues que yo no puedo,
ese favor.

MIRENO

La diligencia importa:
entremos en lo espeso. Y trocaremos
el traje.

RUY

Vamos. ¡Venturoso he sido!
(Vanse los dos).

TARSO

Y ¿habéis también de darme por mi
                                sayo   545
esas abigarradas, con más cosas
que un menudo de vaca?

VASCO

            Aunque me pese.

TARSO

Pues dos liciones me daréis primero,
porque con ellas pueda hallar el tino,
entradas y salidas de esa Troya;   550
que, pardiez, que aunque el cura sabe
                                  [tanto,
que canta un *parce mihi* por do quiere,
no me supo vestir el día del Corpus
para her el rey David.

VASCO

                Vamos; que presto
os la[s] sabréis poner.

TARSO

            Como hay maestros   555
que enseñan a leer a los muchachos,
¿no pudieran poner en cada villa
maestros con salarios, y con pagas,
que nos dieran lición de calzar bragas?
                                (*Vanse.*)

Salen DORISTO, *alcalde;* LARISO *y*
DENIO, *pastores.*

DORISTO

Ya los vestidos y señas   560
del amo y criado sé;
callad, que yo os los pondré,
Lariso, cual digan dueñas.

LARISO

¿Que quiso matar al conde?
¡Verá el bellaco!

DORISTO

            Por Dios   565
que si los cojo a los dos,
y el diablo no los esconde,
    que he de llevarlos a Avero
con cepo y grillos.

DENIO

            ¡Verá!
¿Qué bestia los llevará   570
en el cepo?

DORISTO

            Regidero:
no os metáis en eso vos;
que no empuño yo de balde
el palillo. ¿No so alcalde?
Pues yo os juro, a non de Dios,   575
que ha de her lo que publico;
y que los ha de llevar
con el cepo hasta el lugar
de Avero vueso borrico.

LARISO

Busquémoslos; que después   580
quillotraremos el modo
con que han de ir.

DORISTO

            El monte todo
está cercado; por pies
no se irán.

DENIO

            Amo y lacayo
han de estar aquí escondidos.   585

LARISO

Las señas de los vestidos,
sombreros, capas y sayo
del mozo en la cholla llevo.

DORISTO

Si los prendemos, por paga
diré al duque que mos haga,   590
par del olmo, un rollo nuevo.

LARISO

Hombre sois de gran meollo,
si rollo en el puebro hacéis.

DORISTO

El será tal que os honréis
que os digan: "Váyase al rollo." (*Van-
                            [se.*)   595

Salen RUY LORENZO *de pastor,*
y MIRENO *de galán.*

RUY

De tal manera te asienta
el cortesano vestido,
que me hubiera persuadido
a que eras hombre de cuenta,
a no haber visto primero   600
que ocultaba la belleza
de los miembros la bajeza
de aqueste traje grosero.
Cuando se viste el villano
las galas del traje noble,   605
parece imagen de roble
que ni mueve pie ni mano;
ni hay quien persuadirse pueda
sino que es, como sospech[a],
pared que, de adobes hecha,   610
la cubre un tapiz de seda.
Pero cuando en ti contemplo
el desenfado con que andas
y el donaire con que mandas
ese vestido, otro ejemplo   615
hallo en ti más natural,
que vuelve por tu decoro,
llamándote imagen de oro,
con la funda de sayal.
Alguna nobleza infiero   620
que hay en ti; pues te prometo
que te he cobrado el respeto
que al mismo duque de Avero.
¡Hágate el cielo como él!

MIRENO

Y a ti, con sosiego y paz,   625
te vuelva sin el disfraz,
a tu estado; y fuera dél,
con paciencia vencerás
de la fortuna el ultraje.
Si te ve en aquese traje   630
mi padre, en él hallarás
nuevo amparo; en él te fía,
y dile que me destierra
mi inclinación a la guerra;
que espero en Dios que algún día   635
buena vejez le he de dar.

RUY

Adiós, gallardo mancebo;
la espada sola me llevo,
para poder evitar,
si me conocen, mi ofensa.   640

MIRENO

Haces bien; anda con Dios,
que hasta la villa los dos,
aunque vamos sin defensa,
no tenemos qué temer;
y allá espadas compraremos.   645

Sale VASCO, *de pastor.*

VASCO

Vámonos de aquí. ¿Qué hacemos?,
que ya me quisiera ver
cien leguas deste lugar.

MIRENO

¿Y Tarso?

VASCO

Allí desenreda
las calzas, que agora queda   650
comenzándose a atacar,
muy enojado conmigo
porque me llevo la espada,
sin la cual no valgo nada.

MIRENO

La tardanza os daña.

RUY

Amigo,   655
adiós.

VASCO

No está malo el sayo

RUY

Jamás borrará el olvido
este favor.

VASCO

Embutido
va en un pastor un lacayo.   *(Vanse.)*

MIRENO

Del castizo caballo descuidado,   660
el hambre y apetito satisface
la verde hierba que en el campo nace,
el freno duro del arzón colgado;
mas luego que el jaez de oro esmal-
[tado
le pone el dueño cuando fiestas hace
[665

argenta espumas, céspedes deshace,
con el pretal sonoro alborotado.
Del mismo modo entre la encina y
                            [roble,
criado con el rústico lenguaje
y vistiendo sayal tosco, he vivido; 670
mas despertó mi pensamiento noble,
como al caballo, el cortesano traje:
que aumenta la soberbia el buen ves-
                            [tido.

Sale TARSO, *de lacayo.*

TARSO

¿No ves las devanaderas
que me han forzado a traer?   675
Yo no acabo de entender
tan intrincadas quimeras.
    ¿No notas la confusión
de calles y encrucijadas?
¿Has visto más rebanadas,   680
sin ser mis calzas melón?
    ¿Qué astrólogo tuvo esfera,
di, menos inteligible,
que ha un hora que no es posible
topar con la faltriquera?   685
    ¡Válgame Dios! ¡El juicio
que tendría el inventor
de tan confusa labor
y enmarañado edificio!
¡Qué ingenio! ¡Qué entendimiento!
                            [690

MIRENO

Basta, Tarso.

TARSO

            No te asombre,
que ésta no ha sido obra de hombre.

MIRENO

Pues ¿de qué?

TARSO

            De encantamiento;
obra es digna de un Merlín,
porque en estos astrolabios   695
aun no hallarán los más sabios
ningún principio ni fin.
    Pero, ya que enlacayado
estoy, y tú caballero,
¿qué hemos de hacer?

MIRENO

            Ir a Avero,   700
que este traje ha levantado
mi pensamiento de modo
que a nuevos intentos vuelo.

TARSO

Tú querrás subir al cielo,
y daremos en el lodo.   705
    Mas, pues eres ya otro hombre,
por si acaso adonde fueres
caballero hacerte quieres,
¿no es bien que mudes el nombre?
Que el de Mireno no es bueno   710
para nombre de señor.

MIRENO

Dices bien; no soy pastor,
ni he de llamarme Mireno.
    Don Dionís en Portugal
es nombre ilustre y de fama;   715
don Dionís desde hoy me llama.

TARSO

No le has escogido mal;
que los reyes que ha tenido
de ese nombre esta nación,
eterna veneración   720
ganaron a su apellido.
    Estremado es el ensayo;
pero, ya que así te ensalzas,
dame un nombre que a estas calzas
les venga bien, de lacayo;   725
que ya el de Tarso me quito.

MIRENO

Escógele tú.

TARSO

            Yo escojo,
si no lo tienes a enojo...
¿No es bueno...?

MIRENO

            ¿Cuál?

TARSO

                    Gómez Brito.
¿Qué te parece?

MIRENO

Estremado.   730

TARSO

¡Gentiles cascos, por Dios!
Sin ser obispos, los dos
mos habemos confirmado.

Salen DORISTO, LARISO *y* DENIO *y* PAS-
TORES, *con armas y sogas.*

DORISTO

¡Válgaos el dimunio, amén!
¿Qué nos los hemos de hallar?   735

LARISO

Si no es que saben volar,
imposible es que no estén
entre estas matas y peñas.

DENIO

Busquémolos por lo raso.

LARISO

¿No so[n] éstos?

DORISTO

                    Habrad paso.   740

LARISO

Par Dios, conforme las señas,
que son los propios.

DORISTO

                         Atalde
los brazos, pues veis que están
sin armas.

DENIO

        Rendíos, galán.

LARISO

Tené al rey.

DORISTO

            Tené al alcalde.   745
(Por detrás los cogen y atan.)

MIRENO

¿Qué es esto?

TARSO

            ¿Estáis en vosotros?
¿Por qué nos prendéis?

DORISTO

                        Por gatos.
¡Aho! ¿No veis qué mojigatos
hablan? Sabéis ser quillotros
para dar la muerte al conde,   750
y ¿pescudaisnos por qué
os prendemos?

DENIO

            ¡Bueno, a fe!

TARSO

¿Qué conde, o qué muerte? ¿Adónde
mos habéis visto otra vez?

DORISTO

Allá os lo dirá el verdugo,   755
cuando os cuelgue cual besugo
de las agallas y nuez.

MIRENO

A no llevarme la espada,
ya os fuerais arrepentidos.

TARSO

El truco de los vestidos   760
mos ha dado esta gatada.
¡Ah mi señor don Dionís!
¿Es aquesta la ganancia
de la guerra? ¿Qué ignorancia
te engañó?

DORISTO

            ¿Qué barbullís?   765

TARSO

Tarso quiero ser, no Brito;
ganadero, no lacayo;
por bragas quiero mi sayo;
las ollas lloro de Egipto.

LARISO

¿Quieres callar, bellacón?   770
Darle de puñadas quiero.

DORISTO

Alto, a Avero.

MIRENO

            Pues a Avero
nos llevan, ten corazón;

que, cuando el duque nos vea,
caerán éstos en su engaño   775
sin que nos mande hacer daño.

DORISTO

Rollo tendrá muesa aldea.

DENIO

Cuando bajo el olmo le hagas,
en él haremos concejo.

TARSO

Yo de ninguno me quejo,   780
sí de estas malditas bragas.
¿Quién ha visto tal ensayo?

MIRENO

¿Qué temes, necio? ¿Qué dudas?

TARSO

Si me cuelgan y hago un Judas,
sin haber Judas lacayo,   785
¿no he de llorar y temer?
Hoy me cuelgan del cogollo.

DORISTO

En la picota del rollo
un reloj he de poner.
Vamos.

LARISO

Bien el puebro ensalzas.   790

TARSO

Si te quieres escapar
do no te puedan hallar,
métete dentro en mis calzas.   (Vánse.)

[Salón en el palacio del DUQUE
DE AVERO]

Salen DOÑA JUANA y DON ANTONIO,
de camino.

JUANA

¡Primo don Antonio!

ANTONIO

                   Paso,
no me nombréis; no quiero   795
hagáis de mí tanto caso
que me conozca en Avero

el duque. A Galicia paso,
donde el rey don Juan me llama
de Castilla; que me ama   800
y hace merced; y deseo,
a costa de algún rodeo,
saber si miente la fama
que ofrece el lugar primero
de la hermosura de España   805
a las hijas del de Avero,
o si la fama se engaña
y miente el vulgo ligero.

JUANA

Bien hay que estimar y ver;
pero no habéis de querer   810
que así tan despacio os goce.

ANTONIO

Si el de Avero me conoce,
y me obliga a detener,
caer en falta recelo
con el rey.

JUANA

            Pues si eso pasa,   815
de mi gusto al vuestro apelo;
mas, si sabe que en su casa
don Antonio de Barcelo,
conde de Penela, ha estado,
y que encubierto ha pasado,   820
cuando le pudo servir
en ella, halo de sentir
con exceso; que en su estado
jamás llegó caballero
que por inviolables leyes   825
no le hospede.

ANTONIO

               Así lo infiero;
que es nieto, en fin, de los reyes
de Portugal el de Avero.
Pero, dejando esto, prima:
¿tan notable es la beldad   830
que en sus dos hijas sublima
el mundo?

JUANA

          ¿Es curiosidad,
o el alma acaso os lastima
el ciego?

ANTONIO

          Mal sus centellas
me pueden causar querellas   835.

si de su vista no gozo;
curiosidades de mozo
a Avero me traen a vellas.
¿Cómo tengo de querer
lo que no he llegado a ver?   840

JUANA

De que eso digáis me pesa:
nuestra nación portuguesa
esta ventaja ha de hacer
    a todas; que porque asista
aquí amor, que es su interés,   845
ha de amar, en su conquista,
de oídas el portugués,
y el castellano, de vista.
    Las hijas del duque son
dignas de que su alabanza   850
celebre nuestra nación.
    La mayor, a quien Berganza
y su duque, con razón,
    pienso que intenta entregar
al conde de Vasconcelos,   855
su heredero, puede dar
otra vez a Clicie celos,
si el sol la sale a mirar.
    Pues de doña Serafina,
hermana suya, es divina,   860
la hermosura.

ANTONIO

            Y, de las dos,
¿a cuál juzgáis, prima, vos
por más bella?

JUANA

            Más me inclina
mi afición a la mayor,
aunque mi opinión refuta   865
en parte el vulgo hablador;
mas en gustos no hay disputa,
y más en cosas de amor.
    En dos bandos se reparte
Avero, y por cualquier parte   870
hay bien que alegar.

ANTONIO

                ¿Aquí
hay algún título?

JUANA

            Sí,
don Francisco y don Duarte.

ANTONIO

Y ¿qué hacen?

JUANA

            Más de un curioso
dice que pretende ser   875
cada cual de la una esposo.

ANTONIO

Prima: yo las he de ver
esta tarde; que es forzoso
irme luego.

JUANA

            Yo os pondré
donde su hermosura os dé,   880
podrá ser, más de una pena.

ANTONIO

¿Serafina o Madalena?

JUANA

Bellas son las dos; no sé.
    Pero el duque sale aquí
con ellas; ponte a esta parte.   885

Salen el DUQUE, *el* CONDE, SERAFINA
y DOÑA MADALENA.

DUQUE

    (Aparte al conde.)
Digo, conde don Duarte,
que todo se cumpla así.

CONDE

    Pues el rey, nuestro señor,
favorece la privanza
del hijo del de Berganza,   890
    y a vuestra hija mayor
os pide para su esposa,
escriba vuestra excelencia
que, con su gusto y licencia,
doña Serafina hermosa   895
lo será mía.

DUQUE

            Está bien.

CONDE

Pienso que su majestad
me mira con voluntad,
y que lo tendrán por bien;
yo y todo le escribiré.   900

DUQUE

No lo sepa Serafina
hasta ver si determina
el rey que la mano os dé;
que es muchacha; y descuidada,
aunque portuguesa, vive   905
de que tan presto cautive
su libertad la lazada
o nudo del matrimonio.

JUANA

(Aparte.)

Presto os habéis divertido.
Decid; ¿qué os han parecido   910
las hermanas, don Antonio?

ANTONIO

No sé el alma a cuál se inclina,
ni sé lo que hacer ordena:
bella es doña Madalena,
pero doña Serafina   915
es el sol de Portugal.
Por la vista el alma bebe
llamas de amor entre nieve,
por el vaso de cristal
de su divina blancura: 920
la fama ha quedado corta
en su alabanza.

DUQUE

            Esto importa.

ANTONIO

Fénix es de la hermosura.

DUQUE

Llegaos, Madalena, aquí.

CONDE

Pues me da el duque lugar,   925
mi serafín, quiero hablar,
si hay atrevimiento en mí
para que vuele tan alto
que a serafines me iguale.

ANTONIO

Prima: a ver el alma sale   930
por los ojos el asalto
que amor le da poco a poco;
ganárame si me pierdo.

JUANA

Vos entraste, primo, cuerdo,
y pienso que saldréis loco.   935

DUQUE

Hija: el rey te honra y estima;
cuán bien te está considerada.

MADALENA

Mi voluntad es de cera;
vuexcelencia en ella imprima
el sello que más le cuadre,   940
porque en mí sólo ha de haber
callar con obedecer.

DUQUE

¡Mil veces dichoso padre
que oye tal!

CONDE

(A DOÑA SERAFINA.) Las dichas mías,
como han subido al estremo   945
de su bien, que caigan temo.

SERAFINA

Conde: esas filosofías,
ni las entiendo, ni son
de mi gusto.

CONDE

            Un serafín
bien puede alcanzar el fin   950
y el alma de una razón.
No digáis que no entendéis,
serafín, lo que alcanzáis.

SERAFINA

¡Jesús, qué dello que habláis!

CONDE

Si soy hombre, ¿qué queréis?   955
Por palabras los intentos
quiere que expliquemos Dios;
que, a ser serafín cual vos,
con solos los pensamientos
nos habláramos.   960

SERAFINA

            ¿Qué amor
habla tanto?

CONDE

¿No ha de hablar?

SERAFINA

No; que hay poco que fiar
de un niño, y más, hablador.

CONDE

En todo os hizo perfecta
el cielo con mano franca.   965

ANTONIO

Prima: para ser tan blanca
notablemente es discreta.
¡Qué agudamente responde!
Ya han esmaltado los cielos
el oro de amor con celos: 970
mucho me enfada este conde.

JUANA

¡Pobre de vuestra esperanza
si tal contrario la asalta!

DUQUE

Un secretario me falta
de quien hacer confianza;   975
y, aunque esta plaza pretenden
muchos por diversos modos
de favores, entre todos,
pocos este oficio entienden.
Trabajo me ha de costar   980
en tal tiempo estar sin él.

MADALENA

A ser el pasado fiel,
era ingenio singular.

DUQUE

Sí; mas puso en contingencia
mi vida y reputación.   985

Salen los PASTORES y traen presos
a MIRENO y TARSO.

DORISTO

Ande apriesa el bellacón.

LARISO

Aquí está el duque.

TARSO

            Paciencia
me dé Herodes.

DENIO

¡Aho! Llegá,
pues sois alcalde, y habralde.

DORISTO

Buen viejo: yo so el alcalde   990
y vos el duque.

LARISO

¡Verá!
Llegaos más cerca.

DORISTO

            Y sopimos
yo, el herrero y su mujer
que mandábades prender
estos bellacos, y fuimos   995
Bras Llorente y Gil Bragado...

TARSO

Aqueste yo lo seré,
pues por mi mal me embragué.

DORISTO

Y después de haber llamado
a concejo el regidero   1000
Pero Mínguez... Llega acá,
que no sois bestia, y habrá
decid lo demás.

LARISO

            No quiero:
decidlo vos.

DORISTO

            No estodié
sino hasta aquí; en concrusión: 1005
éstos los ladrones son,
que por sólo heros mercé
prendimos yo y Gil Mingollo:
haga lo que el puebro pide
su duquencia, y no se olvide   1010
lo que le dije del rollo.

DUQUE

¡Hay mayor simplicidad!
Ni he entendido a lo que vienen,
ni por qué delito tienen
así estos hombres. Soltad   1015
los presos; y decid vos
qué insulto habéis cometido

para que os hayan traído
de aquesa suerte a los dos.

MIRENO

(De rodillas.) Si lo es el favorecer, 1020
gran señor, a un desdichado,
perseguido y acosado
de tus gentes y poder,
y juzgas por temerario
haber trocado el vestido   1025
por dalle, yo he sido.

DUQUE

¿Tú libraste al secretario?
Pero sí; que aquese traje
era suyo; di, traidor,
¿por qué le diste favor?   1030

MIRENO

Vueselencia no me ultraje,
ni ese título me dé;
que no estoy acostumbrado
a verme así despreciado.

DUQUE
¿Quién eres?

MIRENO

No soy; seré;   1035
que sólo por pretender
ser más de lo que hay en mí
menosprecié lo que fui
por lo que tengo de ser.

DUQUE
No te entiendo.

MADALENA

(Aparte.)

¡Estraña audacia   1040
de hombre! El poco temor
que muestra dice el valor
que encubre. De su desgracia
me pesa.

DUQUE

Di: ¿conocías
al traidor que ayuda diste?   1045
Mas, pues por él te pusiste
en tal riesgo, bien sabías
quién era.

MIRENO

Supe que quiso
dar muerte a quien deshonró
su hermana, y después te dio   1050
de su honrado intento aviso;
y, enviándole a prender,
le libré de ti, espantado
por ver que el que está agraviado
persigas; debiendo ser   1055
favorecido por ti,
por ayudar al que ha puesto
en riesgo su honor.

CONDE

(Aparte.)

¿Qué es esto?
¿Ya anda derramada así
la injuria que hice a Leonela?   1060

DUQUE
Sabes tú quién la afrentó?

MIRENO
Supiéralo, señor, yo;
que, a sabello...

DUQUE

Fue cautela
del traidor para engañarte:
tú sabes adónde está,   1065
y así forzoso será,
si es que pretendes librarte,
decillo.

MIRENO

¡Bueno sería,
cuando adonde está supiera,
que un hombre como yo hiciera,   1070
por temor, tal villanía!

DUQUE

¿Villanía es descubrir
un traidor? Llevadle preso,
que si no ha perdido el seso
y menosprecia vivir,   1075
él dirá dónde se esconde.

MADALENA

(Aparte.) Ya deseo de libralle,
que no merece su talle
tal agravio.

DUQUE

Intento, conde,
vengaros.

CONDE

El lo dirá.   1080

TARSO

(Aparte.)

¡Muy gentil ganancia espero!

DUQUE

Vamos; que responder quiero
al rey.

TARSO

(Aparte.)

¡Medrándose va
con la mudanza de estado,
y nombre de don Dionís!   1085

DUQUE

Viviréis si lo decís.

MIRENO

(Aparte.)

La fortuna ha comenzado
a ayudarme: ánimo ten,
porque en ella es natural,
cuando comienza por mal,   1090
venir a acabar en bien.

TARSO

Bragas, si una vez os dejo,
nunca más transformación.
(Llévanlos presos.)

DUQUE

Meted una petición
vosotros en mi consejo   1095
de lo que queréis, que allí
se os pagará este servicio.

DORISTO

Vos, que tenéis buen juicio,
la peticionad.

LARISO

Sea así.

DORISTO

Señor: por este cuidado   1100
haga un rollo en mi lugar,
tal que se pueda ahorcar
en él cualquier hombre honrado.

Vanse los PASTORES, *el* DUQUE *y el*
CONDE; *quedan los demás.*

MADALENA

Mucho, doña Serafina,
me pesa ver llevar preso   1105
aquel hombre.

SERAFINA

Yo confieso
que a rogar por él me inclina
su buen talle.

MADALENA

¿Eso desea
tu afición? ¿Ya es bueno el talle?
Pues no tienes de libralle   1110
aunque lo intentes.

SERAFINA

No sea.

Vanse DOÑA SERAFINA *y* MADALENA.

JUANA

¿Habeisos de ir esta tarde?

ANTONIO

¡Ay, prima! ¿Cómo podré
si me perdí, si cegué,
si amor, valiente, cobarde,   1115
todo el tesoro me gana
del alma y la voluntad?
Sólo por ver su beldad
no he de irme hasta mañana.

JUANA

¡Bueno estáis! ¿Que amáis en fin?
                                            [1120

ANTONIO

Sospecho, prima querida,
que contento y vida
Serafina será fin.

ACTO SEGUNDO

Sale DOÑA MADALENA *sola.*

¿Qué novedades son éstas,
altanero pensamiento?
¿Qué torres sin fundamento
tenéis en el aire puestas?
Cómo andáis tan descompuestas,   5
imaginaciones locas?
Siendo las causas tan pocas,
¿queréis exponer mis menguas
a juicio de las lenguas
y a la opinión de las bocas?   10
   Ayer guardaban los cielos
el mal de vuestra esperanza
con la tranquila bonanza
que agora inquietan desvelos.
Al conde de Vasconcelos,   15
o a mi padre di, en su nombre,
el sí; mas, porque me asombre,
sin que mi honor lo resista,
se entró al alma, a escala vista,
por la misma vista un hombre.   20
   Vióle en ella, y fuera exceso,
digno de culpa mi error,
a no saber que el amor
es niño, ciego y sin seso.
¿A un hombre extranjero y preso,   25
a mi pesar, corazón,
habéis de dar posesión?
¿Amar al conde no es justo?
Mas ¡ay! que atropella el gusto
les leyes de la razón.   30
   Mas, pues, a mi instancia está
por mi padre libre y suelto,
mi pensamiento resuelto,
bien remediarse podrá.
Forastero es; si se va,   35
con pequeña resistencia
podrá sanar la paciencia
el mal de mis desconciertos;
pues son médicos expertos
de amor el tiempo y la ausencia.   40
   Pero ¿con qué rigor trazo
el remedio de mi vida?
Si puede sanar la herida,
crueldad es cortar el brazo.

Démosle a amor algún plazo,   45
pues su vista me provoca;
que, aunque es la efímera loca,
ninguno al enfermo quita
el agua que no permita
siquiera enjaguar la boca.   50
   Hacerle quiero llamar
—¡Ah, doña Juana!— Teneos,
desenfrenados deseos,
si no os queréis despeñar;
¿así vais a publicar   55
vuestra afrenta? La vergüenza
mi loco apetito venza;
que, si es locura admitillo
dentro del alma, el decillo
es locura o desvergüenza.   60

   Sale DOÑA JUANA.

   JUANA

Aquel mancebo dispuesto
que ha estado preso hasta agora
y a tu intercesión, señora
ya en libertad está puesto,
pretende hablarte.

   MADALENA

   (Aparte.)

                    ¡Qué presto   65
valerse el amor procura
de la ocasión y ventura
que ha de ponerse en efeto!
Mas hace como discreto;
que amor todo es coyuntura.   70
   ¿Sabes qué quiere?

   JUANA

                    Pretende
al favor que ha recibido
por ti, ser agradecido.

   MADALENA

   (Aparte.)

Aspides en rosas vende.

JUANA

¿Entrará?

MADALENA

(Aparte.)

Si presto prende,   75
si maltratado maltrata,
si atado las manos ata
las de mi gusto resuelto,
¿qué ha de hacer presente, y suelto
quien ausente y preso mata?   80
Dile que vuelva a la tarde;
que agora ocupada estoy.
Mas oye: no vuelva.

JUANA

Voy.

MADALENA

Escucha: di que se aguarde.
mas, váyase; que ya es tarde.   85

JUANA

¿Hase de volver?

MADALENA

¿No digo
que sí? Vé.

JUANA

Tu gusto sigo.

MADALENA

Pues torna; no se queje.

JUANA

Pues ¿qué diré?

MADALENA

Que me deje.
(Aparte.) y que me lleve consigo   90
Anda; di que entre...

JUANA

Voy, pues. (Vase.)

MADALENA

Que, aunque venga a mi presencia,
vencerá la resistencia
hoy del valor portugués.

El desear y ver es,   95
en la honrada y la no tal,
apetito natural;
y si diferencia se halla,
es que en la honrada calla
y la otra dice su mal.   100
Callaré, pues que presumo
cubrir mi desasosiego,
si puede encubrirse el fuego,
sin manifestalle el humo.
Mas bien podré, si consumo   105
el tiempo a palabras vanas;
pero las llamas tiranas
del amor, es cosa cierta
que, en cerrándolas la puerta,
se salen por las ventanas;   110
cuando les cierren la boca,
por los ojos se saldrán;
mas no las conocerán,
callando la lengua loca;
que, si ella a amor no provoca,   115
nunca amorosos despojos
dan atrevimiento a enojos
si no es en cosas pequeñas;
porque al fin hablan por señas
cuando hablan solos los ojos.   120

Sale MIRENO, galán y dice de rodillas.

MIRENO

Aunque ha sido atrevimiento
el venir a la presencia,
señora, de vuexcelencia
mi poco merecimiento,
ser agradecido trato   125
al recebido favor
porque el pecado mayor
es el que hace un hombre ingrato.
Por haber favorecido
de un desdichado la vida   130
—que al noble es deuda debida—
me vi preso y perseguido;
pero en la misma moneda
me pagó el cielo, sin duda,
pues libre, con vuestra ayuda,   135
mi vida, señora, queda.
¿Libre dije? Mal he hablado;
que el noble, cuando recibe,
cautivo y esclavo vive,
que es lo mismo que obligado;   140
y ojalá mi vida fuera
tal que, si esclava quedara,
alguna parte pagara
desta merced, que ella hiciera
excesos; pero, entre tantas   145
que mi humildad envilecen

y como esclavos ofrecen
sus cuellos a vuestras plantas,
a pagar con ella vengo
la mucha deuda en que estoy;   150
pues no os debo más si os doy,
gran señora cuanto tengo.

MADALENA

Levantaos del suelo.

MIRENO

Así
estoy, gran señora, bien.

MADALENA

Haced lo que os digo. *(aparte.)* ¿Quién
                                      [155
me ciega el alma? ¡Ay de mí!
¿Sois portugués?

MIRENO

(Levántase.)   Imagino
que sí.

MADALENA

¿Que lo imagináis?
¿Desa suerte incierto estáis
de quién sois?

MIRENO

Mi padre vino   160
al lugar adonde habita,
y es de alguna hacienda dueño,
trayéndome muy pequeño;
mas su trato lo acredita.
Yo creo que en Portugal   165
nacimos.

MADALENA

¿Sois noble?

MIRENO

Creo
que sí, según lo que veo
en mi honrado natural,
que muestra más que hay en mí.

MADALENA

Y ¿darán las obras vuestras,   170
si fuere menester, muestras
que sois noble?

MIRENO

Creo que sí.
Nunca de hacellas dejé.

MADALENA

Creo, decís a cualquiera punto.
¿Creéis, acaso, que os pregunto   175
artículos de la fe?

MIRENO

Por la que debe guardar
a la merced recebida
de vuexcelencia mi vida,
bien los puede preguntar,   180
que mi fe su gusto es.

MADALENA

¡Qué agradecido venís!
¿Cómo os llamáis?

MIRENO

Don Dionís.

MADALENA

Ya os tengo por portugués
y por hombre principal;   185
que en este reino no hay hombre
humilde de vuestro nombre,
porque es apellido real;
y sólo el imaginaros
por noble y honrado ha sido   190
causa que haya intercedido
con mi padre a libertaros.

MIRENO

Deudor os soy de la vida.

MADALENA

Pues bien: ya que libre estáis,
¿qué es lo que determináis
hacer de vuestra partida?   195
¿Dónde pensáis ir?

MIRENO

Intento
ir, señora, donde pueda
alcanzar fama que exceda
a mi altivo pensamiento;   200
sólo aquesto me destierra
de mi patria.

MADALENA

¿En qué lugar
pensáis que podéis hallar
esa ventura?

MIRENO

En la guerra,
que el esfuerzo hace capaz   205
para el valor que procuro.

MADALENA

Y ¿no será más seguro
que la adquiráis en la paz?

MIRENO

¿De qué modo?

MADALENA

Bien podéis
granjealle si dais traza   210
que mi padre os dé la plaza
de secretario, que veis
que está vaca agora, a falta
de quien la pueda suplir.

MIRENO

No nació para servir   215
mi inclinación, que es más alta.

MADALENA

Pues cuando volar presuma,
las plumas la han de ayudar.

MIRENO

¿Cómo he de poder volar
con solamente una pluma?   220

MADALENA

Con las alas del favor,
que el vuelo de una privanza
mil imposibles alcanza.

MIRENO

Del privar nace el temor,
como muestra la experiencia;   225
y tener temor no es justo.

MADALENA

Don Dionís: éste es mi gusto.

MIRENO

¿Gusto es de vuesa excelencia
que sirva al duque? Pues, alto:
cúmplase, señora, ansí   230
que ya de un vuelo subí
al primer móvil más alto.
Pues, si en esto gusto os doy,
ya no hay que subir más arriba:
como el duque me reciba,   235
secretario suyo soy.
Vos, señora, lo ordenad.

MADALENA

Deseo vuestro provecho,
y ansí lo que veis he hecho;
que, ya que os di libertad,   240
pesárame que en la guerra
la malograrais; yo haré
cómo esta plaza se os dé
por que estéis en nuestra tierra.

MIRENO

Mil años el cielo guarde   245
tal grandeza.

MADALENA

(Aparte.)

Honor: huir;
que revienta por salir,
por la boca, amor cobarde.   (Vase.)

MIRENO

Pensamiento: ¿en qué entendéis?
Vos, que a las nubes subís,   250
decidme: ¿qué colegís
de lo que aquí visto habéis?
Declaraos, que bien podéis.
Decidme: tanto favor
¿nace de sólo el valor   255
que a quien es honra ennoblece
o erraré si me parece
que ha entrado a la parte amor?
¡Jesús! ¡Qué gran disparate!
Temerario atrevimiento   260
es el vuestro, pensamiento;
ni se imagine ni trate:
mi humildad el vuelo abate
con que sube el deseo vario;
mas, ¿por qué soy temerario   265
si imaginar me prometo
que me ama en lo secreto
quien me hace su secretario?
¿No estoy puesto en libertad

por ella? Y, ya sin enojos,
por el balcón de sus ojos,
¿no he visto su voluntad?
Amor me tiene.—Callad,
lengua loca; que es error
imaginar que el favor
que de su nobleza nace,
y generosa me hace,
está fundado en amor.
    Mas el desear saber
mi nombre, patria y nobleza,
¿no es amor? Esa es bajeza.
Pues alma, ¿qué puede ser?
Curiosidad de mujer.
Sí; mas ¿dijera, alma, advierte,
a ser eso desa suerte
sin reinar amor injusto:
"dos Dionís, éste es mi gusto?"
Este argumento, ¿no es fuerte?
    Mucho: pero mi bajeza
no se puede persuadir
que vuele y llegue a subir
al cielo de tal belleza;
pero ¿cuándo hubo flaqueza
en mi pecho? Esperar quiero;
que siempre el tiempo ligero
hace lo dudoso cierto;
pues mal vivirá encubierto
el tiempo, amor y dinero.

270
275
280
285
290
295

Sale TARSO.

TARSO

    Ya que como a Daniel
del lago, nos han sacado
de la cárcel, donde he estado
con menos paciencia que él;
    siendo la ira del duque
nuestro profeta Habacú,
¿qué aguardas más aquí tú
a que el tiempo nos bazuque?
    ¿Tanto bien nos hizo Avero,
que en él con tal sorna estás?
Vámonos; pero dirás
que quieres ser caballero.
    Y poco faltó, par Dios,
para ser en Portugal
caballeros a lo asnal;
pues que supimos los dos
    que el duque mandado había
que, por las acostumbradas,
nos diesen las pespuntadas
orden de caballería.

300
305
310
315

MIRENO

¡Brito amigo!

TARSO

No soy Brito,
sino Tarso.

MIRENO

Escucha, necio.   320

TARSO

Estas calzas menosprecio
que me estorban infinito.
    Ya que en Brito me transformas,
sácame de aquestos grillos;
que no fui yo por novillos   325
para que me pongas cormas.
    Quítamelas, y no quieras
que alguna vez güela mal.

MIRENO

¡Peregrino natural!
¿Que nunca has de hablar de veras?
[330

TARSO

Ya hablo de veras.

MIRENO

Digo que estás temerario.

TARSO

Braguirroto di que estoy.
Pero ¿qué hay de nuevo?

MIRENO

Soy,   335
por lo menos, secretario
del duque de Avero.

TARSO

¿Cómo?

MIRENO

La que nos dió libertad,
desta liberalidad
es la autora.

TARSO

Mejor tomo
tus cosas; ya estás en zancos.   340

MIRENO

Pues aun no lo sabes bien.

TARSO

Darte quiero el parabién,
y pues son los amos francos,
si algún favor me has de hacer
y mi descanso permites,   345
lo primero es que me quites
estas calzas, que sin ser
presidente, en apretones,
después que las he calzado,
en ellas he despachado   350
mil húmedas provisiones.   *(Vanse.)*

Salen DON ANTONIO *y* DOÑA JUANA.

ANTONIO

Prima, a quedarme aquí mi amor me
                                    [obliga
aguarde el rey o no, que mi rey llamo
sólo mi gusto, que el pesar mitiga
que me ha de consumir, si ausente amo.
                                    [355
Pájaro soy; sin ver de amor la liga,
curiosamente me asente en el ramo
de la hermosura, donde preso quedo:
volar pretendo; pero más me enredo.
El conde de Estremoz sirve y merece
                                    [360
a doña Serafina; yo he sabido
que el duque sus intentos favorece,
y hacerla esposa suya ha prometido:
quien no parece, dicen que perece;
si no parezco, pues, y ya ni olvido 365
ni ausencia han de poder darme reposo,
¿qué he de esperar ausente y receloso?
Si mi adorado serafín supiera
quién soy, y con decírselo aguardara
recíprocos amores con que hiciera 370
mi dicha cierta y mi esperanza clara,
más alegre y seguro me partiera,
y de su fe mi vida confiara;
si se puede fiar el que es prudente
del sol de enero y de mujer ausente.
                                    [375
No me conoce y mi tormento ignora,
y así en quedarme mi remedio fundo;
que me parta después, o vaya agora
a la presencia de don Juan Segundo
importa poco. Prima mía, señora, 380
si no quieres que llore, y sepa el mundo
el lastimoso fin que ausente espero,
no me aconsejes salir de Avero.

JUANA

Don Antonio: bien sabes lo que es-
                                    [timo

tu gusto, y que el amor que aquí te
                                    [enseño, 385
al deudo corresponde que de primo
nuestra sangre te debe, como a dueño;
si en que te quedes ves que te reprimo,
es por ser este pueblo tan pequeño
que has de dar nota en él.

ANTONIO

                    Ya yo procuro 390
cómo sin que la dé viva seguro.
Nunca me ha visto el duque, aun-
                                    [que me ha escrito;
yo sé que busca un secretario esperto,
porque al pasado desterró un delito.

JUANA

Con risa el medio que has buscado
                                    [advierto. 395

ANTONIO

¿No te parece, si en palacio habito
con este cargo, que podré encubierto
entablar mi esperanza, como acuda
el tiempo, la ocasión, y más tu ayuda?

JUANA

La traza es estremada, aunque in-
                                    [decente, 400
primo, a tu calidad.

ANTONIO

                    Cualquiera estado
es noble con amor. No esté yo ausente,
que con cualquiera oficio estaré hon-
                                    [rado.

JUANA

Búsquese el modo, pues.

ANTONIO

                    El más urgente
está ya concluido.

JUANA

                    ¿Cómo?

ANTONIO

                    He dado 405
un memorial al duque en que le pido
me dé esta plaza.

JUANA

Diligente has sido;
mas, sin saberlo yo, culparte quiero.

ANTONIO

Del cuidadoso el venturoso nace;
hase encargado dél el camarero,   410
de quien dicen que el duque caudal
[hace.

JUANA

Mucho priva con él.

ANTONIO

Mi dicha espero
si el cielo a mis deseos satisface
y el camarero en la memoria tiene
esta promesa.

JUANA

Primo: el duque viene.   415

Salen el DUQUE *y* FIGUEREDO,
su camarero.

DUQUE

Ya sabes que requiere aquese oficio
persona en quien concurran juntamente
calidad, discreción, presencia y pluma.

FIGUEREDO

La calidad no sé; de esotras partes
le puedo asegurar a vueselencia   420
que no hay en Portugal quien confor-
[me a ellas
mejor pueda ocupar aquesa plaza;
la letra, el memorial que vueselencia
tiene suyo podrá satisfacelle.

DUQUE

Alto: pues tú le abonas, quiero velle.
[425

FIGUEREDO

Quiérole ir a llamar.—Pero delante
está de vueselencia. Llegá, hidalgo,
que el duque, mi señor, pretende veros.

ANTONIO

Deme los pies vueselencia.

DUQUE

Alzaos.
¿De dónde sois?

ANTONIO

Señor: nací en Lisboa.   430

DUQUE

¿A quién habéis servido?

ANTONIO

Heme criado
con don Antonio de Barcelos, conde
de Penela, y os traigo cartas suyas,
en que mis pretensiones favorece.

DUQUE

Quiero yo mucho al conde don An-
[tonio,   435
aunque nunca le he visto. ¿Por qué
[causa
no me las habéis dado?

ANTONIO

No acostumbro
pretender por favores lo que puedo
por mi persona, y quise que me viese
primero vueselencia.

DUQUE

Camarero: 440
su talle y buen estilo me ha agradado.
Mi secretario sois; cumplan las obras
lo mucho que promete esa presencia.

ANTONIO

Remítome, señor, a la experiencia.

DUQUE

Doña Juana: ¿que hacen Serafina   445
y Madalena?

JUANA

En el jardín agora
estaban las dos juntas aunque entiendo
que mi señora doña Madalena
quedaba algo indispuesta.

DUQUE

Pues ¿qué tiene?

JUANA

Habrá dos días que anda melancólica,
[450
sin saberse la causa deste daño.

DUQUE

Ya la adivino yo: vamos a vella,
que, como darla nuevo estado intento,
la mudanza de vida siempre causa
tristeza en la mujer honrada y noble;
[455
y no me maravillo esté afligida
quien teme un cautiverio de por vida.
Doña Juana: quedaos; que como viene
el mensajero de Lisboa, y conoce
al conde de Penela, vuestro primo 460
tendréis que preguntarle muchas cosas.

JUANA

Es, gran señor, así.

DUQUE

Yo gusto deso.
Secretario: quedaos.

ANTONIO

Tus plantas beso.
(Vanse el DUQUE y FIGUEREDO.)

ANTONIO

Venturosos han sido los principios.

JUANA

Si tienes por ventura ser criado 465
de quien eres igual, ventura tienes.

ANTONIO

Ya por lo menos estaré presente,
y estorbaré los celos de algún modo
que el conde de Estremoz me causa,
[prima.

JUANA

Dásela dél tan poco a quien adoras, 470
y deso, primo, está tan olvidada,
que en lo que pone agora su cuidado
es sólo en estudiar con sus doncellas
una comedia que por ser mañana
Carnestolendas, a su hermana intenta
[475
representar, sin que lo sepa el duque.

ANTONIO

¿Es inclinada a versos?

JUANA

Pierde el seso
por cosas de poesía, y esta tarde
conmigo sola en el jardín pretende
ensayar el papel, vestida de hombre.
[480

ANTONIO

¿Así me dices eso, doña Juana

JUANA

Pues ¿cómo quieres que lo diga?

ANTONIO

¿Cómo?
Pidiéndome la vida, el alma, el seso,
en pago de que me hagas tan dichoso
que yo la pueda ver de aquesa suerte;
[485
así vivas más años que hay estrellas;
así jamás el tiempo riguroso
consuma la hermosura de que gozas;
así tus pensamientos se te logren,
y el rey de Portugal, enamorado 490
de ti, te dé la mano, el cetro y vida.

JUANA

Paso; que tienes talle de casarme
con el Papa, según estás sin seso.
Yo te quiero cumplir aquese antojo.
Vamos, y esconderéte en los jazmines
[495
y murtas que de cercas a los cuadros
sirven, donde podrás, si no das voces,
dar un hartazgo al alma.

ANTONIO

¿Hay en Avero
algún pintor?

JUANA

Algunos tiene el duque
famosos; mas ¿por qué me lo pregun-
[tas? 500

ANTONIO

Quiero llevar conmigo quien retrate
mi hermoso serafín; pues fácilmente
mientras se viste, sacará el bosquejo.

JUANA

¿Y si lo siente doña Serafina
o el pintor lo publica?

ANTONIO

Los dineros   505
ponen freno a las lenguas y los quitan;
o mátame o no impidas mis deseos.

JUANA

¡Nunca yo hablara, o nunca tú lo
[oyeras,
que tal prisa me das! Ahora bien, primo;
en esto puedes ver lo que te quiero. 510
Busca un pintor sin lengua, y no mal-
[paras;
que, según los antojos diferentes
que tenéis los que andáis enamorados,
sospecho para mí que andáis preñados.
(Vanse.)

[Jardín del palacio]

Salen el DUQUE y DOÑA MADALENA.

DUQUE

Si darme contento es justo,   515
no estés, hija, desa suerte;
que no consiste mi muerte
más de en verte a ti sin gusto.
Esposo te dan los cielos
para poderte alegrar,   520
sin merecer tu pesar
el conde de Vasconcelos.
A su padre el de Berganza,
pues que te escribió, responde;
escribe también al conde,   525
y no vea yo mudanza
en tu rostro ni pesar,
si de mi vejez los días
con esas melancolías
no pretendes acortar.   530

MADALENA

Yo, señor, procuraré
no tenerlas, por no darte
pena, si es que un triste es parte
en sí de que otro lo esté.

DUQUE

Si te diviertes, bien puedes.   535

MADALENA

Yo procuraré servirte;
y agora quiero pedirte,
entre las muchas mercedes
que me has hecho, una pequeña.

DUQUE

Con condición que se olvide   540
aquesa tristeza, pide.

MADALENA

Honra: el amor os despeña. (Aparte.)
El preso que te pedí
librases, y ya lo ha sido,
de todo punto ha querido   545
favorecerse de mí:
con sólo esto, gran señor,
parece que me ha obligado;
y así, a mi cargo he tomado,
con su aumento, tu favor.   550
Es hombre de buena traza,
y tiene estremada pluma.

DUQUE

Dime lo que quiere en suma.

MADALENA

Quisiera entrar en la plaza
de secretario.

DUQUE

Bien poco   555
ha que dársela pudiera;
aun no ha un cuarto de hora entera
que está ocupada.

MADALENA

(Aparte.)   Amor loco:
¡muy bien despachado estáis!
Vos perderéis por cobarde,   560
pues acudistes tan tarde,
que con alas no voláis.

DUQUE

Por orden del camarero
a un mancebo he recibido
que de Lisboa ha venido   565
con aquese intento a Avero;
y, según lo que en él vi,
muestra ingenio y suficiencia.

MADALENA

Si gusta vuestra excelencia,
ya que mi palabra di,   570
y él está con esperanza
que le he de favorecer,
pues me manda responder
al conde y al de Berganza,
    sabiendo escribir tan mal,   575
quien quiera que se quedara
en palacio, y me enseñara;
porque en mujer principal
    falta es grande no saber   580
escribir cuando recibe
alguna carta, o si escribe,
que no se pueda leer.
    Dándome algunas liciones
más clara la letra haré.

DUQUE

Alto, pues; lición te dé   585
con que enmiendes tus borrones;
    que, en fin, con ese ejercicio
la pena divertirás,
pues la tienes porque estás
ociosa; que el ocio es vicio.   590

MADALENA

Las manos quiero besarte.

    Sale el CONDE DON DUARTE.

CONDE

Señor...

DUQUE

    ¡Conde don Duarte!

CONDE

Con contento extraordinario
vengo.

DUQUE

    ¿Cómo?

CONDE

    El rey recibe   595
con gusto mi pretensión,
y sobre aquesta razón
a vuestra excelencia escribe.
    Dice que se servirá
su majestad de que elija,   600
para honrar mi casa, hija

de vueselencia, y tendrá
cuidado de aquí adelante
de hacerme merced.

DUQUE

    Yo estoy
contento deso, y os doy   605
nombre de hijo; aunque importante
será que disimuléis
mientras doña Serafina
al nuevo estado se inclina;
porque ya, conde, sabéis,   610
cuán pesadamente lleva
esto de casarse agora.

CONDE

Hará el alma, que la adora,
de sus sufrimientos prueba.

DUQUE

    Yo haré las partes por vos   615
con ella; perder recelos:
el conde de Vasconcelos
vendrá pronto, y de las dos
las bodas celebraré
presto.

CONDE

    El esperar da pena.   620

DUQUE

No estéis triste, Madalena.

MADALENA

Yo, señor, me alegraré
por dar gusto a vueselencia.

DUQUE

Vamos a ver lo que escribe
el rey.

CONDE

    Quien espera, y vive   625
bien ha menester paciencia.
    (Vanse los dos; queda MADALENA.*)*

MADALENA

    Con razón se llama amor
enfermedad y locura;
pues siempre el que ama procura,
como enfermo, lo peor.   630

Ya tenéis en casa, honor,
quien la batalla os ofrece,
y poco hará, me parece,
cuando del alma os despoje,
que quien el peligro escoge   635
no es mucho que en él tropieze.
Los encendidos carbones
tragó Porcia, y murió luego;
¿qué haré yo, tragando el fuego,
por callar, de mis pasiones?   640
Diréle, no por razones,
sino por señas visibles,
los tormentos invisibles
que padezco por no hablar;
porque mujer y callar   645
son cosas incompatibles.
                          (Vase.)

Salen DOÑA JUANA, DON ANTONIO
        y un PINTOR.

JUANA

Desde este verde arrayán,
donde el sitio al amor hurta[s],
estos jazmines y murtas
ser tus celosías podrán;   650
pero que calles te aviso,
y tendrá tu amor buen fin.

ANTONIO

Ya sé que es mi serafín
ángel deste paraíso;
y yo, si acaso nos siente,   655
seré Adán echado dél.

JUANA

Yo haré que ensaye el papel
aquí, para que esté enfrente
del pintor, y retratalla
con más facilidad pueda.   660
Vistiéndose de hombre queda,
pues da en aquesto: a avisalla
voy de que solo y cerrado
está el jardín. Primo, adiós.   (Vase.)

ANTONIO

Pintores somos los dos: 665
ya yo el retrato he copiado,
que me enamora y abrasa.

PINTOR

No entiendo ese pensamiento.

ANTONIO

Naipe es el entendimiento,
pues la llama tabla rasa,   670
a mil pinturas sujeto,
Aristóteles.

PINTOR

Bien dices.

ANTONIO

Las colores y matices
son especies del objeto,
que los ojos que le miran   675
al sentido común dan;
que es obrador donde están
cosas que el ingenio admiran,
tan solamente en bosquejo,
hasta que con luz distinta   680
las ilumina y las pinta
el entendimiento, espejo
que a todas da claridad.
Pintadas las pone en venta,
y para esto las presenta   685
a la reina voluntad,
mujer de buen gusto y voto,
que ama el bien perpetuamente,
verdadero o aparente,
como no sea bien ignoto;   690
que lo que no es conocido
nunca por ella es amado.

PINTOR

Desa suerte lo ha enseñado
el filósofo.

ANTONIO

        Traído
de la pintura el caudal,   695
todos los lienzos descoge,
y entre ellos compra y escoge,
una vez bien y otras mal:
pónele el marco de amor,
y como en velle se huelga,   700
en la memoria se cuelga,
que es su camarín mayor.
Del mismo modo miré
de mi doña Serafina
la hermosura peregrina;   705
tomé el pincel, bosquejé,
acabó el entendimiento
de retratar su beldad,
compróle la voluntad,
guarnecióle el pensamiento   710

43

que a la memoria le trajo,
y viendo cuán bien salió
luego el pintor escribió:
Amor me fecit, abajo.
¿Ves cómo pinta quien ama? 715

PINTOR

Pues si ya el retrato tienes,
¿por qué a retratalla vienes
conmigo?

ANTONIO

Aqueste se llama
retrato espiritual;
que la voluntad, ya ves 720
que es sólo espíritu.

PINTOR

¿Pues?

ANTONIO

La vista, que es corporal,
para contemplar el rato,
que estoy solo, su hermosura,
pide agora a tu pintura 725
este corporal retrato.

PINTOR

No hay filosofía que iguale
a la de un enamorado.

ANTONIO

Soy en amor gradüado;
mas oye, que mi bien sale. 730

Sale DOÑA SERAFINA, *vestida de hombre;
el vestido sea negro y con ella* DOÑA
JUANA.

JUANA

¿Qué aquesto de veras haces?
¿Qué en verte así no te ofendas?

SERAFINA

Fiestas de Carnestolendas
todas paran en disfraces.
Deséome entretener 735
deste modo; no te asombre
que apetezca el traje de hombre,
ya que no lo puedo ser.

JUANA

Paréceslo de manera
que me enamoro de ti. 740
En fin, ¿esta noche es?

SERAFINA

Sí.

JUANA

A mí más gusto me diera
que te holgaras de otros modos,
y no con representar.

SERAFINA

No me podrás tú juntar, 745
para los sentidos todos
los deleites que hay diversos,
como en la comedia.

JUANA

Calla.

SERAFINA

¿Qué fiesta o juego se halla,
que no le ofrezcan los versos? 750
En la comedia, los ojos
¿no se deleitan y ven
mil cosas que hacen que estén
olvidados tus enojos?
La música, ¿no recrea 755
el oído, y el discreto
no gusta allí del conceto
y la traza que desea?
Para el alegre, ¿no hay risa?
Para el triste, ¿no hay tristeza? 760
Para el agudo, ¿agudeza?
Allí el necio, ¿no se avisa?
El ignorante, ¿no sabe?
¿No hay guerra para el valiente,
consejos para el prudente, 765
y autoridad para el grave?
Moros hay, si quieres moros;
si apetecen tus deseos
torneos, te hacen torneos;
si toros, correrán toros. 770
¿Quieres ver los epítetos
que de la comedia he hallado?
De la vida es un traslado,
sustento de los discretos.
dama del entendimiento, 775
de los sentidos banquete,
de los gustos ramillete.

esfera del pensamiento,
olvido de los agravios,
manjar de diversos precios,   780
que mata de hambre a los necios
y satisface a los sabios.
Mira lo que quieres ser
de aquestos dos bandos.

JUANA

                    Digo
que el de los discretos sigo,   785
y que me holgara de ver
la farsa infinito.

SERAFINA

                    En ella
¿cuál es lo malo que sientes?

JUANA

Sólo que tú representes.

SERAFINA

¿Por qué, si sólo han de vella   790
mi hermana y sus damas? Cálla;
de tu mal gusto me admiro.

ANTONIO

Suspenso, las gracias miro
con que habla; a retratalla
comienza; si humana mano   795
al vivo puede copiar.
la belleza singular
de un serafín.

PINTOR

                    Es humano;
bien podré.

ANTONIO

                    Pues ¿no te admiras
de su vista soberana?   800

SERAFINA

El espejo, doña Juana
tocaréme.

JUANA

        (*Trae un espejo.*)
Si te miras.
en él, ten, señora, aviso,
no te enamores de ti.

SERAFINA

¿Tan hermosa estoy ansí?   805

JUANA

Temo que has de ser Narciso.

SERAFINA

¡Bueno! Desta suerte quiero
los cabellos recoger,
por no parecer mujer
cuando me quite el sombrero: 810
pon el espejo. ¿A qué fin
le apartas?

JUANA

                Porque así impido
a un pintor que está escondido
por copiarte en el jardín.

SERAFINA

¿Cómo es eso?

PINTOR

                ¡Vive Dios,   815
que aquesta mujer nos vende!
Si el duque acaso esto entiende,
medrado habemos los dos.

SERAFINA

¿En el jardín hay pintor?

JUANA

Sí, deja que te retrate.   820

ANTONIO

¡Cielos! ¿Hay tal disparate?

SERAFINA

¿Quién se atrevió a eso?

JUANA

                        Amor,
que, como en Chipre, se esconde
enamorado de ti
por retratarte.

ANTONIO

                Eso sí.   825

JUANA

(*Aparte.*) ¡Cuál estará agora el conde!

SERAFINA

Humor tienes singular
aquesta tarde.

PINTOR

¿Ha de ser
el vestido de mujer
con que la he de retratar,   830
o como agora está?

ANTONIO

Sí,
como está; por que se asombre
el mundo, que en traje de hombre
un serafín ande ansí.

PINTOR

Sacado tengo el bosquejo,   835
en casa lo acabaré.

SERAFINA

Ya de tocarme acabé;
quitar puedes el espejo.
¿No está bien este cabello?
¿Qué te parezco?

JUANA

Un Medoro.   840

SERAFINA

No estoy vestida de moro.

JUANA

No; mas pareces más bello.

SERAFINA

Ensayemos el papel,
pues ya estoy vestida de hombre.

JUANA

¿Cuál es la farsa el nombre?   845

SERAFINA

La portuguesa cruel.

JUANA

En ti el poeta pensaba,
cuando así la intituló.

SERAFINA

Portuguesa soy; cruel, no.

JUANA

Pues a amor ¿qué le faltaba,   850
a no sello?

SERAFINA

¿Qué crueldad
has visto en mí?

JUANA

No tener
a nadie amor.

SERAFINA

(Vase poniendo el cuello y capa y som-
                            [brero.)
¿Puede ser
el no tener voluntad
a ninguno, crueldad? Di.   855

JUANA

¿Pues no?

SERAFINA

¿Y será justa cosa,
por ser para otros piadosa,
ser yo cruel para mí?

PINTOR

Pardiez, que ella dice bien.

ANTONIO

¡Pobre del que tal sentencia   860
está escuchando!

PINTOR

Paciencia.

ANTONIO

Mis temores me la den.

SERAFINA

Déjame ensayar, acaba;
verás cuál hago un celoso.

JUANA

¿Qué papel haces?

SERAFINA

　　　　　Famoso.　　　　　　865
Un príncipe que sacaba
al campo, a reñir por celos
de su dama, a un conde.

JUANA

　　　　　　　　Pues,
comienza.

SERAFINA

　　No sé lo que es;
pero escucha, y fingirélos. [*Representa.*)
　　　　　　　　　　　　　(870
Conde: vuestro atrevimiento
a tal término ha venido,
que ya la ley ha rompido
de mi honrado sufrimiento.
Espantado estoy, por Dios,　　875
de vos, y de Celia bella:
de vos, porque habláis con ella;
della, porque os oye a vos;
　que, supuesto que sabéis
las conocidas ventajas　　　880
que hace a vuestras prendas bajas
el valor que conocéis
　en mí, desacato ha sido:
en vos, por habella amado,
y en ella, por haber dado　　885
a vuestro amor loco oído.
Oye: no hay satisfacciones,
que serán intentos vanos;
pues como no tenéis manos,
queréis vencerme a razones.　890
　Haga vuestro esfuerzo alarde,
acábense mis recelos,
que no es bien que me dé celos
un hombre que es tan cobarde. (*Echa*
　　　　　　　　　　　　[*mano.*)
　Muestra tu valor agora,　　895
medroso, infame enemigo;
muere.

JUANA

　　¡Ay! Ten, que no es conmigo
la pesadumbre, señora.

SERAFINA

¿Qué te parece?

JUANA

　　Temí.

SERAFINA

Enojóme.

JUANA

　　　Pues ¿qué hicieras,　　900
a ser los celos de veras,
si te enojas siendo así?

ANTONIO

¡Hay celos con mayor gracia!

PINTOR

Estoy mirándola loco.
¡Donaire extraño!

JUANA

　　　　Por poco　　905
sucediera una desgracia,
　de verte tuve temor;
un valentón bravo has hecho.

SERAFINA

Oye agora. Satisfecho
de mi dama y de su amor,　　910
　del enojo que la di,
muy a lo tierno la pido
me perdone arrepentido.

JUANA

Eso será bueno: di.

SERAFINA

　(*Representa.*)
Los cielos me son testigos,　　915
si el enojo que te he dado,
al alma no me ha llegado.
Mi bien, seamos amigos;
　basta, no haya más enojos,
pues yo propio me castigo,　　920
vuelvan a jugar conmigo
las dos niñas desos ojos;
　quitad el ceño, no os note
mi amor, niñas soberanas;
que dirá que sois villanas,　　925
viéndoos andar con capote.
　¿De qué sirve este desdén,
mi gloria, mi luz, mi cielo,
mi regalo, mi consuelo,
mi paz, mi gloria, mi bien?　　930
　¿Que no me quieres mirar?
¡Que esto no te satisfaga!

Mátame, toma esta daga.
Mas no me querrás matar;
que aunque te enojes, yo sé   935
que en mí tu gusto se emplea.
No haya más, mi Celia, ea;
mira que me enojaré.

(*Va a abrazar a* DOÑA JUANA.)

Como te adoro, me atrevo
no te apartes, no te quites.   940

JUANA

Pasito, que te derrites;
de nieve te has vuelto sebo.
Nunca has sido, sino agora,
portuguesa.

ANTONIO

¡Ah, cielo santo!
¡Quién la dijera otro tanto   945
como ha dicho!

JUANA

Di, señora:
¿es posible que quien siente
y hace así un enamorado
no tenga amor?

SERAFINA

No me ha dado
hasta agora ese accidente,   950
porque su provecho es poco,
y la pena que da es mucha.
Aqueste romance escucha;
¡verás cuán bien finjo un loco! (*Re-*
                              [*presenta.*)
¿Que se casa con el conde,   955
y me olvida Celia? ¡Cielos!
Pero mujer y mudanza
tienen un principio mesmo.
¿Qué se hicieron los favores,
que cual flores prometieron   960
el fruto de mi esperanza?
Mas fueron flores de almendro;
un cierzo las ha secado.
Loco estoy, matarme quiero;
piérdase también la vida,   965
pues ya se ha perdido el seso.
Mas, no; vamos a las bodas;
que razón es, pensamiento,
pues que la costa pagamos,
que a mi costa nos holguemos.   970
En la aldea se desposan

los dos a lo villanesco;
que pues se casa en aldea,
villana su amor [la] ha vuelto;
celos, volemos allá,   975
pues tenéis alas de fuego.
A lindo tiempo llegamos,
desde aquí verla podemos.
Ya salen los convidados,
el tamboril toca el tiempo,   980
porque a su son bailan todos;
pues ellos bailan, bailemos.
Va: *Perantón, Perantón...*   (*Baila.*)
Haced mudanzas, deseos,
pues vuestra Celia las hace: 985
tocá, Pero Sastre, el viejo,
pues que la villa lo paga.
Ya se entraron allá dentro,
ya quieren dar colación:
la capa del sufrimiento (*Rebózase.*) 990
me rebozaré, que así
podré llegar encubierto,
y arrimarme a este rincón,
como mis merecimientos.
Avellanas y tostones   995
dan a todos. ¡Hola! ¡Ah, necios!
Llegad, tomaré un puñado.—
¿Yo necio? Mentís.—¿Yo miento?
Tomad.—¿A mí bofetón? (*Dase un bo-*
                              [*fetón.*)
Muera.—Ténganse. ¿Qué es esto?—
                              [1000
                      (*Echa mano.*)
No fue nada.—Sean amigos.—
Yo lo soy.—Yo serlo quiero. (*Envaina.*)
Ya ha llegado el señor cura.
Por muchos años y buenos
se regocije esta casa   1005
con bodas y casamientos.—
Por vertú de su mercé,
señor cura: aquí hay asiento.—
Eso no.—Tome esta silla
de costillas.—No haré, cierto.—   1010
Digo que la ha de tomar.—
Este escaño estaba bueno;
mas por no ser porfiado...—
Ya se ha rellanado el viejo.
Echá vino, Hernán Alonso;   1015
beba el cura, y vaya arreo.—
¡Oh, cómo sabe a la pega!—
Tambien Celia sabe a celos.
Ya es hora del desposorio;
todos están en pie puestos;   1020
los novios y los padrinos
enfrente, y el cura enmedio.—
Fabio: ¿queréis por esposa

a Celia hermosa?—Sí, quiero.—
Vos, Celia: ¿queréis a Fabio? —   1025
Por mi esposo y por mi dueño.—
¡Oh, perros! ¡En mi presencia! (*Mete*
                              [*mano.*)
El príncipe Pinabelo
soy, mueran los desposados,
el cura, la gente, el pueblo.—   1030
¡Ay, que nos mata!—Pegadles,
celos míos, vuestro incendio:
pues Sansón me he vuelto, muera
Sansón con los Filisteos;
que no hay quien pueda resistir el
                      [fuego 1035
cuando le enciende amor y soplan celos.

JUANA

¡Pecadora de mí; tente!
Que no soy Celia, ni Celio,
para airarte contra mí.

SERAFINA

Encendíme, te prometo,   1940
como Alejandro lo hacía,
llevado del instrumento
que aquel músico famoso
le tocaba.

ANTONIO

¿Pudo el cielo
juntar más donaire y gracia   1045
solamente en un sujeto?
¡Dichoso quien, aunque muera,
le ofrece sus pensamientos!

JUANA

Diestra estás; muy bien lo dices.

SERAFINA

Ven, doña Juana, que quiero   1050
vestirme sobre este traje
el mío, hasta que sea tiempo
de representar.

JUANA

A fe,
que se ha de holgar en extremo
tu melancólica hermana.   1055

SERAFINA

Entretenerla deseo.   (*Vanse las dos.*)

PINTOR

Ya se fueron.

ANTONIO

Ya quedé
con su ausencia triste y ciego.

PINTOR

En fin: ¿quieres que de hombre
la pinte?

ANTONIO

Sí; que deseo   1060
contemplar en este traje
lo que agora visto habemos;
pero, truécala el vestido.

PINTOR

Pues ¿no quieres que sea negro?

ANTONIO

Dará luto a mi esperanza;   1065
mejor es color de cielos
con oro, y pondrán en él
oro, amor y azul mis celos.

PINTOR

Norabuena.

ANTONIO

¿Para cuándo
me la tienes de dar hecho?   1070

PINTOR

Para mañana sin falta.

ANTONIO

No repares en el precio;
que no trujera amor desnudo el cuerpo,
a ser interesable y avariento. (*Vanse.*)

Salen DOÑA MADALENA *y* MIRENO.

MADALENA

Mi maestro habéis de ser   1075
desde hoy.

MIRENO

¿Qué ha visto en mí,
vuestra excelencia, que así
me procura engrandecer?

Dará lición al maestro
el discípulo desde hoy.   1080

MADALENA

(Aparte.)

¡Qué claras señales doy
del ciego amor que le muestro!

MIRENO

(Aparte.)

¿Qué hay que dudar, esperanza?
Esto ¿no es tenerme amor?
Dígalo tanto favor,   1085
muéstrelo tanta privanza.
Vergüenza: ¿por qué impedís
la ocasión que el cielos os da?
Daos por entendido ya.

MADALENA

Como tengo, don Dionís,   1090
tanto amor...

MIRENO

(Aparte.)

¡Ya se declara,
ya dice que me ama, cielos!

MADALENA

...al conde de Vasconcelos,
antes que venga, gustara,
no sólo hacer buena letra,   1095
pero saberle escribir,
y por palabras decir
lo que el corazón penetra;
que el poco uso que en amar
tengo, pide que me adiestre   1100
esta experiencia, y me muestre
cómo podré declarar
lo que tanto al alma importa,
y el amor mismo me encarga;
que soy en quererle larga   1105
y en significarlo corta.
En todo os tengo por diestro;
y así, me habéis de enseñar
a escribir, y a declarar
al conde mi amor, maestro.   1110

MIRENO

(Aparte.)

¿Luego no fue en mi favor,
pensamiento lisonjero,

sino porque sea tercero
del conde? ¿Veis, loco amor,
cuán sin fundamento y fruto   1115
torres habéis levantado
de quimeras, que ya han dado
en el suelo? Como el bruto
en esta ocasión he sido,
en que la estatua iba puesta,   1120
haciéndole el pueblo fiesta,
que loco y desvanecido
creyó que la reverencia,
no a la imagen que traía,
sino a él solo se hacía;   1125
y con brutal impaciencia
arrojadla de sí quiso
hasta que se apaciguó
con el castigo, y cayó
confuso en su necio aviso.   1130
¿Así el favor corresponde
con que me he desvanecido?
Basta; que yo el bruto he sido,
y la estatua es sólo el conde.
Bien pudo desentonarme,   1135
que no es la fiesta por mí.

MADALENA

(Aparte.)

Quise deslumbrarle así;
que fue mucho declararme.
Mañana conmenzaréis,
maestro, a darme lición.   1140

MIRENO

Servirte es mi inclinación.

MADALENA

Triste estáis.

MIRENO

¿Yo?

MADALENA

¿Qué tenéis?

MIRENO

Ninguna cosa.

MADALENA

(Aparte.)

Un favor
me manda amor que le dé.

(*Tropieza y da la mano* MIRENO.)

¡Válgame Dios! Tropecé...   1145
    (*Aparte.*)
Que siempre tropieza amor.
El chapín se me torció.

MIRENO

(*Aparte.*)

¡Cielos! ¿Hay ventura igual?
¿Hízose acaso algún mal
vueselencia?

MADALENA

    Creo que no.   1150

MIRENO

¿Que la mano le tomé?

MADALENA

Sabed que al que es cortesano
le dan, al darle una mano,
para muchas cosas pie.   (*Vase.*)

MIRENO

"¡Le dan, al darle una mano,   1155
para muchas cosas pie!"

De aquí, ¿qué colegiré?
Decid, pensamiento vano:
en aquesto, ¿pierdo o gano?
    ¿Qué confusión, qué recelos   1160
son aquestos? Decid, cielos:
¿esto no es amor? Mas no,
que llevo la estatua yo
del conde de Vasconcelos.
    Pues ¿qué enigma es darme pie   1165
la que su mano me ha dado?
Si sólo el conde es amado,
¿qué es lo que espero? ¿Qué sé?
Pie o mano, decir, ¿por qué
    dais materia a mis desvelos?   1170
Confusión, amor, recelos,
¿soy amado? Pero no,
que llevo la estatua yo
del conde de Vasconcelos.
    El pie que me dio será   1175
pie para darla lición
en que escriba la pasión
que el conde y su amor la da.
Vergüenza, sufrí y callá;
    basta ya, atrevidos vuelos,   1180
vuestra ambición, si a los cielos
mi desatino os subió;
que llevo la estatua yo
del conde de Vasconcelos.

ACTO TERCERO

[*Casa de un labrador*]

Salen LAURO, *pastor viejo, y* RUY
LORENZO, *también de pastor.*

RUY

Si la edad y la prudencia
ofrece en la adversidad,
Lauro discreto, paciencia,
vuestra prudencia y edad
pueden hacer la esperiencia.　　5
Dejar el llanto prolijo
que, si vuestro ausente hijo
es causa que lloréis tanto,
él convertirá ese llanto
brevemente en regocijo.　　10
Su virtud misma procura
honrar vuestra senectud
y hacer su dicha segura,
que siempre fue la virtud
principio de la ventura;　　15
y pues la tiene por madre,
no es bien que ese llanto os cuadre.

LAURO

Eso mis males lo vedan,
porque los hijos heredan
las desdichas de su padre.　　20
No le he dejado otra herencia
si no es la desdicha mía,
que era el muro que tenía
mi vejez.

RUY

¿Esa es prudencia?
Si por trabajos un hombre　　25
es bien que llore y se asombre,
¿quién los tiene como yo,
a quien el cielo quitó
honra, patria, hacienda y nombre?
Un hijo sólo perdéis,　　30
aunque no en las esperanzas
que de gozalle tenéis;
pero yo, con las mudanzas
que de mi vida sabéis,

¿cuándo veré que el furor　　35
del tiempo y de su rigor
dejará de hacerme ultraje,
despreciado en este traje
y con nombre de traidor?
Consoladme vos a mí,　　40
pues es más lo que perdí.

LAURO

¿Más que un hijo habéis perdido?

RUY

El honor, ¿no es preferido
a la vida y hijos?

LAURO

Sí.

RUY

Pues si no tengo esperanza　　45
de dar a mi honor remedio,
más pierdo.

LAURO

En una venganza
no es bien que se tome el medio
deshonrado; el que la alcanza
con medios que injustos son,　　50
cuando más vengarse intenta,
queda con mayor afrenta;
dando color de traición
el contrahacer firma y sello
del duque para matar　　55
al conde, pudiendo hacello
de otro modo y no manchar
vuestro honor por socorrello.
Y pues parece castigo
el que os da el tiempo enemigo,　　60
justo es que estés consolado,
pues padecéis por culpado;
pero el que usa conmigo
mi desdicha es diferente,
pues, aunque no lo merezco,　　65
me castiga.

RUY

Un hijo ausente
no es gran daño.

LAURO

El que padezco
tantos años inocente
os diré, si los ajenos
daños hacen que sean menos   70
los propios males.

RUY

No son
de aquesa falsa opinión
los generosos y buenos;
porque el prudente y discreto
siente el daño ajeno tanto   75
como el propio.

LAURO

Si secreto
me guardáis, diraos mi llanto
su historia.

RUY

Yo os le prometo;
mas llorar un hijo ausente
un hombre es mucha flaqueza.   80

LAURO

Pierdo, con perdelle, mucho.

RUY

¿Qué más estremos hicieras,
a tener tú mis desdichas?

LAURO

¡Ay, Dios! Si quien soy supieras,
¡cómo todas tus desgracias   85
las juzgaras por pequeñas!

RUY

Ese enigma me declara.

LAURO

Pues con ese traje quedas
en el lugar de mi hijo,
escucha mi suerte adversa.   90
Yo, Ruy Lorenzo, no soy
hijo destas asperezas,
ni el traje que tosco ves

es mi natural herencia;
no es de Lauro mi apellido,   95
ni mi patria aquesta sierra,
ni jamás mi sangre noble
supo cultivar la tierra.
Don Pedro de Portugal
me llaman, y de la cepa   100
de los reyes lusitanos
desciendo por línea recta.
El rey don Duarte fue
mi hermano, y el que ahora reina
es mi sobrino.

RUY

¿Qué escucho?   105
¡Duque de Coimbra! Deja
que sellen tus pies mis labios,
y que mis desdichas tengan
fin, pues con las tuyas son
o ningunas o pequeñas.   110

LAURO

Alza del suelo y escucha,
si acaso tienes paciencia
para saber los vaivenes
de la fortuna y su rueda.
Murió el rey de Portugal,   115
mi hermano, en la primavera
de su juventud lozana;
mas la muerte, ¿qué no seca?
De seis años dejó un hijo,
que agora, ya hombre, intenta   120
acabar mi vida y honra;
y dejando la tutela
y el gobierno destos reinos
solos a mí y a la reina.
Murió el rey; sobre el gobierno   125
hubo algunas diferencias
entre mí y la reina viuda,
porque jamás la soberbia
supo admitir compañía
en el reinar, y las lenguas   130
de envidiosos lisonjeros
siempre disensiones siembran.
Metióse el rey de Castilla
de por medio, porque era
la reina su hermana: en fin,   135
nuestros enojos concierta
con que rija en Portugal
la mitad del reino, y tenga
en su poder al infante.
Vine en esta conveniencia;   140
mas no por eso cesaron
las envidias y sospechas,

hasta alborotar el reino
asomos de armas y guerras.
Pero cesó el alboroto   145
porque, aunque era moza y bella
la reina, un mal repentino
dio con su ambición en tierra.
Murió, en fin; gocé el gobierno
portugués sin competencia,   150
hasta que fue Alfonso Quinto,
de bastante edad y fuerzas.
Caséle con una hija
que me dio el cielo, Isabela
por nombre; aunque desdichada,   155
pues ni la estima ni precia.
Juntáronsele al rey mozo
mil lisonjeros, que cierran
a la verdad en palacio,
como es costumbre, las puertas.   160
Entre ellos un mi enemigo
de humilde naturaleza,
Vasco Fernández por nombre,
gozó la privanza excelsa;
y queriendo derribarme   165
para asegurarse en ella,
a mi propio hermano induce,
y, para engañarle, ordena
hacerle entender que quiero
levantarme con sus tierras   170
y combatirle a Berganza,
siendo duque por mí della.
Creyólo, y ambos a dos
al nuevo rey aconsejan,
si quiere gozar seguro   175
sus estados, que me prenda;
para lo cual alegaban
que di muerte con hierbas
a doña Leonor, su madre,
y que con traiciones nuevas   180
quitalle intentaba el reino,
pidiendo al de Inglaterra
socorro, con cartas falsas
en que mi firma le enseñan.
Creyólo; desposeyéndome   185
de mi estado y las riquezas
que en el gobierno adquirí;
llevóme a una fortaleza,
donde, sin bastar los ruegos
ni lágrimas de Isabela,   190
mi hija y su esposa, manda
que me corten la cabeza.
Supe una noche propicia
el rigor de la sentencia,
y, ayudándome el temor,   195

las sábanas hechas vendas,
me descolgué de los muros,
y en aquella noche mesma
di aviso que me siguiese
a mi esposa la duquesa.   200
Supo el rey mi fuga, y manda
que al son de roncas trompetas
me publiquen por traidor,
dando licencia a cualquiera
para quitarme la vida,   205
poniendo mortales penas
a quien, sabiendo de mí,
no me lleva a su presencia,
Temí el rigor del mandato,
y como en la suerte adversa   210
huye la amistad, no quise
ver en ellos su esperiencia.
Llegamos hasta estos montes,
donde de parto y tristeza
murió mi esposa querida,   215
y un hijo hermoso me deja,
que en este traje criado,
comprando ganado y tierras,
y hecho de duque pastor,
ha ya veinte primaveras,   220
que han dado flores a mayo,
hierba al prado y a mí penas,
que el estado en que me ves
conservo; mas todo fuera
poco, a no perder la vista   225
del hijo en cuya presencia
olvidaba mis trabajos.
Mira si es razón que sienta
la falta que a mi vejez
hace su vista, y que pierda   230
la vida, que ya se acaba,
entre lágrimas molestas.

RUY

Notables son los sucesos
que en el mundo representa
el tiempo caduco y loco,   235
autor de tantas tragedias.
La tuya, famoso duque,
hace que olvide mis penas;
mas yo espero en Dios que presto
dará fortuna la vuelta.   240
Bien claras señales daba
de tu hijo la presencia,
que, cual ceniza, el sayal
las llamas de su nobleza
encubría: quiera el cielo   245
que rico y próspero él vuelva
a consolarte.

Salen VASCO *y* BATO, *pastores.*

BATO

    Nuesamo:
con cinco carros de leña
vamos a Avero. ¿Mandas algo
para allá?

LAURO

    Bato: que vengas   250
presto.

BATO

    ¿No quieres más?

LAURO

    No.

BATO

Pues yo sí, porque quisiera
que, a cuenta de mi soldada,
ocho veintenas me diera
para una cofia de pinos   255
que me ha pedido Firela.

LAURO

Ven por ellos.

BATO

    En mi tarja
nueve rayas tengo hechas,
porque otros cinco tostones
debo no más.

LAURO

    ¡Qué simpleza!   260
(*Vanse* BATO *y* LAURO.)

VASCO

¿No podría yo ir allá?

RUY

No, Vasco amigo, si intentas
no perderte; que ya sabes
nuestro peligro y afrenta.

VASCO

¿Hasta cuándo quieres que ande   265
en esta vida grosera,
de mis calzas desterrado?

Vuélveme, señor, a ellas,
y líbrame de un mastín
que anoche desde la puerta   270
de Melisa me llevó
dos cuarterones de pierna.

RUY

Pues ¿qué hacías tú de noche
a su puerta?

VASCO

    Hay cosas nuevas.
Si aquí es el amor quilotro,   275
quillotrado estoy por ella:
hízome ayer un favor
en el valle.

RUY

    ¿Y fue?

VASCO

    Que tiesa
me dio un pellizco en un brazo,
terrible, y me hizo señas   280
con el ojo zurdo.

RUY

    ¿Y ese
es buen favor?

VASCO

    ¡Linda flema!
Ansí se imprime el carácter
del amor en las aldeas.   (*Vanse.*)

[*Salón en el palacio.*]
Salen MIRENO *y* TARSO.

TARSO

¿Más muestras quieres que dé   285
que decirte, al "cortesano
le dan, al dalle una mano,
para muchas cosas pie"?
    ¿Puede decirlo más claro
una mujer principal?   290
¿Qué aguardabas, pese a tal,
amante corto y avaro,
    que ya te daré este nombre,
pues no te osas atrever?
¿Esperas que la mujer   295

haga el oficio de hombre?
¿En qué especie de animales
no es la hembra festejada,
perseguida y paseada
con amorosas señales?   300
   A solicitalla empieza,
que lo demás es querer
el orden sabio romper
que puso naturaleza.
   Habla; no pierdas por mudo   305
tal mujer y tal estado.

MIRENO

Un laberinto intricado
es Tarso, el que temo y dudo.
   No puedo determinarme
que me prefieran los cielos   310
al conde de Vasconcelos;
pues llegando a compararme
   con él, sé que es gran señor,
mozo discreto, heredero
de Berganza, y desespero,   315
viéndome humilde pastor,
   rama vil de un tronco pobre,
y que tan noble mujer
no es posible quiera hacer
más favor que al oro, al cobre.   320
   Mas después el afición
con que me honra y favorece,
las mercedes que me ofrece
su afable conversación,
   el suspenderse, el mirar,   325
las enigmas y rodeos
con que explica sus deseos,
el fingir un tropezar
   —si es que fue fingido—, el darme
la mano, con la razón   330
que me tiene en confusión
se animan para animarme,
   y entre esperanza y temor,
como ya, Brito, me abraso,
llego a hablalla, tengo el paso;   335
tira el miedo, impele amor,
   y cuando más me provoca
y hablalla el alma comienza,
enojada la vergüenza
llega y tápame la boca.   340

TARSO

¿Vergüenza? ¿Tal dice un hombre?
¡Vive Dios, que estoy corrido
con razón de haberte oído
tal necedad! No te asombre
que así llame a tu temor,   345

por no llamarle locura.
   ¡Miren aquí qué criatura,
o qué doncella Teodor,
para que con este espacio
diga que vergüenza tiene!   350
   No sé yo para qué viene
el vergonzoso a palacio.
   Amor vergonzoso y mudo
medrará poco, señor,
que, a tener vergüenza amor,   355
no le pintaran desnudo.
   No hayas miedo que ofenda
cuando digas tus enojos;
vendados tiene los ojos,
pero la boca sin venda.   360
   Habla, o yo se lo diré;
porque, si callas, es llano
que quien te dio pie en la mano
tiene de dejarte a pie.

MIRENO

   Ya, Brito, conozco y veo   365
que amor que es mudo no es cuerdo;
pero si por hablar pierdo
lo que callando poseo,
   y agora con mi privanza
y imaginar que me tiene   370
amor, vive y se entretiene
mi incierta y loca esperanza,
   y declarando mi amor
tengo de ver en mi daño
el castigo y desengaño,   375
que espero de su rigor,
   ¿no es mucho más acertado,
aunque la lengua sea muda,
gozar un amor en duda,
que un desdén averiguado?   380
   Mi vergüenza esto señala,
esto intenta mi secreto.

TARSO

Dijo una vez un discreto
que en tres cosas era mala
la vergüenza y el temor.   385

MIRENO

¿Y eran?

TARSO

   Escucha despacio:
en el púlpito, en palacio
y en decir uno su amor.
   En palacio estás, los cielos

te abren camino anchuroso;   390
no pierdas por vergonzoso.

MIRENO

Si al conde de Vasconcelos
ama, ¿cómo puede ser?

TARSO

No lo creas.

MIRENO

                    Si lo veo,
y ello lo dice.

TARSO

                    Es rodeo   395
y traza para saber
si amas; a hablarla comienza,
que, par Dios, si la perdemos,
que al monte volver podemos
a segar.

MIRENO

Si la vergüenza   400
me da lugar yo lo haré,
aunque pierda vida y fama.

(Sale DOÑA JUANA.)

JUANA

Mirad, don Dionís, que os llama
mi señora...

MIRENO

Luego iré.

TARSO

Animo.

MIRENO

(Aparte.)

¿Qué confusión   405
me entorpece y acobarda?

JUANA

Venid presto, que os aguarda. (Vase.)

TARSO

Desenvuelve el corazón;
háblala, señor, de espacio.

MIRENO

Tiemblo, Brito.

TARSO

                    Esto es forzoso;   410
bien dicen que al vergonzoso
le trujo el diablo a palacio.   (Vanse.)

[Habitación de DOÑA MADALENA]

Sale DOÑA MADALENA.

MADALENA

Ciego dios, ¿qué os avergüenza
la cortedad de un temor?
¿De cuándo acá niño amor,   415
sois hombre y tenéis vergüenza?
¿Es posible que vivís
en don Dionís y que os llama
su dios? Sí; pues, si me ama,
¿cómo calla don Dionís?   420
Decláreme sus enojos,
pues callar un hombre es mengua;
dígame una vez su lengua
lo que me dicen sus ojos.
Si teme mi calidad   425
su bajo y humilde estado,
bastante ocasión le ha dado
mi atrevida libertad.
Ya le han dicho que le adoro
mis ojos, aunque fue en vano;   430
la lengua, al dalle la mano
a costa de mi decoro;
ya abrió el camino que pudo
mi vergüenza. Ciego infante:
ya que me habéis dado amante,   435
¿para qué me le dais mudo?
Mas no me espanto lo sea,
pues tanto amor me humilló;
que, aun diciéndoselo yo,
podrá ser que lo no crea.   440

Sale DOÑA JUANA.

JUANA

Don Dionís, señora, viene
a darte lición.

MADALENA

(Aparte.)

                    A dar
lición vendrá de callar,
pues aun palabras no tiene.
De suerte me trata amor   445
que mi pena no consiente

más silencio; abiertamente
le declararé mi amor,
contra el común orden y uso;
mas tiene que ser de modo   450
que, diciéndoselo todo,
le he de dejar más confuso.

*(Siéntase en una silla; finge que duerme
y sale MIRENO, descubierto.)*

MIRENO

¿Qué manda vuestra excelencia?
¿Es hora de dar lición?

(Aparte.)

Ya comienza el corazón   455
a temblar en su presencia.
Pues que calla, no me ha visto:
sentada sobre la silla,
con la mano en la mejilla
está.

MADALENA

(Aparte.)

En vano me resisto: 460
yo quiero dar a entenderme
como que dormida estoy.

MIRENO

Don Dionís, señora, soy.
¿No me responde? Sí duerme;
durmiendo está. Atrevimiento,   465
agora es tiempo; llegad
a contemplar la beldad
que ofusca mi entendimiento.
Cerrados tiene los ojos,
llegar puedo sin temor;   470
que, si son flechas de amor,
no me podrán dar enojos.
¿Hizo el Autor soberano
de nuestra naturaleza
más acabada belleza?   475
Besarla quiero una mano.
¿Llegaré? Sí; pero no,
que es la reliquia divina,
y mi humilde boca, indina
de tocalla. ¡Pero yo   480
soy hombre y tiemblo! ¿Qué es esto?
Animo. ¿No duerme? Sí.

(Llega y retírase.)

Voy. ¿Si despierta? ¡Ay de mí,
que el peligro es manifiesto,
y moriré si recuerda   485

hallándome deste modo!
Para no perderlo todo,
bien es que esto poco pierda.
El temor al amor venza:
afuera quiero esperar.   490

MADALENA

(Aparte.)

¡Que no se atrevió a llegar!
¡Mal haya tanta vergüenza!

MIRENO

No parezco bien aquí
solo, pues durmiendo está.
Yo me voy.

MADALENA

(Aparte.)

¿Que al fin se va?   495

(Como que duerme.)

Don Dionís...

MIRENO

¿Llamóme? Sí.
¡Qué presto que despertó!
Miren, ¡qué bueno quedara
si mi intento ejecutara!
¿Está despierta? Mas no;   500
que en sueños pienso que acierta
mi esperanza entretenida;
y quien me llama dormida,
no me quiere mal despierta.
¿Si acaso soñando está   505
en mí? ¡Ay cielos! ¿Quién suspira
lo que dice?

MADALENA

(Como que duerme.)

No os váis fuera;
llegaos, don Dionís, acá.

MIRENO

Llegar me manda su sueño.
¡Qué venturosa ocasión!   510
Obedecelle es razón,
pues, aunque duerme, es mi dueño.
Amor: acabad de hablar;
no seáis corto.

MADALENA

(*Todo lo que hablare ella es como entre sueños.*)

Don Dionís:
ya que a enseñarme venís   515
a un tiempo a escribir y amar
al conde de Vasconcelos...

MIRENO

¡Ay, celos! ¿Qué es lo que veis?

MADALENA

Quisiera ver si sabéis
qué es amor y qué son celos;   520
porque será cosa grave
que ignorante por vos quede,
pues que ninguno otro puede
enseñar lo que no sabe.
Decidme: ¿tenéis amor?   525
¿De qué os ponéis colorado?
¿Qué vergüenza os ha turbado?
Responded, dejá el temor;
que el amor es un tributo
y una deuda natural   530
en cuantos viven, igual
desde el ángel hasta el bruto.

(*Ella misma se pregunta y responde
como que duerme.*)

Si esto es verdad, ¿para qué
os avergonzáis así?
¿Queréis bien? —Señora: sí—.   535
¡Gracias a Dios que os saqué
una palabra siquiera!

MIRENO

¿Hay sueño más amoroso?
¡Oh, mil veces venturoso
quien le escucha y considera!   540
   Aunque tengo por más cierto
que yo solamente soy
el que soñándolo estoy;
que no debo estar despierto.

MADALENA

¿Ya habéis dicho a vuestra dama 545
vuestro amor? —No me he atrevido—.
¿Luego nunca lo ha sabido?—
Como el amor todo es llama,
bien lo habrá echado de ver
por los ojos lisonjeros,   550
que son mudos pregoneros—.

La lengua tiene de hacer
ese oficio, que no entiende
distintamente quien ama
esa lengua que se llama   555
algarabía de aliende.
No os ha dado ella la ocasión
para declararos?—Tanta,
que mi cortedad me espanta.—
Hablad, que esa suspensión   560
hace a vuestro amor agravio.—
Temo perder por hablar
lo que gozo por callar.—
Eso es necedad, que un sabio
al que calla y tiene amor   565
compara a un lienzo pintado
de Flandes que está arrollado.
Poco medrará el pintor
si los lienzos no descoge
que al vulgo quiere vender   570
para que los pueda ver.
El palacio nunca acoge
la vergüenza; esa pintura
desdoblad, pues que se vende,
que el mal que nunca se entiende   575
difícilmente se cura.
—Sí; mas la desigualdad
que hay, señora, entre los dos
me acobarda.—Amor, ¿no es dios?—
Sí señora. —Pues hablad   580
que sus absolutas leyes
saben abatir monarcas
y igualar con las abarcas
las coronas de los reyes.
Yo os quiero por medianera,   585
decidme a mí a quién amáis.
—No me atrevo. —¿Qué dudáis?
¿Soy mala para tercera?—
No; pero temo, ¡ay de mí!—
¿Y si yo su nombre os doy?   590
¿Diréis si es ella si soy
yo acaso? —Señora, sí.—
¡Acabara yo de hablar!
¿Más que sé que os causa celos
el conde de Vasconcelos?—   595
Háceme desesperar;
que es, señora, vuestro igual
y heredero de Berganza.—
La igualdad y semejanza
no está en que sea principal,   600
o humilde y pobre el amante,
sino en la conformidad
del alma y la voluntad.
Declaraos de aquí adelante,
don Dionís; a esto os exhorto,   605
que en juegos de amor no es cargo

tan grande un cinco de largo
como es un cinco de corto.
Días ha que os preferí
al conde de Vasconcelos.   610

MIRENO

¡Qué escucho, piadosos cielos!

(Da un grito MIRENO y hace que despierte DOÑA MADALENA.)

MADALENA

¡Ay, Jesús! ¿Quién está aquí?
¿Quién os trujo a mi presencia,
don Dionís?

MIRENO

Señora mía...

MADALENA

¿Qué hacéis aquí?

MIRENO

Yo venía   615
a dar a vuestra excelencia
lición; hállela durmiendo,
y mientras que despertaba,
aquí, señora, aguardaba.

MADALENA

Dormíme, en fin, y no entiendo   620
de qué pudo sucederme,
que es gran novedad en mí
quedarme dormida ansí.   (Levántase.)

MIRENO

Si sueña siempre que duerme
vuestra excelencia del modo   625
que agora, ¡dichoso yo!

MADALENA

(Aparte.)

¡Gracias al cielo que habló
este mudo!

MIRENO

(Aparte.)

Tiemblo todo.

MADALENA

¿Sabéis vos lo que he soñado?

MIRENO

Poco es menester saber   630
para eso.

MADALENA

Debéis de ser
otro Josef.

MIRENO

Su traslado
en la cortedad he sido,
pero no en adivinar.

MADALENA

Acabad de declarar   635
cómo el sueño habéis sabido.

MIRENO

Durmiendo, vuestra excelencia,
por palabras le ha explicado.

MADALENA

¡Válgame Dios!

MIRENO

Y he sacado
en mi favor la sentencia,   640
que falta ser confirmada,
para hacer mi dicha cierta,
por vueselencia despierta.

MADALENA

Yo no me acuerdo de nada.
Decídmelo; podrá ser   645
que me acuerde de algo agora.

MIRENO

No me atrevo, gran señora.

MADALENA

Muy malo debe de ser,
pues no me lo osáis decir.

MIRENO

No tiene cosa peor   650
que haber sido en mi favor.

MADALENA

Mucho lo deseo oír;
acabad ya, por mi vida.

MIRENO

Es tan grande el juramento,
que anima mi atrevimiento,   655
vuestra excelencia dormida...
Tengo vergüenza.

MADALENA

Acabad,
que estáis, don Dionís, pesado.

MIRENO

Abiertamente ha mostrado
que me tiene voluntad.   660

MADALENA

¿Yo? ¿Cómo?

MIRENO

Alumbró mis celos,
y en sueños me ha prometido...

MADALENA

¿Sí?

MIRENO

Que he de ser preferido
al conde de Vasconcelos.
Mire si en esta ocasión   665
son los favores pequeños.

MADALENA

Don Dionís, no creáis en sueños,
que los sueños, sueños son.   (Vase.)

MIRENO

¿Agora sales con eso?
Cuando sube mi esperanza,   670
carga el desdén la balanza
y se deja en fiel el peso.
Con palabras tan resueltas
dejas mi dicha mudada;
¡qué mala era para espada   675
voluntad con tantas vueltas!
¡Por qué varios arcaduces
guía el cielo aqueste amor!
Con el desdén y favor
me he quedado entre dos luces.   680
No he de hablar más en mi vida,
pues mi desdicha concierta
que me desprecie despierta
quien me quiere bien dormida.

Calla el alma su pasión   685
y sirva a mejores dueños,
sin dar crédito a más sueños,
que los sueños, sueños son.

Sale TARSO.

TARSO

Pues, señor, ¿cómo te ha ido?

MIRENO

¿Qué sé yo? Ni bien ni mal.   690
Con un compás quedo igual,
amado y aborrecido.
A mí vergüenza y recato
me vuelvo, que es lo mejor.

TARSO

Di, pues, que le fue a tu amor   695
como a tres con un zapato.

MIRENO

Después me hablarás despacio.

TARSO

Bato, el pastor y vaquero
de tu padre, está en Avero,
y entrando acaso en palacio   700
me ha conocido, y desea
hablarte y verte, que está
loco de placer.

MIRENO

Sí hará.
¡Oh, llaneza de mi aldea!
¡Cuánto mejor es tu trato   705
que el de palacio, confuso,
donde el engaño anda al uso!
Vamos, Brito, a hablar a Bato,
y a mi padre escribiré
de mi fortuna el estado.   710
En un lugar apartado
quiero velle.

TARSO

Pues ¿por qué?

MIRENO

Porque tengo, Brito, miedo
que de mi humilde linaje
la noticia aquí me ultraje   715
antes de ver este enredo
en qué para.

TARSO

Y es razón.

MIRENO

Ven, porque le satisfagas.

TARSO

A ti amor y a mí estas bragas,
nos han puesto en confusión. (Vanse.)
[720

[Habitación de DOÑA SERAFINA]

Salen DOÑA SERAFINA y DON ANTONIO.

SERAFINA

No sé, conde, si dé a mi padre aviso
de vuestro atrevimiento y de su agravio,
que agravio ha sido suyo el atreveros
a entrar en su servicio dese modo
para engañarme a mí, y a él afren-
[talle. 725
Otros medios hallárades mejores,
pues noble sois, con que obligar al
[duque,
sin fingiros así su secretario,
pues no sé yo, si no es tenerme en
[poco
qué liviandad hallastes en mi pecho
[730
para atreveros a lo que habéis hecho.

ANTONIO

Yo vine de camino a ver mi prima,
y quiso amor que os viese.

SERAFINA

Conde: basta.
Yo estoy muy agraviada justamente
de vuestro atrevimiento. ¿Vos creístes,
[735
que en tan poco mi fama y honra
[tengo,
que descubriéndoos, como lo habéis he-
[cho,
había de rendirme a vuestro gusto?
Imaginarme a mí mujer tan fácil
ha sido injuria que a mi honor se ha
[hecho. 740
Mi padre ha dado al de Estremoz pa-
[labra
que he de ser su mujer, y aunque mi
[padre
no la diera, ni yo le obedeciera,

por castigar aquese desatino
me casara con él. Salid de Avero 745
al punto, don Antonio, o daré aviso
de aquesto a don Duarte, y si lo en-
[tiende
peligraréis, pues corren por su cuenta
mis agravios.

ANTONIO

¿Qué ansí me desconoces?

SERAFINA

Idos, conde, de aquí, que daré voces.
[750

ANTONIO

Déjame disculpar de los agravios
que me imputas, que el juez más ri-
[guroso
antes de sentenciar escucha al reo.

SERAFINA

Conde: ¡viven los cielos!, que si un
[hora
estáis más en la villa, que esta noche
[755
me case con el conde por vengarme.
Yo os aborrezco, conde; yo no os
[quiero.
¿Qué me queréis? Aquí la mayor pena
que me puede afligir es vuestra vista.
Si a vuestro amor mi amor no corres-
[ponde, 760
conde, ¿qué me queréis? Dejadme, con-
[de.

ANTONIO

Aspid, que entre las rosas
desa belleza escondes tu veneno,
¿mis quejas amorosas
desprecias deste modo? ¡Ay Dios, que
[peno, 765
sin remediar mis males,
en tormentos de penas infernales!
Pues que del paraíso
de tu vista destierras mi ventura,
hágate amor Narciso, 770
y de tu misma imagen y hermosura
de suerte te enamores,
que, como lloro, sin remedio llores.
Yo me voy, pues lo quieres,
huyendo del rigor cruel que encierras.
[775

agravio de mujeres;
pues de tu vista hermosa me destierras,
por quedar satisfecho
desterraré tu imagen de mi pecho.

(*Saca el retrato del pecho.*)

En el mar de tu olvido   780
echará tus memorias la venganza
que a amor y al cielo pido,
pues desta suerte alcanzará bonanza
el mar en que me anego,
si es mar donde las ondas son de fuego.
                                [785
Borrad, alma, el retrato
que en vos pinta el amor, pues que yo
                                [arrojo
aquéste por ingrato;   (*Arrójale.*)
castigo justo de mi justo enojo,
por quien mi amor desmedra.   790
Adiós, cruel, retrato de una piedra,
que, pues al tiempo apelo,
médico sabio que locuras cura,
razón es que en el suelo
os deje, pues que sois de piedra dura,
                                [795
si el suelo piedras cría.
Quédate, fuego, ardiendo en nieve fría.
                                (*Vase.*)

SERAFINA

¡Hay locuras semejantes!
¿Es posible que sujetos
a tan rabiosos efetos   800
estén los pobres amantes?
¡Dichosa mil veces yo,
que jamás admití el yugo
de tan tirano verdugo!
¿Qué es lo que en el suelo echó, 805
y con renombre de ingrato
tantas injurias le dijo?
Quiero verle, que colijo
mil quimeras. ¡Un retrato!   (*Alzale.*)
Es de un hombre, y me parece 810
que me parece de modo
que es mi semejanza en todo.
Cuanto el espejo me ofrece
   miro aquí: como en cristal
bruñido mi imagen propia   815
aquí la pintura copia
y un hombre en su original.
   ¡Válgame el cielo! ¿Quién es,
pues no es retrato del conde,
que en nada le corresponde?   820
Pues ¿por qué le echó a mis pies?

Decid, amor, ¿es encanto
éste para que me asombre?
¿Es posible que haya hombre
que se me parezca tanto?   825
No, porque cuando le hubiera,
¿qué ocasión le ha dado el pobre
para que tal odio cobre
con él el conde? Si fuera
mío, pareciera justo   830
que en él de mí se vengara,
y que al suelo le arrojara,
por sólo darme disgusto.
Algún enredo o maraña
se encierra en aqueste enima;   835
doña Juana, que es su prima,
ha de sabello. ¡Qué estraña
confusión! Llamalla quiero,
aunque con ella he reñido
viendo que la causa ha sido   840
que esté su primo en Avero.
Mas ella sale.

       Sale DOÑA JUANA.

JUANA

             Ya está,
señora, abierto el jardín;
entre el clavel y el jazmín
vuestra excelencia podrá,   845
entreteniéndose un rato,
perder la cólera y ira
que tiene conmigo.

SERAFINA

             Mira,
doña Juana, este retrato.

JUANA

       (*Aparte.*)

Este es el suyo; ¿a qué fin   850
mi primo se le dejó?
¡Cielos, si sabe que yo
le metí dentro el jardín!

SERAFINA

¿Viste semejanza tanta
en tu vida?

JUANA

No, por cierto.   855
       (*Aparte.*)

¡Si aqueste es el que en el huerto
copió el pintor!

SERAFINA

¿No te espanta?

JUANA

Mucho.

SERAFINA

Tu primo enojado
porque su amor tuve en poco,
con disparates de loco   760
le echó en el suelo, y airado
se fue. Quise ver lo que era,
y hame causado inquietud
pues por la similitud
que tiene, saber quisiera   865
a qué fin aquesto ha sido.
Pues de su pecho las llaves
tienes, dilo, si lo sabes.

JUANA
(Aparte.)

Basta, que no ha conocido
que es suyo; la diferencia   870
del traje de hombre y color,
que mudó en él el pintor,
es la causa.—Vueselencia
me manda diga una cosa
de que estoy tan ignorante   875
como espantada.

SERAFINA

Bastante
es ser yo poco dichosa
para que lo ignores. Diera
cualquier precio de interés
por sólo saber quién es.   880

JUANA

Pues sabedlo...

SERAFINA

¿Cómo?

JUANA

Espera;
llamando al conde mi primo,
y fingiendo algún favor
con que entretener su amor...

SERAFINA

La famosa traza estimo;   885
mas habráse ya partido.

JUANA

No habrá; yo le iré a llamar.

SERAFINA

Vé presto.

JUANA
(Aparte.)

¡Hay más singular
suceso! Castigo ha sido
del cielo que a su retrato   890
ame quien a nadie amó.   (Vase.)

SERAFINA

No en balde en tierra os echó
quien con vos ha sido ingrato,
que si es vuestro original
tan bello como está aquí   895
su traslado, creed de mí
que no le quisiera mal.
Y a fe que le hubiera alcanzado
lo que muchos no han podido
pues vivos no me han vencido   900
y él me venciera pintado.
Mas, aunque os haga favor,
no os espante mi mudanza,
que siempre la semejanza
ha sido causa de amor.   905

(Salen DON ANTONIO y DOÑA JUANA.)

JUANA

[Aparte a DON ANTONIO.]

Esto es cierto.

ANTONIO

¡Hay tal enredo!

JUANA

Lo que has de responder mira.

ANTONIO

Prima: con una mentira
tengo de gozar, si puedo,
la ocasión.

SERAFINA

Conde...

ANTONIO

Señora ...   910

SERAFINA

Muy colérico sois.

ANTONIO

Es
condición de portugués,
y no es mucho, si en media hora
me mandáis dejar Avero,
que hiciese estremos de loco.   915

SERAFINA

Callad, que sabéis muy poco
de nuestra condición. Quiero
haceros, conde, saber,
porque os será de importancia,
que son caballos de Francia   920
las iras de una mujer:
el primer ímpetu, estraño;
pero al segundo se cansa,
que el tiempo todo lo amansa.

ANTONIO

(Aparte.)

Prima: todo esto es engaño.   925

SERAFINA

No quiero ya que os partáis.

ANTONIO

De aquesta suerte, el desdén
pasado doy ya por bien.

SERAFINA

Pues ya sosegado estáis,
¿no me diréis la razón   930
por qué, cuando os apartastes,
este retrato arrojastes
en el suelo? ¿Qué ocasión
os movió a caso tan nuevo?
¿Cúyo es aqueste retrato?   935

ANTONIO

Deciros, señora, trato
la verdad; mas no me atrevo.

SERAFINA

Pues ¿por qué?

ANTONIO

Temo un castigo
terrible.

SERAFINA

No hay que temer:
yo os aseguro.

ANTONIO

Perder   940
la vida por un amigo
no es mucho. Aquesa presencia
a declararme me anima.—
(Aparte.)
Ya va de mentira, prima.

SERAFINA

Decid.

ANTONIO

Oiga vueselencia: 945
Días ha que habrá tenido
entera y larga noticia
de la historia lastimosa
del gran duque de Coimbra,
gobernador deste reino,   950
en guerra y paz maravilla;
que por ser con vuestro padre
de una cepa y sangre misma,
y tan cercanos en deuda
como esta corona afirma,   955
habréis llorado los dos
la causa de sus desdichas.

SERAFINA

Ya sé toda aquesa historia
mi padre la contó un día
a mi hermana en mi presencia;   960
su memoria me lastima.
Veinte años dicen que habrá
que le desterró la envidia
de Portugal con su esposa
y un tierno infante. Holgaría   965
de saber si aun vive el duque,
y en qué reino o parte habita.

ANTONIO

Sola la duquesa es muerta,
porque su memoria viva
que el hijo infeliz y el duque,   970
con quien mi padre tenía
deudo y amistad al tiempo
que de la prisión esquiva
huyó, le ofreció su amparo,
y, arriesgando hacienda y vida.   975

lasta agora le ha tenido
disfrazado en una quinta,
donde, entre toscos sayales,
los dos la tierra cultivan,
que con sus lágrimas riegan,			980
dándoles por fruto espinas.
El hijo, a quien hizo el cielo
con tantas partes, que admiran
al mundo, su discreción,
su presencia y gallardía,			985
se crió conmigo, y es
la mitad del alma mía;
que el ñudo de la amistad
hace de dos una vida.
Quiso el cielo que viniese,			990
habrá medio año, a esta villa,
disfrazado de pastor,
y que tu presencia y vista
le robaste por los ojos
el alma, cuya homicida,			995
respondiendo el valle en ecos,
pregonan que es Serafina.
Mil veces determinado
de decirte sus desdichas,
le ha detenido el temor			1000
de ver que el rey le publica
por traidor a él y a su padre
y a quien no diere noticia
de ellos, que a todos alcanza
el rigor de la justicia.			1005
Yo, que como propias siento
las lágrimas infinitas
que por ti sin cesar llora,
le di la palabra un día
de declararte su amor,			1010
y de su presencia y vista
gallarda darte el retrato
que tienes. Llegué, y, sabida
tu condición desdeñosa,
ni inclinada ni rendida			1015
a las coyundas de amor,
de quien tan pocos se libran,
no me atreví abiertamente
a declararte el enigma
de sus amorosas penas,			1020
hasta que la ocasión misma
me la ofreciese de hablarte,
y así alcancé de mi prima
que el duque me recibiese.
Supe después que quería			1025
con el de Estremoz casarte,
y, por probar si podía
estorballo deste modo,
mostré las llamas fingidas
de mi mentiroso amor;			1030

respondísteme con ira,
y yo, para que mirases
el retrato que te inclina
a menos rigor, echéle
a tus pies, que bien sabía			1035
que su belleza pintada
de tu presunción altiva
presto había de triunfar.
En fin, bella Serafina,
el dueño deste retrato			1040
es don Dionís de Coimbra.

SERAFINA

Conde: ¿eso es cierto?

ANTONIO

			Y tan cierto
que, a estallo él y a saber
que le amabas, sin temer
el hallarse descubierto,			1045
	pienso que viniera a darte
el alma.

SERAFINA

	Si eso es verdad,
no sé si en mi voluntad
podrá caber don Duarte.
	¡Válgame Dios! ¡Que éste es hijo
de don Pedro!			[1050

ANTONIO

		Su belleza
dice que sí.

SERAFINA

(Aparte.)

	¿Qué flaqueza
es la vuestra, alma? Colijo
	que no sois la que solía;
mas justamente merece			1055
quien tanto se me parece
ser amado. ¿No podría
	velle?

ANTONIO

	De noche bien puedes,
si das a tus penas fin,
y le hablas por el jardín			1060
que él saltará sus paredes.
	Mas de día no osará,
porque hay ya quien le ha mirado

5

en Avero con cuidado,
y si más nota en él da,   1065
ya ves el peligro.

SERAFINA

Conde:
un hombre tan principal,
a mi calidad igual,
y que a mi amor corresponde,
es ingratitud no amalle.   1070
En todo has sido discreto:
sélo en guardar más secreto,
y haz cómo yo pueda hablalle;
que el alma a dalle comienza
la libertad que contrasta.   1075
Y adiós.

ANTONIO

¿Vaste?

SERAFINA

Aquesto basta;
que habla poco la vergüenza. *(Vase.)*

JUANA

Primo: ¿es verdad que don Pedro,
el duque, vive y su hijo?

ANTONIO

Calla, que el alma lo dijo   1080
viendo lo que en mentir medro.
Ni sé del duque, ni dónde
su hijo y mujer llevó.
Don Dionís he de ser yo
de noche, y de día el conde   1085
de Penela; y desta suerte,
si amor su ayuda me da,
mi industria me entregará
lo que espero.

JUANA

Primo: advierte
lo que haces.

ANTONIO

Engañada   1090
queda; amor mi dicha ordena
con nombre y ayuda ajena,
pues por mí no valgo nada.   *(Vanse.)*

[*Habitación de* DOÑA MADALENA]
Salen el DUQUE *y* DOÑA MADALENA.

DUQUE

Quiero veros dar lición,
que la carta que ayer vi   1095
para el conde, en que leí
de el sobre escrito el renglón,
me contentó. Ya escribís
muy claro.

MADALENA

(Aparte.)

Y aun no lo entiendo,
con ser tan claro y se ofende   1'00
mi maestro don Dionís.

(Sale MIRENO.*)*

MIRENO

¿Llámame vuestra excelencia?

MADALENA

Sí; que el duque, mi señor,
quiere ver si algo mejor
escribo. Vos esperiencia   1105
tenéis de cuán escribana
soy. ¿No es verdad?

MIRENO

Sí, señora.

MADALENA

Escribí, no ha cuarto de hora,
medio dormida una plana,
tan clara, que la entendiera   1110
aun quien no sabe leer.
¿No me doy bien a entender
don Dionís?

MIRENO

Muy bien.

MADALENA

Pudiera
serviros, según fue buena,
de materias para hablar   1115
en su loor.

MIRENO

Con callar
la alabo, sólo condena

mi gusto el postrer renglón,
por más que la pluma escuso,
porque estaba muy confuso.   1120

MADALENA

Diréislo por el borrón
que eché a la postre.

MIRENO

¿Pues no?

MADALENA

Pues adrede lo eché allí.

MIRENO

Sólo el borrón corregí,
porque lo demás borró.   1125

MADALENA

Bien lo pudiste quitar;
que un borrón no es mucha mengua.

MIRENO

¿Cómo?

MADALENA

(Aparte.)

El borrón con la lengua
se quita, y no con callar.—
Ahora bien: cortá una pluma.   1130

(Sacan recado y corta una pluma.)

MIRENO

Ya, gran señora, la corto.

MADALENA

(Enojada.)

Acabad, que sois muy corto.
Vuestra excelencia presuma,
que de vergüenza no sabe
hacer cosa de provecho.   1135

DUQUE

Con todo, estoy satisfecho
de su letra.

MADALENA

Es cosa grave
el dalle avisos por puntos,
sin que aproveche. Acabad.

DUQUE

Madalena, reportad.   1140

MIRENO

¿Han de ser cortos los puntos?

MADALENA

¡Qué amigo que sois de corto!
Largos los pido; cortaldos
de aqueste modo, o dejaldos.

MIRENO

Ya, gran señora, los corto.   1145

DUQUE

¡Qué mal acondicionada
sois!

MADALENA

Un hombre vergonzoso
y corto es siempre enfadoso.

MIRENO

Ya está la pluma cortada.

MADALENA

Mostrad. ¡Y qué mala! ¡Ay, Dios!
[1150

(Pruébala y arrójala.)

DUQUE

¿Por qué la echáis en el suelo?

MADALENA

¡Siempre me la dais con pelo!
Líbreme el cielo de vos.
Quitadle con el cuchillo.
No sé de vos que presuma,   1155
siempre con pelo la pluma,

(Aparte.)

y la lengua con frenillo.

MIRENO

(Aparte.)

Propicios me son los cielos,
todo esto es en mi favor.

Sale DON DUARTE.

CONDE

Dadme albricias, gran señor: 1160
el conde de Vasconcelos
está sola una jornada
de vuestra villa.

MADALENA

(*Aparte.*)

¡Ay de mí!

CONDE

Mañana llegará aquí;
porque trae tan limitada,   1165
  dicen, del rey la licencia,
que no hará más de casarse
mañana, y luego tornarse.
Apreste vuestra excelencia
  lo necesario, que yo   1170
voy a recibirle luego.

DUQUE

¿No me escribe?

CONDE

Aqueste pliego.

DUQUE

Hija: la ocasión llegó
que deseo.

MADALENA

(*Aparte.*)

Saldrá vana.

MIRENO

(*Aparte.*)

¡Ay, cielo!

MADALENA

(*Aparte.*)

Mi bien suspira.   1175

DUQUE

Vamos: deja aqueso y mira
que te has de casar mañana.

(*Vanse el* DUQUE *y el* CONDE *y pónese
a escribir ella.*)

MADALENA

Don Dionís: en acabando
de escribir aquí, leed
este billete, y haced   1180
luego lo que en él os mando.

MIRENO

Si ya la ocasión perdí
¿qué he de hacer? ¡Ay, suerte dura!

MADALENA

Amor todo es coyuntura.   (*Vase.*)

MIRENO

Fuese. El papel dice ansí: 1185

(*Lee.*)

"No da el tiempo más espacio
esta noche, en el jardín
tendrán los temores fin
del *Vergonzoso en palacio*."
  ¡Cielos! ¿Qué escucho? ¿Qué veo?
                                      [1190
¿Esta noche? ¡Hay más ventura!
¿Si lo sueño? ¿Si es locura?
No es posible; no lo creo. (*Vuelve a
                                  [leer.*)
  "Esta noche en el jardín..."
¡Vive Dios, que está aquí escrito! 1195
¡Mi bien! A buscar a Brito
voy. ¿Hay más dichoso fin?
  Presto en tu florido espacio
dará envidia entre mis celos,
al conde de Vasconcelos,   1200
El vergonzoso en palacio.

Salen LAURO, RUY LORENZO *y* BATO
y MELISA.

LAURO

Buenas nuevas te dé Dios:
escoge en albricias, Bato,
la oveja mejor del hato;
poco es una, escoge dos.   1205
  Que mi hijo está en Avero
¿Que del duque es secretario,
mi primo? ¡Ay tiempo voltario!
Mas ¿qué me quejo? ¿Qué espero?
  Vamos a verle los dos: 1210
mis ojos su vista gocen.
Venid.

RUY

¿Y si me conocen?

LAURO

No lo permitirá Dios:
tiznaos como carbonero
la cara, que desta vez   1215
daré a mi triste vejez
un buen día hoy en Avero.
Mi gozo crece por puntos:
agora a vivir comienzo.
Alto: vamos, Ruy Lorenzo.   1220

BATO

Todos podremos ir juntos.

LAURO

Guardad vosotros la casa. (*Vanse
[los dos.*)

MELISA

Sí; Bercebú que la guarde.

BATO

¿Qué tenéis aquesta tarde?

MELISA

¡Ay, Bato! ¡Que aqueso pasa!   1225
¿Qué, no preguntó por mí
Tarso?

BATO

No se le da un pito
por vos, ni es Tarso.

MELISA

¿Pues?

BATO

Brito,
o cabrito.

MELISA

¡Ay! ¿Tarso ansí?
A verte he de ir esta tarde,   1230
cruel, tirano, enemigo.

BATO

¿Sola?

MELISA

Vasco irá conmigo.

BATO

Buen mastín lleváis que os guarde.
¿Queréisle mucho?

MELISA

Enfinito.

BATO

Pues en Brito se ha mudado,   1235
la mitad para casado
tien...

MELISA

¿Qué?

BATO

De cabrito el Brito. (*Vanse.*)

[*Palacio del duque con jardín.
Es de noche.*]

A la ventana DOÑA JUANA *y* DOÑA
SERAFINA.

SERAFINA

¡Ay, querida doña Jnana!
nota de mi fama doy;
mas si lo dilato hoy   1240
me casa el duque mañana.

JUANA

Don Dionís, señora, es tal
que no llega don Duarte
con la más mínima parte
a su valor Portugal.   1245
Por su padre llora hoy día;
para en uno sois los dos:
gozaos mil años.

SERAFINA

¡Ay Dios!

JUANA

No temas, señora mía,
que mi primo fue por él;   1250
presto le traeré consigo.

SERAFINA

El tiene un notable amigo.

JUANA

Pocos se hallarán como él.
(*Sale* DON ANTONIO, *como de noche.*)

ANTONIO

Hoy, amor, vuestras quimeras
de noche me han convertido   1255
en un don Dionís fingido
y un don Antonio de veras.
Por y otro he de hablar.
Gente siento a la ventana.

JUANA

Ruido suena; no fue vana   1260
mi esperanza.

(TARSO *de noche.*)

TARSO

          Este lugar
mi dichoso don Dionís
me manda que mire y ronde
por si hay gente.

JUANA

          Ce: ¿es el conde?

ANTONIO

Sí, mi señora.

JUANA

          ¿Venís   1265
con don Dionís?

TARSO

(Aparte.)

          Cómo es esto?
¿Don Dionís? La burla es buena.
¿Mas si es doña Madalena?
Reconocer este puesto
me manda, porque le avise   1270
si anda gente (y me parece
que otro en su lugar se ofrece),
y que le ronde, ande y pise.
¡Vaya! ¿Mas qué es don Dionís?
Eso no.

ANTONIO

          Conmigo viene   1275
un don Dionís, que os previene
el alma, que ya adquirís.
para ofrecerse a esas plantas.
Hablad, don Dionís: ¿qué hacéis?

(Finge que habla DON DIONÍS, *mudando
la voz.)*

¿Que estoy suspenso, no veis,   1280
contemplando glorias tantas?
     Pagar lo mucho que os debo
con palabras será mengua,
y ansí refreno la lengua,
porque en ella no me atrevo.   1285
     Mas, señora, amor es dios,
y por mí podrá pagar.

JUANA

(Aparte.)

¡Bien sabe disimular
el habla!

SERAFINA

     ¿No tenéis vos
crédito para pagarme   1290
esta deuda?

ANTONIO

          No lo sé;
mas buen fiador os daré;
el conde puede fiarme.—
     Yo os fío.

TARSO

(Aparte.)

          ¡Válgate el diablo!
Sólo un hombre es, vive Dios,   1295
y parece que son dos.

ANTONIO

(Disimula la voz.)

Con mucho peligro os hablo
     aquí; haced mi dicha cierta,
y tengan mis penas fin.

SERAFINA

Pues ¿qué queréis?

ANTONIO

          Del jardín   1300
tengo ya franca la puerta.

JUANA

     Mira que suele rondarte
don Duarte, señora mía,
y que si aguardas al día
has de ser de don Duarte.   1305
     Cualquier dilación es mala.

SERAFINA

¡Ay Dios!

JUANA

¡Qué tímida eres!
¿Entrará?

SERAFINA

Haz lo que quisieres.

ANTONIO

(*Como* DON ANTONIO.)

Don Dionís, amor te iguala
    a la ventura mayor   1310
que pudo dar; corresponde
a tu dicha.—Amigo conde:

(*Como* DON DIONÍS.)

por vuestra industria y favor
    he adquirido tanto bien;
dadme esos brazos; yo soy   1315
tu amigo, conde, desde hoy.—
Yo vuestro esclavo.—Está bien;
dará el tiempo testimonio
destá deuda.—Aquí te aguardo,
que así mis amigos guardo;   1320
entrad.—Adiós, don Antonio. (*Entrase.*)

SERAFINA

¿Entró?

JUANA

Sí.

SERAFINA

¡Que deste modo
fuerce amor a una mujer!
Mas por sólo no lo ser
del de Estremoz, poco es todo   1325
    mi padre y honor perdone.

JUANA

Vamos y deja ese miedo.

(*Vanse las dos.*)

TARSO

¿Hase visto igual enredo?
En gran confusión me pone
    este encanto. Un don Antonio,   1330
que consigo mismo hablaba,

dijo que aquí se quedaba,
y se entró; él es demonio.

(MIRENO *de noche.*)

MIRENO

El se debió de quedar,
como acostumbra, dormido.   1335

TARSO

Ya queda sostituido
por otro aquí tu lugar.

MIRENO

¿Qué dices, necio? Responde:
vienes aquí a ver si hay gente,
¡y estaste aquí, impertinente!   1340

TARSO

Gente ha habido.

MIRENO

¿Quién?

TARSO

Un conde,
    y un don Dionís de tu nombre,
que es uno y parecen dos.

MIRENO

¿Estás sin seso?

TARSO

Por Dios,
que acaba de entrar un hombre   1345
con tu doña Madalena
que, o es colegial trilingue,
o a sí propio se distingue,
o es tu alma que anda en pena.
    Más sabe que veinte Ulises.   1350
Algún traidor te ha burlado,
o yo este enredo he soñado,
o aquí hay dos don Dionises.

MIRENO

Soñástelo.

TARSO

¡Norabuena!

(*Sale a la ventana* DOÑA MADALENA.)

MADALENA

¿Si habrá don Dionís venido?   1355

TARSO

A la ventana ha salido
un bulto.

MADALENA

¡Ay Dios! Gente suena.
¿Ce: es don Dionís?

MIRENO

                Mi señora,
yo soy ese venturoso.

MADALENA

Entrad, pues, mi vergonzoso.   (Vase.)
                                      [1360

MIRENO

¿Crees que lo soñaste agora?

TARSO

No sé.

MIRENO

        Si mi cortedad
fue vergüenza, adiós, vergüenza;
que seréis, como no os venza,
desde agora necedad.   (Vase.) 1365

TARSO

Confuso me voy de aquí,
que debo estar encantado.
Dos Dionises han entrado,
o yo estoy fuera de mí.
Destas calzas por momentos   1370
salen quimeras como ésta;
¡pobre de quien trae acuestas
dos cestas de encantamentos!   (Vase.)

        [Atrio del patio.]

Salen LAURO y RUY LORENZO, de
                pastores.

LAURO

Este es, Ruy Lorenzo, Avero.

RUY

Aquí me vi un tiempo, Lauro,
rico y próspero, y ya pobre   1375
y ganadero.

LAURO

Altibajos
son del tiempo y la fortuna,
inconstante siempre y vario.
¡Buen palacio tiene el duque!

RUY

Ahora acaba de labrallo: 1380
propiedad de la vejez,
hacellos y no gozallos.

LAURO

Busquemos a mi Mireno.

RUY

En palacio aun es temprano;
que aquí amanece muy tarde,   1385
y hemos mucho madrugado.

LAURO

¿Cuándo durmió el deseoso?
¿Cuándo amor buscó descanso?
No os espante que madrugue,   1390
que soy padre, deseo y amo.

Salen VASCO y MELISA, de pastores.

VASCO

Mucho has podido conmigo,
Melisa.

MELISA

        Débote, Vasco,
gran voluntad.

VASCO

              ¿A qué efeto
me traes, Melisa, a palacio   1395
desde los montes incultos?

MELISA

En ellos sabrás de espacio
mis intentos.

VASCO

Miedo tengo.

MELISA

        (Aparte.)

¡Ay Tarso, cruel, ingrato!
Mi imán eres, tras ti voy,   1400
que soy hierro.

VASCO

Aun sería el diablo
que ahora me conociese
algún mozo de caballos,
colgándome de la horca,
en fe de ser peso falso.   1405

MELISA

¡Ay Vasco, retiraté!

VASCO

¿Pues qué...?

MELISA

¿No ves a nuesamo,
y al tuyo? Si aquí nos topa
pendencia hay para dos años.

(Tocan cajas.)

VASCO

Volvámonos. Mas ¿qué es esto?   1410

RUY

¿Tan de mañana han tocado
cajas? ¿A qué fin será?

LAURO

No lo sé.

RUY

Si no me engaño,
sale el duque; algo hay de nuevo.

LAURO

A esta parte retirados   1415
podremos saber lo que es,
que parece que echan bando.

Salen el DUQUE, *el* CONDE, *con gente
y un* ATAMBOR.

DUQUE

Conde: con ningunas nuevas
pudiera alegrarme tanto
como con éstas: ya cesan   1420
las desdichas y trabajos
de don Pedro de Coimbra,
mi primo, si el cielo santo
le tiene vivo.

CONDE

Sí hará;
que al cabo de tantos años   1425
de males querrá que goce
el premio de su descanso.

LAURO

¡Qué es esto que escucho, cielos!
¿Soy yo de quien habla acaso
mi primo el duque de Avero?   1430
Mas, no, que soy desdichado.

DUQUE

Antes que vais, don Duarte,
por el yerno, que hoy aguardo,
quiero que oigáis el pregón
que el rey manda.—Echad el bando.
[1435

ATAMBOR

"El rey nuestro señor Alfonso el
[Quinto
manda: que en todos sus estados reales,
con solenes y públicos pregones,
se publique el castigo que en Lisboa
se hizo del traidor Vasco Fernández
[1440
por las traiciones que a su tío el duque
don Pedro de Coimbra ha levantado,
a quien da por leal vasallo y noble,
y en todos sus estados restituye;
mandando, que en cualquier parte que
[asista, 1445
si es vivo, le respeten como a él mismo;
y si es muerto, su imagen hecha al vivo
pongan sobre un caballo, y una palma
en la mano, le lleven a su corte,
saliendo a recebirle los lugares;   1450
y declara a los hijos que tuviere
por herederos de su patrimonio,
dando a Vasco Fernández y a sus hijos
por traidores, sembrándoles sus casas
de sal, como es costumbre en estos
[reinos 1455
desde el antiguo tiempo de los godos.
Mándase pregonar porque venga
a noticia de todos."   *(Vase.)*

VASCO

¡Larga arenga!

MELISA

¡Buen garguero
tiene el que ha repiqueteado!   1460

LAURO

Gracias a vuestra piedad,
recto juez, clemente y sabio,
que volvéis por mi justicia.

RUY

El parabién quiero daros
con las lágrimas que vierto.   1465
Goceisle, duque, mil años.

DUQUE

¿Qué labradores son estos
que hacen estremos tantos?

CONDE

¡Ah, buena gente! Mirad
que os llama el duque.

LAURO

                    Trabajos: 1470
si me habéis tenido mudo,
ya es tiempo de hablar. Qué aguardo?
Dadme aquesos brazos nobles,
duque ilustre, primo caro:
don Pedro soy.

DUQUE

              ¡Santos cielos,   1475
dos mil gracias quiero daros!

CONDE

¡Gran duque! ¿En aqueste traje?

LAURO

En éste me he conservado
con vida y honra hasta agora.

MELISA

¡Aho! ¿Diz que es duque nueso amo?
                                     [1480

VASCO

Sí.

MELISA

Démosle el parabién.

VASCO

¿No le ves que está ocupado?
Tiempo habrá; déjalo agora,
no nos riña.

MELISA

Pues dejallo.

DUQUE

Es el conde de Estremoz,   1485
a quien la palabra he dado
de casalle con mi hija
la menor, y agora aguardo
al conde de Vasconcelos,
sobrino vuestro.

LAURO

                Mi hermano   1490
estará ya arrepentido,
si traidores le engañaron.

DUQUE

Doile a doña Madalena,
mi hija mayor.

LAURO

              Sois sabio
en escoger tales yernos.   1495

DUQUE

Y venturoso otro tanto
en que seréis su padrino.

RUY

(Aparte.)

Aunque el conde me ha mirado,
no me ha conocido. ¡Ay cielos!
¿Quién vengará mis agravios?   1500

DUQUE

Hola, llamad a mis hijas,
que de suceso tan raro,
por la parte que les toca,
es bien darlas cuenta.

MELISA

                      Vasco:
verdad es, ven y lleguemos.   1505
Por muchos y buenos años
goce el duquencio.

LAURO

                  ¿Melisa
aquí?

MELISA

Vine a ver a Tarso.

VASCO

No oso hablar, no me conozcan,
que está mi vida en mis labios.   1510

Salen MADALENA, SERAFINA
y DOÑA JUANA.

MADALENA

¿Qué manda vuestra excelencia?

DUQUE

Que beséis, hija, las manos
al gran duque de Coimbra,
vuestro tío.

MADALENA

¡Caso raro!

LAURO

Lloro de contento y gozo.   1515

SERAFINA

(Aparte.)

Mi suerte y ventura alabo:
ya segura gozaré
mi don Dionís, pues ha dado
fin el cielo a sus desdichas.

LAURO

Gocéis, sobrinas, mil años   1520
los esposos que os esperan.

SERAFINA

El cielo guarde otros tantos
la vida de vueselencia.

MADALENA

Si la mía estima en algo,   1525
le suplico, así propicios
de aquí adelante los hados
le dejen ver reyes nietos
y venguen de sus cantrarios,
que este casamiento impida.

DUQUE

¿Cómo es eso?

MADALENA

Aunque el recato   1530
de la mujeril vergüenza
cerrarme intente los labios
digo, señor, que ya estoy
casada.

DUQUE

¡Cómo! ¿Qué aguardo?
¿Estáis sin seso, atrevida?   1535

MADALENA

El cielo y amor me han dado
esposo, aunque humilde y pobre,
discrecto, mozo y gallardo.

DUQUE

¿Qué dices, loca? ¿Pretendes
que te mate?

MADALENA

El secretario   1540
que me diste por maestro
es mi esposo.

DUQUE

Cierra el labio.
¡Ay desdichada vejez!
Vil: ¿por un hombre tan bajo   1545
al conde de Vasconcelos
desprecias?

MADALENA

Ya le ha igualado
a mi calidad amor,
que sabe humillar los altos
y ensalzar a los humildes.

DUQUE

Daréte la muerte.

LAURO

Paso,   1550
que es mi hijo vuestro yerno.

DUQUE

¿Cómo es eso?

LAURO

El secretario
de mi sobrina, vuestra hija,

es Mireno, a quien ya llamo
don Dionís y mi heredero.   1555

DUQUE

Ya vuelvo en mí: por bien dado
doy mi agravio dese modo.

MADALENA

¿Hijo es vuestro? ¡Ay Dios! ¿Qué aguar
que no beso vuestros pies?   [do

SERAFINA

Eso no, porque es engaño: 1560
don Dionís, hijo del duque
de Coimbra, es quien me ha dado
mano y palabra de esposo.

DUQUE

¿Hay hombre más desdichado?

SERAFINA

Doña Juana es buen testigo.   1565

MADALENA

Don Dionís está en mi cuarto
y mi recámara.

SERAFINA

         ¡Bueno!
En la mía está encerrado.

LAURO

Yo no tengo más de un hijo.

DUQUE

Tráiganlos luego. ¡En qué caos   1570
de confusión estoy puesto!

MELISA

¿En qué parará esto, Vasco?

VASCO

No sé lo que te responda;
pues ni sé si estoy soñando
ni si es verdad lo que veo.   1575

MELISA

¡Ay Dios! ¡Si saliese Tarso!

Sale MIRENO.

MIRENO

Confuso vengo a tus pies.

LAURO

Hijo mío: aquesos brazos
den nueva vida a estas canas.
Este es don Dionís.

SERAFINA

         ¿Qué engaños   1580
son éstos, cielos crueles?

DUQUE

Abrazadme, ya que ha hallado
el más gallardo heredero
de Portugal este estado.

LAURO

¿Qué miras, hijo, perplejo?   1585
El nombre tosco ha cesado
que de Mireno tuviste;
   ni lo eres, ni soy Lauro,
sino el duque de Coimbra:
el rey está ya informado   1590
de mi inocencia.

MIRENO

         ¿Qué escucho?
¡Cielos! ¡Amor! ¡Bienes tantos!

Sale DON ANTONIO.

ANTONIO

Dame, señor, esos pies.

DUQUE

¿A qué venís, secretario?

SERAFINA

Conde: ¿qué es de don Dionís,   1595
mi esposo?

ANTONIO

         Yo os he engañado:
en su nombre gocé anoche
la belleza y bien más altos
que tiene el amor.

DUQUE

         ¡Oh, infame!

SERAFINA

¡Matadle!

DUQUE

¡Matadle!

CONDE

¡Matadle!

JUANA

Paso,   1600
que es el conde de Penela,
mi primo.

ANTONIO

Perdón aguardo,
duque y señor, a tus pies.

CONDE

Los cielos lo han ordenado,
porque vuelven por Leonela,   1605
a quien di palabra y mano
de esposo, y la desprecié
gozada.

LAURO

Aquí está su hermano,
que por vengar esa injuria,
aunque no con medio sabio,   1610
vive pastor abatido.
Si a interceder por él basto,
reducidle a vuestra gracia.

RUY

Perdón pido.

VASCO

Y también Vasco.

DUQUE

Basta, que lo manda el duque.   1615

CONDE.

Recibidme por cuñado,
que a Leonela he de cumplir
la palabra que le he dado
luego que a mi estado vuelva.
¿Dónde está?

RUY

Tu pecho hidalgo   1620
hace, al fin, como quien es.

SERAFINA

Y qué, ¿fue mío el retrato?

DUQUE

Dadle, conde don Antonio,
a Serafina la mano,
que, pues el de Vasconcelos   1625
perdió la ocasión por tardo,
disculpado estoy con él.

[A MIRENO.]

¡Muy bien habéis enseñado
a escribir a Madalena!
¿Erades vos el callado,   1630
el cortés, el vergonzoso?
Pero ¿quién lo fue en palacio?

Sale TARSO.

TARSO

¿Duque Mireno? ¿Qué escucho?
Don Dionís: esos zapatos
te beso, y pido en albricias   1635
de la esposa y del ducado
que me quites estas calzas,
y el día del Jueves Santo
mandes ponellas a un Judas.

MELISA

¡Ah traidor, mudable, ingrato!   1640
Agora me pagarás
el amor, penas y llanto
que me debes. Señor duque:
de rodillas se lo mando
que mos case.

TARSO

Esotro ¿es cura?   1645

MELISA

Mande que me quiera Tarso.

MIRENO

Yo se lo mando, y le doy
por ellos tres mil cruzados.

TARSO

¿Por la cara o por la bolsa?

MIRENO

Y mi camarero le hago,   1650
para que asista conmigo.

DUQUE

Doña Juana está a mi cargo;
yo la daré un noble esposo.
A recebir todos vamos
al conde de Vasconcelos,   1655

porque, viendo el desengaño
de su amor, sepa la historia
del *Vergonzoso en Palacio*
y, a pesar de maldicientes,
las faltas perdone el sabio.   1660

FIN DE
"EL VERGONZOSO EN PALACIO"

EPÍLOGO

—Con apacible suspensión de la referida comedia, la propiedad de los recitantes, las galas de las personas y la diversidad de sucesos, se les hizo el tiempo tan corto, que con haberse gastado cerca de tres horas, no hallaron otra falta sino la brevedad de su discurso; esto, en los oyentes desapasionados, y que asistían allí más para recrear el alma con el poético entretenimiento que para censurarle; que los zánganos de la miel que ellos no saben labrar y hurtan a las artificiosas abejas, no pudieron dejar de hacer de las suyas, y, con murmuradores susurros, picar en los deleitosos panales del ingenio. Quién dijo que era demasiadamente larga y quién impropia. Pedante hubo historial que afirmó merecer castigo el poeta que, contra la verdad de los anales portugueses, había hecho pastor al duque de Coimbra don Pedro (siendo así que murió en una batalla que el rey don Alonso, su sobrino, le dio, sin que le quedase hijo sucesor), en ofensa de la casa de Avero y su gran duque, cuyas hijas pintó tan desenvueltas, que, contra las leyes de su honestidad, hicieron teatro de su poco recato la inmunidad de su jardín. ¡Como si la licencia de Apolo se estrechase a la recolección histórica, y no pudiese fabricar, sobre cimientos de personas verdaderas, arquitecturas del ingenio fingidas! No faltaron protectores del ausente poeta, que volviendo por su honra, concluyesen los argumentos Zoilos, si pueden entendimientos contumaces —Narcisos de sus mismos pareceres, y discretos, más por las censuras que dan en los trabajos ajenos que por lo que se desvelan en los propios— convencerse.

"—Entre los muchos desaciertos (dijo un presumido, natural de Toledo, que le negara la filiación de buena gana si no fuera porque entre tantos hijos sabios y bien intencionados que ilustran su benigno clima no era mucho saliese un aborto malicioso), el que más me acaba la paciencia es ver cuán silenciosamente salió el poeta de los límites y leyes con que los primeros inventores de la comedia dieron ingenioso principio a este poema; pues siendo así que éste ha de ser una acción cuyo principio medio y fin acaezca a lo más largo en veinticuatro horas sin movernos de un lugar, que nos ha encajado mes y medio, por lo menos, de sucesos amorosos. Pues aun en este término, parece imposible pudiese disponerse una dama ilustre y discreta a querer tan ciegamente a un pastor, hacerle su secretario, declararle por enigmas su voluntad, y, últimamente, arriesgar su fama a la arrojada determinación de un hombre tan humilde, que, en la opinión de entrambos, el mayor blasón de su linaje eran unas abarcas; su solar, una cabaña, y sus vasallos, un pobre hato de cabras y bueyes. Dejo de impugnar la ignorancia de doña Serafina (pintada, en lo demás, tan avisada), que enamorándose de su mismo retrato, sin más certidumbre de su original que lo que don Antonio la dijo, se dispusiese a una bajeza indigna aun de la más plebeya hermosura, como fue admitir a oscuras a quien pudiera, con la luz de una vela, dejar castigado y corrido. Fuera de que no sé yo por qué ha de tener nombre de comedia la que introduce sus personajes entre duques y condes, siendo ansí que las que más graves permiten en semejantes acciones no pasan de ciudadanos, patricios y damas de mediana condición."

Iba a proseguir el malicioso, arguyente, cuando atajándole don Alejo —que por ser la fiesta a su contemplación le pareció tocarle el defenderla—, le respondió:

"—Poca razón habéis tenido; pues fuera de la obligación, en que pone la cortesía a no decir mal el convidado de los platos que le ponen delante (por mal sazonados que estén) en menosprecio del que convida, la comedia presente ha guardado las leyes de lo que ahora se usa. Y a mi parecer —conformándome con el de los que sin pasión sienten—, el lugar que merecen las que ahora se representan en nuestra España, comparadas con las antiguas, les hace conocidas ventajas aunque vayan contra el instituto primero de sus inventores. Porque si aquéllos establecieron que una comedia no representase sino la acción que moralmente puede suceder en veinte y cuatro horas, ¿cuánto mayor inconveniente será que en tan breve tiempo un galán discreto se enamore de una dama cuerda, la solicite, regale y festeje, y que sin pasar siquiera un día la obligue y disponga de suerte sus amores, que, comenzando a pretenderla por la mañana, se case con ella a la noche? ¿Qué lugar tiene para fundar celos, encarecer desesperaciones, consolarse con esperanzas y pintar los demás afectos y accidentes sin los cuales el amor no es ninguna estima? Ni ¿cómo se podrá preciar un amante de firme y leal si no pasan algunos días, meses y aun años en que se haga prueba de su constancia?

"Estos inconvenientes mayores son en el juicio de cualquier mediano entendimiento que el que se sigue de que los oyentes, sin levantarse de un lugar, vean y oigan cosas sucedidas en muchos días. Pues ansí, como el que lee una historia en breves planas, sin pasar muchas horas, se informa de casos sucedidos en largos tiempos y distintos lugares, la Comedia, que es una imagen y representación de su argumento, es fuerza que cuando le toma de los sucesos de dos amantes, retrate al vivo lo que se les pudo acaecer; y no siendo esto verosímil en un día, tiene obligación de fingir pasan los necesarios para

que la tal acción sea perfecta; que no en vano se llamó la Poesía *pintura viva;* pues imitando a la muerte, ésta, en el breve espacio de vara y media de lienzo, pinta lejos y distancias que persuaden a la vista a lo que significan, y no es justo que se niegue la licencia, que conceden al pincel, a la pluma, siendo ésta tanto más significativa que esotro, cuanto se deja mejor entender el que habla, articulando sílabas en nuestro idioma, que el que, siendo mudo, explica por señas sus conceptos. Y si me argüís que a los primeros inventores debemos, los que profesamos sus facultades, guardar sus preceptos —pena de ser tenidos por ambiciosos y poco agradecidos a la luz que nos dieron para proseguir sus habilidades—, os respondo: que aunque a los tales se les debe la veneración de haber salido con la dificultad que tienen todas las cosas en sus principios, con todo esto, es cierto que, añadiendo perfecciones a su invención (cosa, puesto que fácil, necesaria), es fuerza que quedándose la sustancia en pie, se muden los accidentes, mejorándolos con la experiencia. ¡Bueno sería que porque el primero músico sacó de la consonancia de los martillos en la yunque la diferencia de los agudos y graves y la armonía música, hubiesen los que agora la profesan de andar cargados de los instrumentos de Vulcano, y mereciesen castigo en vez de alabanza los que a la arpa fueron añadiendo cuerdas, y, vituperando lo superfluo y inútil de la antigüedad, la dejaron a la perfección que agora vemos! Esta diferencia hay de la naturaleza al arte: que lo que aquélla desde su creación constituyó no se puede variar; y así siempre el peral producirá peras y la encina su grosero fruto. Y con todo eso, la diversidad del terruño y la diferente influencia del cielo y clima a que están sujetos, las saca muchas veces de su misma especie y casi constituye en otras diversas. Pues si hemos de dar crédito a Antonio de Lebrija en el prólogo de su *Vocabulario,* no crió Dios, al principio del mundo, sino una sola especie de melones, de quien han salido tantas y entre sí tan diversas como se ve en las calabazas, pepinos y cohombros, que todos tuvieron en sus principios una misma producción. Fuera de que, ya que no en todo, pueda variar estas cosas el hortelano, a lo menos en parte, mediando la industria del injerir. De dos diversas especies compone una tercera, como se ve en el durazno, que injerto en el membrillo produce melocotón, en quien hacen parentesco lo dorado y agrio de lo uno con lo dulce y encarnado de lo otro. Pero en las cosas artificiales, quedándose en pie lo principal, que es la sustancia, cada día varía el uso, el modo y lo accesorio. El primer sastre que cortó de vestir a nuestros primeros padres fue Dios —si a tan ínclito artífice es bien se le acomode tan humilde atributo; mas no le será indecente, pues Dios es todo en todas las cosas—. Fuera, pues, razón que por esto anduviésemos agora como ellos cubiertos de pieles y que condenásemos los trajes —dejo los profanos y lascivos, que ésos de suyo lo están, y hablo de los honestos y religiosos—, porque ansí en la materia como en las formas diversas se distinguen de aquéllos? Claro está que diréis que no. Pues si "en lo artificial", cuyo ser consiste sólo en la mudable imposición de los hombres, puede el uso mudar en los trajes y oficios hasta la sustancia, y "en lo natural", se producen, por medio de los injertos, cada día diferentes frutos, ¿qué mucho que la comedia, a imitación de entrambas cosas, varíe las leyes de sus antepasados, e injiera industriosamente lo trágico con lo cómico, sacando una mezcla apacible destos dos encontrados poemas, y que, participando de entrambos, introduzga ya personas graves como la una y ya jocosas y ridículas como la otra? Además, que si el ser tan excelente en Grecia Esquilo y Enio, como entre los latinos Séneca y Terencio, bastó para establecer las leyes tan defendidas de sus profesores, la excelencia de nuestra española *Vega*, honra de Manzanares, Tulio de Castilla y Fénix de nuestra nación, los hace ser tan conocidas ventajas en entrambas materias, ansí en la cuantidad como en la cualidad de

sus nuncas bien conocidos, aunque bien envidiados y mal mordidos estudios, que la autoridad con que se les adelanta es suficiente para derogar sus estatutos.

"Y habiendo él puesto la comedia en la perfección y sutileza que agora tiene, basta *para hacer escuela de por sí* y para que los que nos preciamos de sus discípulos nos tengamos por dichosos de tal maestro, y defendamos constantemente su doctrina contra quien con pasión la impugnare. Que si él, en muchas partes de sus escritos, dice que el no guardar el arte antiguo lo hace por conformarse con el gusto de la plebe —que nunca consintió el freno de las leyes y preceptos—, dícelo por su natural modestia y porque no atribuya la malicia ignorante a arrogancia lo que es política perfección. Pero nosotros, lo uno por ser sus profesores y lo otro por las razones que tengo alegadas (fuera de otras muchas que se quedan en la plaza de armas del entendimiento), es justo que a él, como reformador de la comedia nueva, y a ella, como más hermosa y entretenida, los estimemos, lisonjeando al tiempo para que no borre su memoria."

"—¡Basta! —dijo don Juan—; que habiendo hallado en vos nuestra española comedia caballero que defienda su opinión, habéis salido al campo armado de vuestro sutil ingenio, él queda por vuestro, y ninguno osa salir contra vos, si no es el sueño, que afilando sus armas en las horas del silencio —pues, si no miente el reloj del Hospital de Afuera, son las tres—, a todos nos obliga a rendirle las de nuestros sentidos. Démosle treguas ahora para que, descansando, prevengan mañana nuevos entretenimientos."

Hiziérolo así, quedando avisada Narcisa para la fiesta que en el Cigarral de su suerte, de allí a ocho días le tocaba. Y despedidos los huéspedes que gustaron de volverse a la ciudad, los demás en las capaces cuadras se retiraron, si diversos en pensamientos y cuidados, convenidos a lo menos en recoger, puertas adentro del alma, sus pasiones.

EL CONDENADO
POR DESCONFIADO

EL CONDENADO POR DESCONFIADO (1621)

Aparece "El Condenado por Desconfiado" en la parte segunda de las "Comedias" de Tirso de Molina, que fue publicada después de haber salido la tercera parte el año 1635. Y en aquel grupo se indica que solamente pertenecen a Tirso de Molina "cuatro" de las doce incluidas en la colección; y entre las restantes se encuentra "El Condenado por Desconfiado"; es decir, que la duda respecto del autor de la obra nace desde el día de su publicación. Y se han aducido otras muchas razones para negar la paternidad de la comedia al fraile mercedario, entre otras la de que no mostró en el resto de su teatro preocupación teológica la falta de personaje femenino principal, la diferencia de versificación y de lenguaje. Pero era necesario que el autor estuviese bien impuesto en problemas de teología y que fuese al mismo tiempo un gran dramaturgo y un profundo psicólogo, todo lo cual se dio en Tirso de Molina; y todas las ediciones de la obra que se hicieron en los siglos XVII y XVIII llevan el nombre del fraile de la Merced. A pesar de esto, la comedia ha sido atribuida a distintos dramaturgos como Lope de Vega, Mira de Amezcua, Calderón, Alonso Remón y algunos otros, aunque no parece que ninguno de ellos ofrezca las características necesarias para ser el autor de este drama teológico, el más valioso que ha ofrecido el teatro español. Eran necesarios profundos conocimientos de Teología para la realización de obra tan fundamental, y es bien sabido que Tirso de Molina los adquirió en Salamanca, donde realizó estudios con maestros doctísimos en la materia; y es bien probable que "El Condenado por Desconfiado" tuviese su origen en aquella ciudad y en aquel periodo de tiempo en el que el fraile profundizó en los estudios de Teología que le sirvieron para desarrollar en Alcalá cuatro cursos de la misma disciplina; y cuando fue desterrado con aquel bajage teológico al monasterio de Estercuel "en un desierto en la baronía de ese nombre", como el mismo dramaturgo designa el lugar, debió ser concebido "El Condenado por Desconfiado", ambiente bien adecuado para los monólogos del ermitaño Paulo. Y entre los defensores más destacados de Tirso de Molina como autor del "Condenado" se encuentran Menéndez Pelayo y doña Blanca de los Ríos que ha hecho un minucioso estudio comparando la obra con otras del mismo autor, ya que no puede atribuirse a casualidad la semejanza entre ellas, habiendo llegado a encontrar hasta modismo y donaires comunes al "Condenado" y a otras comedias del fraile mercedario.

El teatro religioso de Tirso de Molina comprende comedias bíblicas y comedias de santos, entre las que se encuentra como una de las más valiosas la Trilogía de Santa Juana, llena de un interesante popularismo;

pero figura como la más destacada comedia religiosa "El Condenado
por Desconfiado" que requería una larga elaboración anterior, pues
hace referencia a una tesis teológica que produjo violentísimas polé-
micas en los siglos XVI y XVII, acerca de la predestinación y del albedrío; y al concebirse la comedia estaba reciente la discusión entre el
catedrático dominico de la Universidad de Salamanca Báñez y el jesuita
Molina, profesor de Coimbra. Para Báñez la teoría de la predestinación es casi fatalista; contrariamente, Molina sostiene que el libre
albedrío es de la máxima importancia ya que no le falta al hombre
ni en el estado de gracia ni en el de pecado.

Pero la tesis religiosa de "El Condenado por Desconfiado" es la
fusión con una leyenda que ha venido propagándose en cuentos y apó-
logos desde la infancia del mundo a través de razas y países. ¿Cuál
de las variantes de esa leyenda o cuántas de ellas conoció Tirso de
Molina? Porque en el Mahabharata aparece una de la que bien pudo
sacar el monje de la Merced el amor y cuidado que ofrece Enrico a
su anciano padre; y en este mismo cuento del poema indio pudo también inspirarse por mostrar la soberbia del hombre consagrado a su
religión y que se tiene por santo, que son dos de las características
que se presentan en "El Condenado por Desconfiado". El mismo Tirso
de Molina dice que sus fuentes teológicas para la creación de la obra
fueron Belarmino, y para las legendarias "Las Vidas de los Padres del
Yermo — *Vitae Patrum*"—. Y una de aquellas tradiciones se refiere al
primer ermitaño llamado Antonio, a quien una voz del cielo le dijo
que no tenía tantos méritos como un curtidor que vivía en Alejandría;
y al visitarlo conoció que no tenía virtud alguna y que él había perdido su tiempo durante la penitencia de ermitaño. También pudo inspirarse el fraile mercedario en un cuento del Infante don Juan Ma-
nuel: "De un ermitaño que quiso saber quién había de ser su compa-
ñero en el Paraíso". Estas y otras muchas leyendas pudieron ser la
base del aspecto legendario de la obra, cuya finalidad es amonestar al
varón que se cree justo, para que se humille al descubrir las virtudes
ocultas del que se le compara en mérito, y para que no se escandalice
aunque vea en el mismo todos los delitos de un bandolero. La realidad es que ese estudio psicológico, ese "carácter" dramático es una
creación maravillosa que hace del "Condenado por Desconfiado" el
primer drama religioso del mundo.

Puede considerarse como un antecedente a la obra del auto del mismo autor titulado "La Madrina del Cielo", pues en esta pieza, como
sucede en la comedia, de dos pecadores con toda clase de vicios, se
salva el que ha amado y confiado más. Y en otra obra, también de
Tirso de Molina titulada "El mayor desengaño" aparece la misma tesis
de "El Condenado por Desconfiado"; "El que hasta en su último momento confía en la misericordia de Dios, se salva por mucho que haya
pecado; el que desconfía de la divina misericordia y la rechaza y
quiere que Dios le dé el cielo que cree haber ganado por sus virtudes
y penitencias, se condena como Paulo". Y esta situación de la conciencia del ermitaño no cabe en el diálogo; es necesario para estos
casos el empleo del monólogo, desterrado del teatro como grave pe-

cado, pero que es indispensable en un estudio psicológico. Es verdad que el teatro es acción, pero esta acción nos interesa cuando conocemos el espíritu que la inspira. Sin los monólogos del ermitaño no hubiera podido existir "El Condenado por Desconfiado" que se inicia, precisamente, con dos monólogos de Paulo.

Y aunque Paulo y Enrico sean los dos protagonistas de la obra, aparece también otra figura que no podía dejar de existir, la del Demonio, que tiene características bien destacadas en la comedia y que tanta influencia ejerce en el desarrollo de la obra, ya que convence a Paulo para que vaya a Nápoles y busque a Enrico:

> Dios que en él repare quiere
> porque el fin que aquel tuviere
> ese fin has de tener.

Y en este momento la leyenda se funde con el drama, al comprobar Paulo la vida de Enrico, llena de pecados; y como le han pronosticado que tendrá su mismo fin, cree comprender que ha perdido el tiempo durante su vida de ermitaño y se hace bandolero; su tragedia espiritual pasa a ser tragedia dramática, con un acierto indiscutible por parte de Fray Gabriel Téllez; de tal manera que Menéndez Pelayo dice: "Sólo de la rara conjunción de un gran teólogo con un gran poeta en una misma persona pudo nacer este drama único."

Verdadero interés ofrecen los juicios de los teólogos respecto del drama, y existe un estudio profundísimo y lleno de valores del Padre Norberto del Prado, profesor de Teología dogmática de la Universidad de Friburgo (1907) "Nadie se condena sino por su culpa y nadie se salva sino por la misericordia de Dios". El padre Fray Martín Ortúzar trata de explicar las ideas teológicas del drama a través de la preparación teológica del autor. De tan profundos estudios se llega a la conclusión de que "el concepto dramático y el concepto trascendental parece que se funden en uno solo, de tal modo que no queda nada en la doctrina que no se transforme en poesía, ni queda nada en la poesía que no esté orgánicamente informado por la doctrina", como afirma Menéndez Pelayo.

Parece bien seguro que "El Condenado por Desconfiado" no se escribió como obra de polémica y de lucha, y mucho menos que el autor tuviese la intención de molestar a los jesuitas, como se ha llegado a decir; pero los críticos y los comentaristas al analizar la comedia la hicieron objeto de controversias de las que ninguna culpa pudo tener el autor. Respecto de las críticas que se han hecho referentes al estilo de "El Condenado", son defendidas con la mayor autoridad por Menéndez Pelayo en la forma siguiente: "La singularidad del estilo en «El Condenado por Desconfiado», la mayor atención que en él se presta al concepto y menor a la expresión, la relativa pobreza de su forma poética que parece calculada para no abrumar en demasía y oscurecer con inoportuno follaje el pensamiento que el autor quiso tener siempre fijo en la mente de sus espectadores, son consecuencia natural del tema elegido". Es verdad que en toda producción artística sucede

lo mismo, y que el tema puede hacer variar la técnica de la obra. Y otra
de las críticas que se hace a la comedia: "la ejecución parece rápida e
improvisada" es nota común a las obras de Tirso de Molina que corresponden a la primera época. Pero si en la obra hay poco derroche
de poesía frente a los valores de los conceptos, está llena de la emo-
ción más alta y más pura.

EL CONDENADO POR DESCONFIADO

Comedia famosa por el maestro Tirso de Molina. Representóla Figueroa.

Hablan en ella las personas siguientes:

PAULO, *de ermitaño.*
PEDRISCO, *gracioso.*
EL DEMONIO.
OCTAVIO y LISANDRO.
CELIA y LIDORA, *su criada.*
ENRICO.
GALVÁN y ESCALANTE.
ROLDÁN.
CHERINOS.

ANARETO, *padre de Enrico.*
ALBANO, *viejo.*
UN PASTOR.
UN GOBERNADOR.
UN ALCALDE.
UN PORTERO.
UN JUEZ.
UN MÚSICO.
ALGUNOS VILLANOS.

JORNADA PRIMERA

(Sale PAULO *de ermitaño.)*

PAULO

¡Dichoso albergue mío!
¡Soledad apacible y deleitosa,
que [en] el calor y el frío
me dais posada en esta selva umbrosa
donde el huésped se llama   5
o verde yerba o pálida retama!
Agora, cuando el alba
cubre las esmeraldas de cristales,
haciendo al sol la salva,
que de su coche sale por jarales,   10
con manos de luz pura
quitando sombras de la noche oscura,
salgo de aquesta cueva
que en pirámides altos de estas peñas
naturaleza eleva,   15
y a las errantes nubes hace señas
para que noche y día,
ya que no hay otra, le haga compañía.
Salgo a ver este cielo,
alfombra azul de aquellos pies her-
          [mosos.   20
¿Quién, ¡oh celestes cielos!,
aquesos tafetanes luminosos
rasgar pudiera un poco
para ver...? ¡Ay de mí! Vuélvome
          [loco.
Mas ya que es imposible,   25
y sé cierto, Señor, que me estáis viendo
desde ese inaccesible
trono de luz hermoso, a quien sirviendo
están ángeles bellos,
más que la luz del sol hermosos ellos,
          [30
mil glorias quiero daros
por las mercedes que me estáis ha-
          [ciendo
sin saber obligaros.
¿Cuándo yo merecí que del estruendo
me sacarais del mundo,   35
que es umbral de las puertas del pro-
          [fundo?
¿Cuándo Señor divino,

podrá mi dignidad agradeceros
el volverme al camino,
que, si yo lo conozco, es fuerza el
          [veros,   40
y tras esa victoria,
darme en aquestas selvas tanta gloria?
Aquí los pajarillos,
amorosas canciones repitiendo
por juncos y tomillos,   45
de vos me acuerdan, y yo estoy di-
          [ciendo:
"Si esta gloria da el suelo,
¿qué gloria será aquella que da el
          [cielo?"
Aquí estos arroyuelos,
jirones de cristal en campo verde,   50
me quitan mis desvelos,
y son causa a que de vos me acuerde.
¡Tal es el gran contento
que infunde al alma su sonoro acento!
Aquí silvestres flores   55
el fugitivo tiempo aromatizan,
y de varios colores
aquesta vega humilde fertilizan.
Su belleza me asombra:
calle el tapete y berberisca alfombra.   60
Pues con estos regalos,
con aquestos contentos y alegrías,
¡bendito seas mil veces,
inmenso Dios, que tanto bien me ofre-
          [ces!
Aquí pienso seguirte,   65
ya que el mundo dejé para bien mío;
aquí pienso servirte,
sin que jamás humano desvarío,
por más que abra la puerta
el mundo a sus engaños, me divierta.
          [70
Quiero, Señor divino,
pediros de rodillas humildemente
que en aqueste camino
siempre me conservéis piadosamente.
Ved que el hombre se hizo   75
de barro vil y de barro quebradizo.

(Sale PEDRISCO *con un haz de yerba.*
Pónese PAULO *de rodillas, y elévase.)*

PEDRISCO

Como si fuera borrico
vengo de yerba cargado,
de quien el monte está rico;
si esto como, ¡desdichado!,   80
triste fin me pronostico.
   ¡Que he de comer yerba yo,
manjar que el cielo crió
para brutos animales!
Deme el cielo en tantos males   85
paciencia. Cuando me echó
   mi madre al mundo, decía:
"Mis ojos santo te vean,
Pedrisco del alma mía."
Si esto las madres desean,   90
una suegra y una tía
   ¿qué desearán? Que aunque el ser
santo un hombre es gran ventura,
es desdicha no comer.
Perdonad esta locura   95
y este loco proceder,
   mi Dios; y pues conocida
ya mi condición tenéis,
no os enojéis porque os pida
que la hambre me quitéis,   100
o no sea santo en mi vida.
   Y si puede ser, Señor,
pues que vuestro inmenso amor
todo lo imposible doma,
que sea santo y que coma,   105
mi Dios, mejor que mejor.
   De mi tierra me sacó
Paulo diez años habrá,
y a aqueste monte apartó;
él en una cueva está,   110
y en otra cueva estoy yo.
   Aquí penitencia hacemos,
y sólo yerbas comemos,
y a veces nos acordamos
de lo mucho que dejamos   115
por lo poco que tenemos.
   Aquí, al sonoro raudal
de un despeñado cristal,
digo a estos olmos sombríos:
"¿Dónde estáis, jamones míos,   120
que no os doléis de mi mal?
   Cuando yo solía cursar
la ciudad y no las peñas
(¡memorias me hacen llorar!),
de las hambres más pequeñas   125

gran pesar solíais tomar.
   Erais, jamones, leales:
bien os puedo así llamar,
pues merecéis nombres tales,
aunque ya de las mortales   130
no tengáis ningún pesar."
   Mas ya está todo perdido;
yerbas comeré afligido,
aunque llegue a presumir
que algún mayo he de parir,   135
por las flores que he comido.
   Mas Paulo sale de la cueva oscura:
entrar quiero en la mía tenebrosa
y comerlas allí.

(Vase y sale PAULO.)

PAULO

               ¡Qué desventura!
¡Y qué desgracia cierta, lastimosa!   140
El sueño me venció, viva figura
(por lo menos imagen temerosa)
de la muerte crüel; y al fin, rendido,
la devota oración puse en olvido.
   Siguióse luego al sueño otro, de suer-
                                         [te, 145
sin duda, que a mi Dios tengo enojado,
si no es que acaso el enemigo fuerte
haya aquesta ilusión representado.
Siguióse al fin, ¡ay Dios!, de ver la
                                     [muerte.
¡Qué espantosa figura! ¡Ay desdichado!
                                        [150
Si el verla en sueños causa tal quimera,
el que vivo la ve, ¿qué es lo que es-
                                     [pera?
   Tiróme el golpe con el brazo diestro;
no cortó la guadaña. El arco toma:
la flecha en el derecho, y el siniestro,
                                        [155
el arco mismo que altiveces doma;
tiróme al corazón: yo que me muestro
al golpe herido, porque al cuerpo coma
la madre tierra como a su despojo
desencarcelo el alma, el cuerpo arrojo.
                                        [160
   Salió el alma en un vuelo, en un
                                  [instante
vi de Dios la presencia. ¡Quién pudiera
no verlo entonces! ¡Qué cruel sem-
                                   [blante!
Resplandeciente espada y justiciera
en la derecha mano, y arrogante   165
(como ya por derecho suyo era),
el fiscal de las almas miré a un lado,

que aun en ser victorioso estaba airado.
Leyó mis culpas, y mi guarda santa
leyó mis buenas obras, y el Justicia 170
mayor del cielo, que es aquel que es-
[panta
de la infernal morada la malicia,
las puso en dos balanzas; mas levanta
el peso de mi culpa y mi injusticia
mis obras buenas tanto, que el Juez
[santo 175
me condena a los reinos del espanto.
Con aquella fatiga y aquel miedo
desperté, aunque temblando, y no vi
[nada
sino es mi culpa, y tan confuso quedo,
que si no es a mi suerte desdichada,180
o traza del contrario, ardid o enredo,
que vibra contra mí su ardiente espada,
no sé a qué lo atribuya. Vos, Dios
[santo,
me declarad la causa de este espanto.
¿Heme de condenar, mi Dios divino,
[185
como este sueño dice, o he de verme
en el sagrado alcázar cristalino?
Aqueste bien, Señor, habéis de hacerme.
¿Qué fin he de tener? Pues un camino
sigo tan bueno, no queráis tenerme 190
en esta confusión, Señor eterno.
¿He de ir a vuestro cielo o al infierno?
Treinta años de edad tengo, Señor
[mío,
y los diez he gastado en el desierto,
y si viviera un siglo, un siglo fío   195
que lo mismo ha de ser: esto os ad-
[vierto.
Si esto cumplo, Señor, con fuerza y
[brío,
¿qué fin he de tener? Lágrimas vierto.
Respondedme, Señor: Señor eterno.
¿He de ir a vuestro cielo o al in-
[fierno? 200

(Aparece el Demonio *en la alto
de una peña.)*

DEMONIO

Diez años ha que persigo
a este monje en el desierto,
recordándole memorias
y pasados pensamientos;
siempre le he hallado firme,   205
como un gran peñasco opuesto.
Hoy duda en su fe, que es duda
de la fe lo que hoy ha hecho,
porque es la fe en el cristiano
que sirviendo a Dios y haciendo   210
buenas obras, ha de ir
a gozar de él en muriendo.
Éste, aunque ha sido tan santo
duda de la fe, pues vemos
que quiere del mismo Dios,   215
estando en duda, saberlo.
En la soberbia también
ha pecado: caso es cierto.
Nadie como yo lo sabe,
pues por soberbio padezco.   220
Y con la desconfianza
le ha ofendido, pues es cierto
que desconfía de Dios
el que a su fe no da crédito.
Un sueño la causa ha sido;   225
y el anteponer un sueño
a la fe de Dios, ¿quién duda
que es pecado manifiesto?
Y así me ha dado licencia
el juez más supremo y recto   230
para que con más engaños
le incite agora de nuevo.
Sepa resistir valiente
los combates que le ofrezco,
pues supo desconfiar   235
y ser como yo, soberbio.
Su mal ha de restaurar
de la pregunta que ha hecho
a Dios, pues a su pregunta
mi nuevo engaño prevengo.   240
De ángel tomaré la forma,
y responderé a su intento
cosas que le han de costar
su condenación, si puedo.

(Quítase el Demonio *la túnica y queda
de ángel.)*

PAULO

¡Dios mío! Aquesto os suplico.   245
¿Salvaréme, Dios inmenso?
¿Iré a gozar vuestra gloria?
Que me respondáis espero.

DEMONIO

Dios, Paulo, te ha escuchado,
y tus lágrimas ha visto.   250

PAULO

(Aparte.)

¡Qué mal el temor resisto!
Ciego en mirarlo he quedado.

DEMONIO

Me ha mandado que te saque
de esa ciega confusión,
porque esa vana ilusión   255
de tu contrario se aplaque.
Vé a Nápoles, y a la puerta
que llaman allá del Mar,
que es por donde tú has de entrar
a ver tu ventura cierta   260
o tu desdicha; verás
cerca de allá (estáme atento)
un hombre...

PAULO

¡Qué gran contento
con tus razones me das!

DEMONIO

Que Enrico tiene por nombre,   265
hijo del noble Anareto.
Conocerásle, en efecto,
por señas que es gentilhombre,
alto de cuerpo y gallardo.
No quiero decirte más,   270
porque apenas llegarás
cuando le veas.

PAULO

Aguardo
lo que le he de preguntar
cuando le llegare a ver.

DEMONIO

Sólo una cosa has de hacer.   275

PAULO

¿Qué he de hacer?

DEMONIO

Verle y callar,
contemplando sus acciones,
sus obras y sus palabras.

PAULO

En mi pecho ciego labras
quimeras y confusiones.   280
¿Sólo eso tengo de hacer?

DEMONIO

Dios que en él repares quiere,
porque el fin que aquél tuviere
ese fin has de tener.

(Desaparece.)

PAULO

¡Oh misterio soberano!   285
¿Quién este Enrico será?
Por verle me muero ya.
¡Qué contento estoy, qué ufano!
Algún divino varón
debe de ser: ¿quién lo duda?   290

(Sale PEDRISCO.)

PEDRISCO

(Aparte.)

Siempre la fortuna ayuda
al más flaco corazón.
Lindamente he manducado:
satisfecho quedo ya.

PAULO

Pedrisco.

PEDRISCO

A esos pies está   295
mi boca.

PAULO

A tiempo ha llegado.
Los dos habemos de hacer
una jornada al momento.

PEDRISCO

Brinco y salto de contento.
Mas, ¿dónde, Paulo, ha de ser?   300

PAULO

A Nápoles.

PEDRISCO

¿Qué me dices?
Y ¿a qué, padre?

PAULO

En el camino
sabrá un paso peregrino.
¡Plegue a Dios que sea felice!

PEDRISCO

¿Si seremos conocidos   305
de los amigos de allá?

PAULO

Nadie nos conocerá,
que vamos desconocidos
en el traje y en la edad.

PEDRISCO

Diez años ha que faltamos.   310
Seguros pienso que vamos
que es tal la seguridad
de este tiempo, que en un hora
se desconoce al amigo.

PAULO

Vamos.

PEDRISCO

Vaya Dios conmigo.   315

PAULO

De contento el alma llora.
A obedeceros me aplico,
mi Dios; nada me desmaya,
pues vos me mandáis que vaya
a ver al dichoso Enrico.   320
¡Gran santo debe de ser!
Lleno de contento estoy.

PEDRISCO

Y yo, pues, contigo voy.
(Aparte.)
No puedo dejar de ver,
pues que mi bien es tan cierto,   325
con tan alta maravilla,
el bodegón de Juanilla
y la taberna del Tuerto.
(Vanse y sale el DEMONIO.)

DEMONIO

Bien mi engaño va trazado.
Hoy verá el desconfiado   330
de Dios y de su poder
el fin que viene a tener,
pues él propio lo ha buscado.
(Vase y salen OCTAVIO y LISANDRO.)

LISANDRO

La fama de esta mujer
sólo a verla me ha traído.   335

OCTAVIO

¿De qué es la fama?

LISANDRO

La fama
que de ella, Octavio, he tenido,
es de que es la más discreta

mujer que en aqueste siglo
ha visto el napolitano   340
reino.

OCTAVIO

Verdad os han dicho;
pero aquesa discreción
es el cebo de sus vicios;
con ésa engaña a los necios,
con ésa estafa a los lindos.   345
Con una octava o soneto,
que con picaresco estilo
suele hacer de cuando en cuando,
trae a mil hombres perdidos;
y por parecer discretos,   350
alaban el artificio,
el lenguaje y los concetos.

LISANDRO

Notables cosas me han dicho
de esta mujer.

OCTAVIO

Está bien.
¿No os dijo el que aqueso os dijo,   355
que es de esta mujer la casa
un depósito de vivos,
y que nunca está cerrada
al napolitano rico,
ni al alemán, ni al inglés,   360
ni al húngaro, armenio o indio,
ni aun al español tampoco
con ser tan aborrecido
en Nápoles?

LISANDRO

¿Eso pasa?

OCTAVIO

La verdad es lo que digo,   365
como es verdad que venís
de ella enamorado.

LISANDRO

Afirmo
que me enamoró su fama

OCTAVIO

Pues más hay.

LISANDRO

Sois fiel amigo.

OCTAVIO

Que tiene cierto mancebo   370
por galán, que no ha nacido
hombre tan mal inclinado
en Nápoles.

LISANDRO

    Será Enrico,
hijo de Anareto el viejo,
que pienso que ha cuatro o cinco   375
años que está en una cama
el pobre viejo tullido.

OCTAVIO

El mismo.

LISANDRO

    Noticia tengo
de ese mancebo.

OCTAVIO

    Os afirmo,
Lisandro, que es el peor hombre   380
que en Nápoles ha nacido.
Aquesta mujer le da
cuanto puede, y cuando el vicio
de juego suele apretalle,
se viene a su casa él mismo   385
y le quita a bofetadas
las cadenas, los anillos...

LISANDRO

¡Pobre mujer!

OCTAVIO

    También ella
suele hacer sus ciertos tiros,
quitando la hacienda a muchos   390
que son en su amor novicios,
con esta falsa poesía.

LISANDRO

Pues ya que estoy advertido
de amigo tan buen maestro,
allí veréis si yo os sirvo.   395

OCTAVIO

Yo entraré con vos también;
mas ojo al dinero, amigo.

LISANDRO

Con invención entraremos.

OCTAVIO

Diréisle que habéis sabido
que hace versos elegantes,   400
y que a precio de un anillo
unos versos os escriba
a una dama.

LISANDRO

¡Buen arbitrio!

OCTAVIO

Y yo, pues entro con vos,
le diré también lo mismo.   405
Esta es la casa.

LISANDRO

    Y aun pienso
que está en el patio.

OCTAVIO

    Si Enrico
nos coge dentro, por Dios,
que recelo algún peligro.

LISANDRO

¿No es un hombre solo?

OCTAVIO

        Sí.   410

LISANDRO

Ni le temo, ni le estimo.

(Salen CELIA, leyendo un papel y
LIDORA, con recado de escribir.)

CELIA

Bien escrito está el papel.

LIDORA

Es discreto Severino.

CELIA

Pues no se le echa de ver
notablemente.

LIDORA

    ¿No has dicho   415
que escribe bien?

CELIA

[Sí por cierto.
La letra es buena: esto digo.]

LIDORA

Ya entiendo [La mano y pluma
son de maestro de niños...]

CELIA

Las razones, de ignorante.   420

OCTAVIO

Llega, Lisandro, atrevido.

LISANDRO

Hermosa es, por vida mía.
Muy pocas veces se ha visto
belleza y entendimiento
tanto en un sujeto mismo.   425

LIDORA

Dos caballeros, si ya
se juzgan por el vestido,
han entrado.

CELIA

¿Qué querrán?

LIDORA

Lo ordinario.

OCTAVIO

Ya te ha visto.

CELIA

¿¿Qué mandan vuesas mercedes?   430

LISANDRO

Hemos llegado atrevidos,
porque en casas de poetas
y de señores, no ha sido
vedada la entrada a nadie.

LIDORA

(Aparte.)

Gran sufrimiento ha tenido,   435
pues la llamaron poeta,
y ha callado.

LISANDRO

Yo he sabido
que sois discreta en extremo,
y que de Homero y de Ovidio
excedéis la misma fama.   440
Y así yo y aqueste amigo
que vuestro ingenio me alaba,
en competencia venimos
de que para cierta dama,
que mi amor puso en olvido   445
y se casó a su disgusto,
le hagáis algo; que yo afirmo
el premio a vuestra hermosura,
si es, señora, premio digno
el daros mi corazón.   450

LIDORA

(Aparte a Celia.)

Por Belerma te ha tenido.

OCTAVIO

Yo vine también, señora
(pues vuestro ingenio divino
obliga a los que se precian
de discretos), a lo mismo.   455

LIDORA

Sobre quién tiene de ser?

LISANDRO

Una mujer que me quiso
cuando tuvo qué quitarme,
y ya que pobre me ha visto,
se recogió a buen vivir.   460

LIDORA

(Aparte.)

Muy como discreta hizo.

CELIA

A buen tiempo habéis llegado;
que a un papel que me han escrito,
querría responder ahora;
y pues decís que de Ovidio   465
excedo a la antigua fama,
haré ahora más que él hizo.
A un tiempo se han de escribir
vuestros papeles y el mío.

(A Lidora.)

Da a todos tinta y papel.   470

LISANDRO

¡Bravo ingenio!

OCTAVIO

Peregrino.

LIDORA

Aquí está tinta y papel.

CELIA

Escribid, pues.

LISANDRO

Ya escribimos.

CELIA

Tú dices que [a] una mujer
que se casó...

LISANDRO

Aqueso digo.   475

CELIA

Y tú a la que te dejó
después que no fuiste rico.

OCTAVIO

Así es verdad.

CELIA

Y yo aquí
le respondo a Severino.

(Escriben y salen GALVÁN y ENRICO
con espada y broquel.)

ENRICO

¿Qué se busca en esta casa,   480
hidalgos?

LISANDRO

Nada buscamos;
estaba abierta, y entramos.

ENRICO

¿Conóceme?

LISANDRO

Aquesto pasa.

ENRICO

Pues váyanse noramala,
qne, voto a Dios, si me enojo...;   485
no me haga, Celia, del ojo.

OCTAVIO

¿Qué locura a aquesta iguala?

ENRICO

Que los arroje en el mar,
aunque está lejos de aquí.

CELIA

(Aparte a ENRICO.)

Mi bien, por amor de mí.   490

ENRICO

¿Tú te atreves a llegar?
Apártate, voto a Dios,
que te dé una bofetada.

OCTAVIO

Si el estar aquí os enfada,
ya nos iremos los dos.   495

LISANDRO

¿Sois pariente o sois hermano
de aquesta señora?

ENRICO

Soy
el diablo.

GALVÁN

Ya yo estoy
con la hojarasca en la mano.
Sacúdelos.

OCTAVIO

Deteneos.   500

CELIA

Mi bien, por amor de Dios.

OCTAVIO

Aquí venimos los dos,
no con lascivos deseos,
sino a que nos escribiese
unos papeles...

ENRICO

Pues ellos   505
que se precian de tan bellos
¿no saben escribir?

OCTAVIO

Cese
vuestro enojo.

ENRICO

¿Qué es cesar?
¿Qué es de lo escrito?

OCTAVIO

Esto es.

ENRICO

(Rasga los papeles.)
Vuelvan por ellos después,   510
porque ahora no hay lugar.

CELIA

¿Los rompiste?

ENRICO

Claro está.
Y si me enojo...

CELIA

(Aparte a ENRICO.*)*
¡Mi bien!

ENRICO

Haré lo mismo también
de sus caras.

LISANDRO

Basta ya.   515

ENRICO

Mi gusto tengo de hacer
en todo cuanto quisiere;
y si voarcé lo quiere,
sor hidalgo, defender,
cuéntese sin piernas ya,   520
porque yo nunca temí
hombres como ellos.

LISANDRO

¡Que ansí
nos trate un hombre!

OCTAVIO

¡Calla!

ENRICO

Ellos se precian de hombres,   525
siendo de mujer las almas;
se pretenden llevar palmas
y ganar honrosos nombres,
defiéndanse de esta espada.

(Acuchíllalos.)

CELIA

¡Mi bien!

ENRICO

Aparta.

CELIA

Detente.

ENRICO

[Nadie detenerme intenta.]   530

CELIA

¡Qué es aquesto! ¡Ay desdichada!

LIDORA

Huyendo van, que es belleza.

GALVÁN

¡Qué cuchillada le di!

ENRICO

Viles gallinas, ¿ansí
afrentáis vuestra destreza?   535

CELIA

Mi bien. ¿Qué has hecho?

ENRICO

¡Nonada!
¡Gallardamente le di
a aquel más alto! Le abrí
un jeme de cuchillada.

LIDORA

¡Bien el que entra a verte gana!   540

GALVÁN

Una punta le tiré
a aquel más bajo, y le eché
fuera una arroba de lana.
¡Terrible peto traía!

ENRICO

¡Siempre, Celia, me has de dar   545
disgusto!

CELIA

    Basta el pesar;
sosiega, por vida mía.

ENRICO

¿No te he dicho que no gusto
que entren estos marquesotes
todos guedejas, bigotes,   550
adonde me den disgusto?
    ¿Qué provecho tienes dellos?
¿Qué te ofrecen, qué te dan
estos que continuo están
rizándose los cabellos?   555
De peña, de roble o risco
es [al] dar su condición:
su bolsa hizo profesión
en la orden de San Francisco.
    Pues, ¿para qué los admites?   560
¿Para qué los das entrada?
¿No te tengo ya avisada?
Tú haras algo que me incites
a cólera.

CELIA

Bueno está.

ENRICO

Apártate.

CELIA

    Oye, mi bien,   565
porque sepas que hay también
alguno en éstos que da.
    Aqueste anillo y cadena
me dieron éstos.

ENRICO

    A ver.
La cadena he menester,   570
que me parece muy buena.

CELIA

¿La cadena?

ENRICO

    Y el anillo
[también me has de dar agora]

LIDORA

Déjale algo a mi señora.

ENRICO

Ella, ¿no sabrá pedillo?   575
¿Para qué lo pides tú?

GALVÁN

Ésta por hablar se muere.

LIDORA

(Aparte.)

¡Mal haya quien bien os quiere,
rufianes de Belcebú!

CELIA

    Todo es tuyo, vida mía;   580
y, pues, yo tan tuya soy,
escúchame.

ENRICO

    Atento estoy.

CELIA

Sólo pedirte querría
    que nos lleves esta tarde
a la Puerta de la Mar.   585

ENRICO

El manto puedes tomar.

CELIA

Yo haré que allá nos aguarde
la merienda.

ENRICO

    ¿Oyes, Galván?
Vé a avisar luego al instante
a nuestro amigo Escalante,   590
a Cherinos y Roldán,
que voy con Celia.

GALVÁN

Sí haré.

ENRICO

Di que a la Puerta del Mar
nos vayan luego a esperar
con sus mozas.

LIDORA

¡Bien a fe!   595

GALVÁN

Ello habrá lindo bureo.
Mas que ha de haber cuchilladas.

CELIA

¿Quieres que vamos tapadas?

ENRICO

No es eso lo que deseo.
Descubiertas habéis de ir,   600
porque quiero en este día
que sepan que tú eres mía.

CELIA

¿Cómo te podré servir?
Vamos.

LIDORA

(A CELIA.)

Tú eres inocente.
¿Todas las joyas le has dado?   605

CELIA

Todo está bien empleado
en hombre que es tan valiente.

GALVÁN

Mas que, ¿no te acuerdas ya
que te dijeron ayer
que una muerte habías de hacer?   610

ENRICO

Cobrada y gastada está
ya la mitad del dinero.

GALVÁN

Pues, ¿para qué vas al mar?

ENRICO

Después se podrá trazar,
que ahora, Galván, no quiero.   615
   Anillo y cadena tengo,
que me dio la tal señora;
dineros sobran ahora.

GALVÁN

Ya tus intentos prevengo.

ENRICO

   Viva alegre el desdichado,   620
libre de cuidado y pena,
que en gastando la cadena
le daremos su recado.

(Vanse y salen PAULO y PEDRISCO
      de camino, graciosamente.)

PEDRISCO

Maravillado estoy de tal suceso.

PAULO

Secretos son de Dios.

PEDRISCO

                       ¿De modo, pa-
                       [dre,   625
que el fin que ha de tener aqueste En-
                                   [rico
ha de tener también?

PAULO

                   Faltar no puede
la palabra de Dios; el ángel suyo
me dijo que si Enrico se condena,
me he de condenar; y si él se salva,
                                   [630
también me he de salvar.

PEDRISCO

                       Sin duda, pa-
                       [dre,
que es un santo varón aqueste Enrico.

PAULO

Eso mismo imagino.

PEDRISCO

                   Ésta la puerta
que llaman de la Mar.

PAULO

Aquí me manda
el ángel que le aguarde.

PEDRISCO

Aquí vivía 635
un tabernero gordo, padre mío,
adonde yo acudía muchas veces;
y más allá, si acaso se le acuerda,
vivía aquella moza rubia y alta,
que archero de la guardia parecía, 640
a quien él requebraba.

PAULO

¡Oh vil contrario!
Livianos pensamientos me fatigan.
¡Cuerpo flaco! Hermano, escuche.

PEDRISCO

Escucho.

PAULO

El contrario me tiene con memoria
y con pasados gustos...

PEDRISCO

Pues, ¿qué ha-
[ce?... 645

PAULO

(Échase en el suelo.)

En el suelo me arrojo de esta suerte,
para que en él me pise: llegue, her-
[mano,
píseme muchas veces.

PEDRISCO

En buen hora,
que soy muy obediente, padre mío.

(Písale.)

¿Písole bien?

PAULO

Sí, hermano.

PEDRISCO

¿No le duele?
[650

PAULO

Pise, y no tenga pena.

PEDRISCO

¡Pena, padre!
¿Por qué razón he yo de tener pena?
Piso y repiso, padre de mi vida;
mas temo no reviente, padre mío.

PAULO

Píseme, hermano.

(Dan voces, deteniendo a ENRICO.)

ROLDÁN

Deteneos, Enrico.   655

ENRICO

Al mar he de arrojalle, vive el cielo.

PAULO

A Enrico oí nombrar.

ENRICO

¿Gente mendiga
ha de haber en el mundo?

CHERINOS

Deteneos.

ENRICO

Podrasme detener en arrojándole.

CELIA

¿Dónde vas? Detente.

ENRICO

No hay remedio:
[660
harta merced te hago, pues te saco
de tan grande miseria.

ROLDÁN

¡Qué habéis he-
[cho!

(Salen todos.)

ENRICO

Llegóme a pedir un pobre una limosna;
dolióme el verle con tan gran miseria,

y porque no llegase a avergonzarse 665
otro desde hoy, cogíle en brazos
y le arrojé en el mar.

PAULO

¡Delito inmenso!

ENRICO

Ya no será más pobre, según pienso.

PEDRISCO

¡Algún diablo limosna te pidiera!

CELIA

¡Siempre has de ser crüel!

ENRICO

No me repli-
[ques 670
que haré contigo y los demás lo mesmo.

ESCALANTE

Dejemos eso agora, por tu vida.
Sentémonos los dos, Enrico amigo.

PAULO

(A PEDRISCO.)
A éste han llamado Enrico.

PEDRISCO

Será otro.
¿Querías tú que fuese este mal hombre,
[675
que en vida está ya ardiendo en los
[infiernos?
Aguardemos a ver en lo que para.

ENRICO

Pues siéntese voarcedes, porque quiero
haya conversación.

ESCALANTE

Muy bien ha dicho.

ENRICO

Siéntese, Celia, aquí.

CELIA

Ya estoy sentada.
[680

ESCALANTE

Tú conmigo, Lidora.

LIDORA

Lo mismo digo yo, seor Escalante.

CHERINOS

Siéntese aquí, Roldán.

ROLDÁN

Ya voy, Cherinos.

PEDRISCO

¡Mire qué buenas almas, padre mío!
Lléguese más, verá [de] lo que tratan.
[685

PAULO

¡Que no viene mi Enrico!

PEDRISCO

Mire y calle,
que somos pobres, y este desalmado
no nos eche a la mar.

ENRICO

Agora quiero
que cuente cada uno de voarcedes
las hazañas que ha hecho en esta vida,
[690
salteamientos y cosas de este mundo.

ESCALANTE

Muy bien ha dicho Enrico.

ENRICO

Y al que hu-
[biere
hecho mayores males, al momento
una corona de laurel le pongan,
cantándole alabanzas y motetes.   695

ESCALANTE

Soy contento.

ENRICO

Comience, seor Escalante.

PAULO

¡Que esto sufre el Señor!

PEDRISCO

Nada le espante.

ESCALANTE

Yo digo ansí.

PEDRISCO

¡Qué alegre y satisfecho!

ESCALANTE

Veinticinco pobretes tengo muertos,
seis casas he escalado y treinta heridas
[700
he dado con la chica.

PEDRISCO

¡Quién te viera
hacer en una horca cabriolas!

ENRICO

Diga, Cherinos.

PEDRISCO

¡Qué ruin nombre tiene!
¡Cherinos! Cosa poca.

CHERINOS

Yo comienzo.
No he muerto a ningún hombre, pero
[he dado 705
más de cien puñaladas.

ENRICO

¿Y ninguna
fue mortal?

CHERINOS

Amparóles la fortuna.
De capas que he quitado en esta vida
y he venido a un ropero, está ya rico.

ENRICO

¿Véndelas él?

CHERINOS

¿Pues no?

ENRICO

¿No conoces?   710

CHERINOS

Por quitarse de aquestas ocasiones,
las convierte en ropillas y calzones.

ENRICO

¿Habéis hecho otra cosa?

CHERINOS

No me acuerdo.

PEDRISCO

¿Mas que le absuelve ahora el ladro-
[nazo?

CELIA

Y tú, ¿qué has hecho, Enrico?

ENRICO

Oigan voar-
[cedes. 715

ESCALANTE

Nadie cuente mentiras.

ENRICO

Yo soy hombre
que en mi vida las dije.

GALVÁN

Tal se entiende.

PEDRISCO

¿No escucha, padre mío, estas razones?

PAULO

Estoy mirando a ver si viene Enrico.

ENRICO

Haya, pues, atención.

ESCALANTE

Nadie te impide.
[720

CELIA

¡Miren a qué sermón atención pide!

ENRICO

Yo nací mal inclinado,
como se ve en los efectos
del discurso de mi vida
que referiros pretendo.   725

Con regalos me crié
en Nápoles, que ya pienso
que conocéis a mi padre,
que aunque no fue caballero
ni de sangre generosa,   730
era muy rico, y yo entiendo
que es la mayor calidad
el tener en este tiempo.
Crióme, al fin, como digo,
entre regalos, haciendo   735
travesuras cuando niño,
locuras cuando mancebo.
Hurtaba a mi viejo padre,
arcas y cofres abriendo,
los vestidos que tenía,   740
las joyas y los dineros.
Jugaba, y digo jugaba,
para que sepáis con esto
que de cuantos vicios hay,
es el primer padre el juego.   745
Quedé pobre y sin hacienda
y yo —me [he] enseñado a hacerlo—,
di en robar de casa en casa
cosas de pequeño precio.
Iba a jugar, y perdía;   750
mis vicios iban creciendo.
Di luego en acompañarme
con otros del arte mesmo;
escalamos siete casas,
dimos la muerte a sus dueños;   755
lo robado repartimos
para dar caudal al juego.
De cinco que éramos todos,
sólo los cuatro prendieron,
y nadie me descubrió,   760
aunque les dieron tormento.
Pagaron en una plaza
su delito, y yo con esto,
de escarmentado, acogíme
a hacer a solas mis hechos.   765
Íbame todas las noches
solo a la casa del juego,
donde a su puerta aguardaba
a que saliesen de adentro.
Pedía con cortesía   770
el barato, y cuando ellos
iban a sacar qué darme,
sacaba yo el fuerte acero,
que riguroso escondía
en sus inocentes pechos,   775
y por fuerza me llevaba
lo que ganando perdieron.
Quitaba de noche capas;
tenía diversos hierros
para abrir cualquiera puerta   780

y hacerme capaz del dueño.
Las mujeres estafaba;
y no dándome dinero,
visitaba mi navaja
su rostro luego, al momento.   785
Aquestas cosas hacía
el tiempo que fui mancebo;
pero escuchadme y sabréis,
siendo hombre, las que he hecho.
A treinta desventurados   790
yo solo y aqueste acero,
que es de la muerte ministro,
del mundo sacado habemos:
los diez, muertos por mi gusto,
y los veinte me salieron.   795
uno con otro a doblón.
Diréis que es pequeño precio;
es verdad; mas voto a Dios,
que en faltándome el dinero,
que mate por un doblón   800
a cuantos me están oyendo.
Seis doncellas he forzado:
¡dichoso llamarme puedo,
pues seis he podido hallar
en este felice tiempo!   805
De una principal casada
me aficioné; ya resuelto,
habiendo entrado en su casa
a ejecutar mi deseo,
dio voces, vino el marido,   810
y yo, enojado y resuelto,
llegué con él a los brazos,
y tanto en ellos le aprieto,
que perdió tierra; y apenas
en este punto le veo,   815
cuando de un balcón le arrojo,
y en el suelo cayó muerto.
Dio voces la tal señora;
y yo, sacando el acero,
le metí cinco o seis veces   820
en el cristal de su pecho,
donde puertas de rubíes
en campos de cristal bellos
le dieron salida al alma
para que se fuese huyendo.   825
Por hacer mal solamente,
he jurado juramentos
falsos, fingiendo quimeras;
hecho máquinas, enredos;
y un sacerdote que quiso   830
reprenderme con buen celo,
de un bofetón que le di,
cayó en tierra medio muerto.
Porque supe que encerrado
en casa de un pobre viejo   835

estaba un contrario mío,
a la casa puse fuego;
y sin poder remediallo,
todos se quedaron dentro,
y hasta dos niños, hermanos,   840
ceniza quedaron hechos.
No digo jamás palabra
si no es con un juramento
un pes [ia] o un por vida,
porque sé que ofendo al cielo.   845
En mi vida misa oí,
ni estando en peligros ciertos
de morir me he confesado
ni invocado a Dios eterno.
No he dado limosna nunca,   850
aunque tuviese dineros:
antes persigo a los pobres,
como habéis visto el ejemplo.
No respeto a religiosos;
de sus iglesias y templos   855
seis cálices he robado
y diversos ornamentos
que sus altares adornan.
Ni a la justicia respeto:
mil veces me he resistido   860
y a sus ministros he muerto;
tanto, que para prenderme
no tienen ya atrevimiento.
Y, finalmente, yo estoy,
preso por los ojos bellos   865
de Celia, que está presente,
todos la tienen respeto
por mí, que la adoro, y cuando
sé que la sobran dineros,
con lo que me da, aunque poco,   870
mi viejo padre sustento,
que ya le connoceréis
por el nombre de Anareto.
Cinco años ha que tullido
en una cama le tengo,   875
y tengo piedad con él
por estar pobre el buen viejo;
y cómo soy causa al fin
de ponelle en tal extremo,
por injugarle yo su hacienda   880
el tiempo que fui mancebo.
Todo es verdad lo que he dicho,
voto a Dios, y que no miento.
Juzgad ahora vosotros
cuál merece mayor premio.   885

PEDRISCO

Cierto, padre de mi vida,
que con servicios han buenos,

que puede ir a pretender
éste a la corte.

ESCALANTE

Confieso
que tú el lauro has merecido.   890

ROLDÁN

Y yo confieso lo mesmo.

CHERINOS

Todos lo mesmo decimos.

CELIA

El laurel darte pretendo.

ENRICO

Vivas, Celia, muchos años.

CELIA

Toma, mi bien; y con esto,   895
pues que la merienda aguarda,
nos vamos.

GALVÁN

Muy bien has hecho.

CELIA

Digan todos: "¡Viva Enrico!"
¡Viva el hijo de Anareto!

ENRICO

Al punto todos nos vamos   900
a holgarnos y entretenernos.
                          (Vanse.)

PAULO

Salid, lágrimas; salid,
salid apriesa del pecho,
no le dejéis de vergüenza.
¡Qué lastimoso suceso!   905

PEDRISCO

¿Qué tiene padre?

PAULO

                          ¡Ay, hermano!
Penas y desdichas tengo.
Este mal hombre que he visto
es Enrico.

PEDRISCO

¿Cómo es eso?

PAULO

Las señas que me dio el ángel   910
son suyas.

PEDRISCO

¿Es [eso] cierto?

PAULO

Sí, hermano, porque me dijo
que era hijo de Anareto,
y aqueste también lo ha dicho.

PEDRISCO

Pues aqueste ya está ardiendo   915
en los infiernos.

PAULO

Eso sólo es lo que temo.
El ángel de Dios me dijo
que si éste se va al infierno,
que al infierno tengo de ir.   920
Y al cielo, si éste va al cielo.
Pues al cielo, hermano mío,
¿cómo ha de ir éste, si vemos
tantas maldades en él,
tantos robos manifiestos   925
crueldades y latrocinios
y tan viles pensamientos?

PEDRISCO

En eso, ¿quién pone duda?
Tan cierto se irá al infierno
como el despensero.   930

PAULO

¡Gran Señor! ¡Señor eterno!
¿Por qué me habéis castigado
con castigo tan inmenso?
Diez años y más, Señor,
ha que vivo en el desierto   935
comiendo yerbas amargas,
salobres aguas bebiendo,
sólo porque vos, Señor,
juez piadoso, sabio, recto,
perdonarais mis pecados.   940
¡Cuán diferente lo veo!
Al infierno tengo de ir.
¡Ya me parece que siento

que aquellas voraces llamas
van abrasando mi cuerpo!   945
¡Ay! Qué rigor.

PEDRISCO

Ten paciencia.

PAULO

¿Qué paciencia o sufrimiento
ha de tener el que sabe
que se ha de ir a los infiernos?
¡Al infierno!, centro oscuro,   950
donde ha de ser el tormento
eterno y ha de durar
lo que Dios durare. ¡Ah cielo!
¡Que nunca se ha de acabar!
¡Que siempre han de estar ardiendo   955
las almas! ¡Siempre! ¡Ay de mí!

PEDRISCO

Sólo oírle me da miedo.
Padre, volvamos al monte.

PAULO

Que allá volvamos pretendo;
pero no a hacer penitencia,   960
pues que ya no es de provecho.
Dios me dijo que si aqueste
se iba al cielo, me iría al cielo,
y al profundo, si al profundo.
Pues es ansí, seguir quiero   965
su misma vida; perdone
Dios aqueste atrevimiento:
si su fin he de tener,
tenga su vida y sus hechos,
que no es bien que yo en el mundo   970
esté penitencia haciendo,
y que él viva en la ciudad
con gustos y con contentos,
y que a la muerte tengamos
un fin.

PEDRISCO

Es discreto acuerdo,   975
Bien has dicho, padre mío.

PAULO

En el monte hay bandoleros:
bandolero quiero ser,
porque así igualar pretendo
mi vida con la de Enrico,   980
pues un mismo fin tenemos.

Tan malo tengo de ser
como él, y peor si puedo,
que pues ya los dos estamos
condenados al infierno,　　　　985
bien es que antes de ir allá
en el mundo nos venguemos.

PEDRISCO

¡Ah, señor! ¿Quién tal pensara?
Vamos, y déjate de eso,
y de esos árboles altos　　　　990
los hábitos ahorquemos.
Viste galán.

PAULO

　　　Sí haré.
Y yo haré que tengan miedo
a un hombre que, siendo justo,
se ha condenado al infierno.　　995
Rayo del mundo he de ser.
¿Qué se ha de hacer de dineros?

Yo los quitaré al demonio
si fuere cierto el traerlos.

PEDRISCO

Vamos, pues.

PAULO

　　　Señor, perdona　　1000
si injustamente me vengo.
Tú me has condenado ya;
tu palabra, es caso cierto
que atrás no puede volver.
Pues si es ansí, tener quiero　　1005
en el mundo buena vida,
pues tan triste fin espero.
Los pasos pienso seguir
de Enrico.

PEDRISCO

　　　Ya voy temiendo
que he de ir contigo a las ancas　1010
cuando vayas al infierno.

JORNADA SEGUNDA

(*Salen* ENRICO *y* GALVÁN.)

ENRICO

¡Válgate el diablo, el juego!
¡Qué mal que me has tratado!

GALVÁN

Siempre eres desdichado.

ENRICO

¡Fuego en las manos, fuego!
¿Estáis descomulgadas?

GALVÁN

Echáronte a perder suertes trocadas.

ENRICO

Derechas no las gano.
Si las trueco, tampoco.

GALVÁN

Él es un juego loco,

ENRICO

Esta derecha mano   10
me tiene destruido:
noventa y nueve escudos he perdido.

GALVÁN

Pues, ¿para qué estás triste,
que nada te costaron?

ENRICO

¡Qué poco que duraron!   15
¿Viste tal cosa? ¿Viste
tal multitud de suertes?

GALVÁN

Con esa pesadumbre te diviertes,
y no cuidas de nada;
y has de matar a Albano,   20

que de Laura el hermano
te tiene ya pagada
la mitad del dinero.

ENRICO

Sin blanca estoy; matar a Albano quie-
[ro.

GALVÁN

¿Y aquesta noche, Enrico,   25
Cherinos y Escalante?...

ENRICO

A ayudallos me aplico.
¿No han de robar la casa
de Octavio el Genovés?

GALVÁN

                          Aqueso pasa.

ENRICO

Pues yo seré el primero   30
que suba a sus balcones;
en tales ocasiones
aventajarme quiero.
Vé y diles que aquí aguardo.

GALVÁN

Volando voy, que en todo eres gallar-
[do. 35

(*Vase.*)

ENRICO

Pues mientras ellos se tardan,
y el manto lóbrego aguardan
que su remedio ha de ser,
quiero un viejo padre ver
que aquestas paredes aguardan.   40
    Cinco años ha que le tengo
en una cama tullido,
y tanto a estimarle vengo,
que con andar tan perdido

a mi costa le mantengo. 45
De lo que Celia me da,
o yo por fuerza le quito,
traigo lo que puedo acá,
y su vida solicito,
que acabando el curso va. 50
De lo que de noche puedo,
varias casas escalando,
robar con cuidado o miedo,
voy [su sustento] aumentando
y a veces sin él me quedo. 55
Que esta virtud solamente
en mi virtud distraída
conservo piadosamente
que es deuda al padre debida
el serle el hijo obediente. 60
En mi vida le ofendí,
ni pesadumbre le di:
en todo cuanto mandó,
obediente me halló
desde el día en que nací; 65
que aquestas mis travesuras,
mocedades y locuras,
nunca a saberlas llegó;
que a saberlas, bien sé yo
que aunque mis entrañas duras, 70
de peña, al blanco cristal
opuesta, fueron formadas,
y mi corazón igual
a las fieras encerradas
en riscos de pedernal, 75
que las hubiera atajado;
pero siempre le he tenido
donde de nadie informado,
ní un disgusto ha recibido
de tantos como he causado. 80

(Descubre su padre en una silla.)

Aquí está: quiérole ver.
Durmiendo está, al parecer.
Padre.

ANARETO

¡Mi Enrico querido!

ENRICO

Del descuido que he tenido,
perdón espero tener 85
de vos, padre de mis ojos.
¿Heme tardado?

ANARETO

No, hijo.

ENRICO

No os quisiera dar enojos.

ANARETO

En verte me regocijo.

ENRICO

No el sol por celajes rojos 90
saliendo a dar resplandor
a la tiniebla mayor
que esp[e]ra tan alto bien,
parece al día tan bien,
como vos a mí, señor. 95
Que vos para mí sois sol,
y los rayos que arrojáis
dese divino arrebol,
son las canas con que honráis
este reino.

ANARETO

Eres crisol 100
donde la virtud apura.

ENRICO

¿Habéis comido?

ANARETO

Yo, no.

ENRICO

Hambre tendréis.

ANARETO

La ventura
de mirarte me quitó
la hambre.

ENRICO

No me asegura, 105
padre mío, esa razón
nacida de la afición
tan grande que me tenéis;
pero agora comeréis,
que las dos pienso que son 110
de la tarde. Ya la mesa
os quiero, padre, poner.

ANARETO

De tu cuidado me pesa.

ENRICO

Todo esto y más ha de hacer
ei que obediencia profesa. 115

(*Aparte.*)

(Del dinero que jugué,
un escudo reservé
para comprar que comiese,
porque aunque al juego le pese,
no ha de faltar esta fe.) 120
Aquí traigo en el lenzuelo,
padre mío, qué comáis.
Estimad mi justo celo.

ANARETO

Bendito, mi Dios, seáis
en la tierra y en el cielo, 125
pues que tal hijo me distes
cuando tullido me vistes,
que mis pies y manos sea.

ENRICO

Comed, por que yo lo vea.

ANARETO

Miembros cansados y tristes, 130
ayudadme a levantar.

ENRICO

Yo, padre, os quiero ayudar.

ANARETO

Fuerza me infunden tus brazos.

ENRICO

Quisiera en estos abrazos
la vida poderos dar. 135
Y digo, padre, la vida,
porque tanta enfermedad
es ya muerte conocida.

ANARETO

La [divina voluntad]
se cumpla.

ENRICO

Ya la comida 140
os espera. ¿Llegaré
la mesa?

ANARETO

No, hijo mío,
que el sueño me vence.

ENRICO

¿A fe?
Pues dormid.

ANARETO

Dádome ha un frío
muy grande.

ENRICO

Yo os llegaré 145
la ropa.

ANARETO

No es menester.

ENRICO

Dormid.

ANARETO

Yo, Enrico, quisiera,
por llegar siempre a temer
que en viéndote es la postrera
vez que te tengo de ver... 150
Porque aquesta enfermedad
me trata con tal crueldad,
que quisiera que tomaras
estado.

ENRICO

¿En eso reparas?
Cúmplase tu voluntad. 155
Mañana pienso casarme.

(*Aparte.*)

Quiero darle aqueste gusto,
aunque finja.

ANARETO

Será darme
la salud.

ENRICO

Hacer es justo
lo que tú puedes mandarme. 160

ANARETO

Moriré, Enrico, contento.

ENRICO

Darte gusto en todo intento,
por que veas de esta suerte
que por sólo obedecerte
me sujeto al casamiento.   165

ANARETO

Pues, Enrico, como viejo
te quiero dar un consejo.
No busques mujer hermosa,
porque es cosa peligrosa
ser en cárcel mal segura   170
alcaide de una hermosura
donde es la afrenta forzosa.
Está atento, Eurico.

ENRICO

Di.

ANARETO

Y nunca entienda de ti
que de su amor no te fías,   175
que viendo que desconfías,
todo lo ha de hacer ansí.
Con tu mismo ser la iguala:
ámala, sirve y regala;
con celos no la des pena,   180
que no hay mujer que sea buena
si ve que piensan que es mala.
No declares tu pasión,
hasta llegar la ocasión,
y luego...

(Duérmese.)

ENRICO

Vencióle el sueño,   185
que es de los sentidos dueño,
a dar la mejor lición.
Quiero la ropa llegalle,
y de esta suerta dejalle
hasta que repose.

(Cúbrele y sale GALVÁN.)

GALVÁN

Ya   190
todo prevenido está,
y mira que por la calle
viene Albano,
a quien la muerte has de dar.

ENRICO

Pues ¿yo he de ser tan tirano?   195

GALVÁN

¡Cómo!

ENRICO

¿Yo le he de matar
por un interés liviano?

GALVÁN

¿Ya tienes temor?

ENRICO

Galván,
estos dos ojos que están
con este sueño cubiertos,   200
por mirar que están despiertos
aqueste temor me dan.
No me atrevo, aunque mi nombre
tiene su altivo renombre
en las memorias escrito,   205
intentar tan gran delito
donde está durmiendo este hombre.

GALVÁN

¿Quién es?

ENRICO

Un hombre eminente
a quien temo solamente
y en esta vida respeto,   210
que para el hijo discreto
es el padre muy valiente.
Si conmigo le llevara
siempre, nunca yo intentara
los delitos que condeno,   215
pues fuera su vista el freno
que la ocasión me tirara.
Pero corre esa cortina,
que el no verle podrá ser
(pues mi favor afemina)   220
que rigor venga a tener
si ahora piedad me inclina.

GALVÁN

(Corre la cortina.)

Ya está cerrada.

ENRICO

Galván,
agora que no le veo
ni sus ojos luz me dan,
matemos, si es tu deseo,   225
cuantos en el mundo están.

GALVÁN

Pues mira que viene Albano,
y que de Laura al hermano
que le des muerte conviene.   230

ENRICO

Pues él a buscarla viene,
dale por muerto.

GALVÁN

Es llano.

(Vanse.)

(Sale ALBANO, viejo, y pasa.)

ALBANO

El sol a poniente va,
como va mi edad también,
y con cuidado estará   235
mi esposa.

ENRICO

Brazo, detén.

GALVÁN

¿Qué aguardas ya?

ENRICO

Miro un hombre que es retrato
y viva imagen de aquel
a quien siempre de honrar trato: 240
pues di, si aquí soy crüel,
¿no seré a mi padre ingrato?
Hoy de mis manos tiranas
por ser viejo, Albano, ganas
la cortesía que esperas,   245
que son piadosas terceras,
aunque mudas, esas canas.
Vete libre; que repara
mi honor (que así se declara,
aunque a mi opinión no cuadre)   250
que pensara que a mi padre
mataba si te matara.
¡Ay, canas, las que aborrecen!
Pocos las ofenderán,
pues tan seguras se van   255
cuando enemigos se ofrecen.

GALVÁN

Vive Dios que no te entiendo:
otro eres ya del que fuiste.

ENRICO

Poco mi valor ofendo.

GALVÁN

Darle muerte pudiste.   260

ENRICO

No es eso lo que pretendo.
A nadie temí en mi vida;
varios delitos he hecho,
he sido fiero homicida,
y no hay maldad que en mi pecho   265
no tenga siempre acogida;
pero en llegando a mirar
las canas que supe honrar
porque en mi padre las vi,
todo el furor reprimí   270
y las procuré estimar.
Si yo supiera que Albano
era de tan larga edad,
nunca de Laura al hermano
prometiera tal crueldad.   275

GALVÁN

Respeto fue necio y vano.
El dinero que te dio,
por fuerza habrás de volver,
ya que Albano no murió.

ENRICO

Podrá ser.

GALVÁN

¿Qué es podrá ser?   280

ENRICO

Podrá ser, si quiero yo.

GALVÁN

Él viene.

(Sale OCTAVIO.)

OCTAVIO

A Albano encontré
vivo y sano como yo.

ENRICO

Ya lo creo.

OCTAVIO

Y no pensé
que la palabra que dio   285

de matarle vuesasté,
no se cumpliera tan bien
como se cumplió la paga.
¿Esto es ser hombre de bien?

GALVÁN

Este busca que le den   290
un bofetón con la daga.

ENRICO

No mato a hombres viejos yo;
y si a voarcé le ofendió
vaya y mátele al momento,
que yo quedo muy contento   295
con la paga que me dio.

OCTAVIO

El dinero ha de volverme.

ENRICO

Váyase voarcé con Dios.
No quiera enojado verme;
que, ¡juro a Dios!...

GALVÁN

                  Ya los dos   300
riñen; el diablo no duerme.

OCTAVIO

Mi dinero he de cobrar.

ENRICO

Pues yo no lo pienso dar.

OCTAVIO

Eres una gallina.

ENRICO

              Mientes.

OCTAVIO

Muerto soy.

ENRICO

            Mucho lo sientes.   305

GALVÁN

Hubiérase ido a acostar,

ENRICO

A hombres como tú, arrogantes,
doy la muerte yo, no a viejos,
que con sus canas y consejos
vencen ánimos gigantes.   310
Y si quisieres probar
lo que llego a sustentar,
pide a Dios, si él lo permite,
que otra vez te resucite,
y te volveré a matar.   315

(*Dentro dice el* GOBERNADOR.)

GOBERNADOR

Prendedle, darle muerte.

GALVÁN

                Aquesto es malo.
Más de cien hombres vienen a pren-
                              [derte
con el gobernador.

ENRICO

                Vengan seiscientos.
Si me prenden, Galván, mi muerte es
                              [cierta;
si me defiendo, puede hacer mi dicha
                              [320
que no me maten, y que yo me escape;
y más quiero morir con honra y fama.
Aquí está; Enrico; ¿no llegáis, cobar-
                              [des?

GALVÁN

Cercado te han por todas partes.

ENRICO

                      Cerquen,
que, vive Dios, que tengo que arro-
                          [jarme 325
por entre todos.

GALVÁN

            Yo tus pasos sigo.

ENRICO

Pues haz cuenta que César va contigo.

(*Sale el* GOBERNADOR *y mucha gente, y*
ENRICO *los mete a todos a cuchilladas.*)

GOBERNADOR

¿Eres demonio?

ENRICO

Soy un hombre solo
que huye de morir.

GOBERNADOR

Pues date preso,
y yo te libraré.

ENRICO

No pienso en eso. 330
Ansí habéis de prenderme.

GALVÁN

Sois cobardes.

GOBERNADOR

¡Ay de mí! Muerto soy.

UNO

¡Gran desdicha!
¡Mató al gobernador! ¡Mala palabra!

(Retíra[n]los, y sale ENRICO.)

ENRICO

Y aunque la tierra sus entrañas abra,
y en ella me sepulte, es imposible 335
que me pueda escapar; tú, mar soberbio
en tu centro me esconde; con la espada
en la boca tengo de arrojarme.
Tened misericordia de mi alma,
Señor inmenso, que aunque soy tan
[malo, 340
no dejo de tener conocimiento
de vuestra santa fe. Pero ¿qué hago?
¡Al mar, quiero arrojarme cuando dejo
triste, afligido un miserable viejo!
Al padre de mi vida volver quiero, 345
y llevarle conmigo; a ser Eneas
del viejo Anquises.

GALVÁN

¿Dónde vas? Detente.

ENRICO

(Dentro.)

Seguidme por aquí.

GALVÁN

Guarda tu vida,

ENRICO

Perdonad, padre de mis ojos,
el no poder llevaros en mis brazos 350
aunque en el alma bien sé yo que os
[llevo.
Sígueme tú, Galván.

GALVÁN

Ya te sigo.

ENRICO

Por tierra no podemos escaparnos.

GALVÁN

Pues arrójome al mar.

ENRICO

Su centro airado
sea sepulcro mío. ¡Ay padre amado!
[355
¡Cuánto siento el dejaros!

GALVÁN

Ven conmigo.

ENRICO

Cobarde soy, Galván, si no te sigo.

(Sale PAULO de bandolero y otros y
traen tres hombres, y PEDRISCO de bandolero gracioso.)

BANDOLERO 1º

A ti solo, Paulo fuerte,
pues que ya todos te damos
palabra de obedecerte,   360
que sentencies esperamos
estos tres a vida o muerte.

PAULO

¿Dejáronnos ya el dinero?

PEDRISCO

Ni una blanca nos han dado.

PAULO

Pues ¿qué aguardas, majadero? 365

PEDRISCO

Habémoselo quitado.

PAULO

¿Qué ellos no lo dieron? Quiero
sentenciar a todos tres.

PEDRISCO

Ya esperamos ver lo que es.

LOS 3 HOMBRES

Ten con nosotros piedad.   370

PAULO

De ese roble los colgad.

LOS 3 HOMBRES

¡Gran señor!

PEDRISCO

        Moved los pies,
que seréis fruta extremada,
en esta selva apartada,
de todas aves rapantes.   375

PAULO

De esta crueldad no te espantes.

PEDRISCO

Ya no me espanto de nada.
  Porque verte ayer, señor,
ayunar con tal fervor,
y en la oración ocupado,   380
en tu Dios arrebatado,
pedirle ánimo y fervor
  para proseguir tu vida
en tan grande penitencia;
y en esta selva escondida   385
verte hoy con tanta violencia,
capitán de forajida
  gente, matar pasajeros,
tras robarles los dineros;
¿qué más se puede esperar?   390
Ya no me pienso espantar
[de nada].

PAULO

  Los hechos fieros
de Enrico imitar pretendo,
y aun le quisiera exceder.
Perdone Dios si le ofendo,   395
que si uno el fin ha de ser
esto es justo, y yo me entiendo.

PEDRISCO

[A]sí al otro le decían
que la escalera rodaba,
otros que rodar le veían.   400

PAULO

¡Y a mí que a Dios adoraba,
y por santo me tenían
  en este circunvecino
monte, el globo cristalino
rompiendo el ángel veloz,   405
me obligase con su voz
a dejar tan buen camino,
  dándome el premio tan malo!
Pues hoy verá el cielo en mí
si en las maldades no igualo   410
a Enrico.

PEDRISCO

        ¡Triste de ti!

PAULO

Fuego por la vista exhalo.
  Hoy, fieras, que en horizontes
y en napolitanos montes
hacéis dulce habitación,   415
veréis que mi corazón
vence a soberbios faetontes.
  Hoy, árboles, que plumajes
sois de la tierra, o salvajes
por lo verde que os vestís,   420
el huésped que recibís
os hará varios ultrajes.
  Más que la naturaleza
he de hacer por cobrar fama,
pues para mayor grandeza,   425
he de dar a cada rama
cada día una cabeza.
  Vosotros dais, por ser graves,
frutos al hombre süaves;
mas yo con tales racimos   430
pienso dar frutos opimos
a las voladoras aves;
  en verano y en invierno
será vuestro fruto eterno,
y si pudiera hacer más,   435
más hiciera.

PEDRISCO

        Tú te vas
gallardamente al infierno.

PAULO

Vé y cuélgalos al momento
de un roble.

PEDRISCO

Voy como el viento.

HOMBRE 1º

¡Señor!

PAULO

No me repliquéis   440
si acaso ver no queréis
el castigo más violento.

PEDRISCO

Venid los tres.

HOMBRE 2º

¡Ay de mí!

PEDRISCO

Yo he de ser verdugo aquí,
pues a mi dicha le plugo,   445
para enseñar al verdugo
cuando me ahorquen a mí.
(Vase.)

PAULO

Enrico, si de esta suerte
yo tengo de acompañarte,
y si te has de condenar,   450
contigo me has de llevar,
que nunca pienso dejarte.
Palabra de ángel fue;
tu camino seguiré,
pues cuando Dios, juez eterno, 455
nos condenare al infierno,
ya habremos hecho por qué.
(Cantan dentro.)

MÚSICOS

No desconfíe ninguno
aunque grande pecador,
de aquella misericordia   460
de que más se precia Dios.

PAULO

¿Qué voz es ésta que suena?

BANDOLERO 2º

La gran multitud, señor,
desos robles nos impide
ver dónde viene la voz.   465

MÚSICOS

Con firme arrepentimiento
de no ofender al Señor
llegue el pecador humilde,
que Dios le dará perdón.

PAULO

Subid los dos por el monte,   470
y ved si es algún pastor
el que canta este romance.

BANDOLERO 2º

A verlo vamos los dos.

MÚSICOS

Su majestad soberana
da voces al pecador,   475
porque le llegue a pedir
lo que a ninguno negó.

(Sale por el monte un PASTORCILLO te-
jiendo una corona de flores.)

PAULO

Baja [baja], pastorcillo;
que ya estaba, vive Dios,
confuso con tus razones,   480
admirado con tu voz.
¿Quién te enseñó ese romance,
que le escucho con temor,
pues parece que en ti [habla]
mi propia imaginación?   485

PASTORCILLO

Este romance que he dicho
Dios, señor, me lo enseñó;
o la iglesia, su esposa,
a quien en la tierra dio
poder suyo.

PAULO

Bien dijiste.   490

PASTORCILLO

Advierte que creo en Dios
a pies juntillas, y sé,
aunque rústico pastor,

todos los diez mandamientos,
preceptos que Dios nos dio.   495

PAULO

¿Y Dios ha de perdonar
a un hombre que le ofendió
con obra y con palabras
y pensamientos?

PASTORCILLO

¿Pues no?
Aunque sus ofensas sean   500
más que átomos del sol,
y que estrellas tiene el cielo,
y rayos la luna dio,
y peces el mar salado
en sus cóncavos guardó.   505
Esta es su misericordia;
que con decirle al Señor:
Pequé, pequé, muchas veces,
le recibe al pecador
en sus amorosos brazos;   510
que en fin hace como Dios.
Porque si no fuera aquesto,
cuando a los hombres crió,
no los criara sujetos
a su frágil condición.   515
Porque si Dios, sumo bien,
de nada al hombre formó
para ofrecerle su gloria,
no fuera ningún blasón
en su majestad divina   520
dalle aquella imperfección.
Dióle Dios libre albedrío,
y fragilidad le dio
al cuerpo y al alma; luego
dio potestad con acción   525
de pedir misericordia,
que a ninguno le negó.
De modo que, si en pecando
el hombre, el justo rigor
procediera contra él,   530
fuera el número menor
de los que en el sacro alcázar
están contemplando a Dios.
La fragilidad del cuerpo
es grande; que en una acción,   535
en un mirar solamente
con deshonesta afición,
se ofende a Dios; de ese modo,
porque este triste ofensor,
con la imperfección que tuvo,   540
le ofende una vez o dos,
¿se había de condenar?

No, señor, aqueso, no,
que es Dios misericordioso,
y estima al más pecador,   545
porque todos igualmente
le costaron el sudor
que sabéis, y aquella sangre
que liberal derramó,
haciendo un mar a su cuerpo,   550
que amoroso dividió
en cinco sangrientos ríos;
que su espíritu formó
nueve meses en el vientre
de aquella que mereció   555
ser virgen cuando fue madre,
y el claro oriente del sol
que como clara vidriera,
sin que la rompiese, entró.
Y si os guiáis por ejemplos   560
decid: ¿no fue pecador
Pedro, y mereció después
ser de las almas pastor?
Mateo, su coronista,
¿no fue también su ofensor?,   565
y luego, ¿no fue su apóstol,
y tan gran cargo le dio?
¿No fue pecador Francisco?
Luego, ¿no le perdonó
y a modo de honrosa empresa   570
en su cuerpo le imprimió
aquellas llagas divinas
que le dieron tanto honor,
dignándole de tener
tan excelente blasón?   575
¿La pública pecadora,
Palestina no llamó
a Magdalena, y fue santa
por su santa conversión?
Mil ejemplos os dijera   580
a estar despacio, señor;
mas mi ganado me aguarda,
y ha mucho que ausente estoy.

PAULO

Tente, pastor, no te vayas.

PASTORCILLO

No puedo tenerme, no,   585
que ando por aquestos valles
recogiendo con amor
una ovejuela perdida
que del rebaño huyó;
y esta corona que veis   590
hacerme con tanto amor,
es para ella, si parece.

porque hacérmela mandó
el mayoral, que la estima
del modo que le costó.   595
El que a Dios tiene ofendido,
pídale perdón a Dios,
porque es Señor tan piadoso
que a ninguno le negó.

PAULO

Aguarda, pastor.

PASTORCILLO

No puedo.   600

PAULO

Por fuera te tendré yo.

PASTORCILLO

Será detenerme a mí
parar en su curso al sol.

PAULO

Este pastor me ha avisado
en su forma peregrina,   605
no humana sino divina,
que tengo a Dios enojado
por haber desconfiado
de su piedad (claro está);
y con ejemplos me da   610
a entender piadosamente
que el hombre que se arrepiente
perdón en Dios hallará.
Pués si Enrico es pecador,
¿no puede también hallar   615
perdón? Ya vengo a pensar
que ha sido grande mi error.
Mas, ¿cómo dará el Señor
perdón a quien tiene nombre,
¡ay de mí!, del más mal hombre   620
que en este mundo ha nacido?
Pastor, que de mí has huido,
no te espantes que me asombre.
Si él tuviera algún intento
de tal vez arrepentirse,   625
lo que por engaño siento,
bien pudiera resistirse,
y yo viviera contento.
¿Por qué, pastor, queréis vos
que halle su remedio medio?   630
Alma, ya no hay más remedio
que el condenarnos los dos.

(Sale PEDRISCO.)

PEDRISCO

Escucha, Paulo, y sabrás,
aunque de ello ajeno estás
y lo atribuyas a engaño,   635
el suceso más extraño
que tú habrás visto jamás.
En esa verde ribera
de tantas fieras aprisco,
donde el cristal reverbera,   640
cuando el afligido risco
su tremendo golpe espera;
después de dejar colgados
aquellos tres desdichados,
estábamos Celio y yo,   645
cuando una voz que se oyó
nos dejó medio turbados.
"Que me ahogo" dijo y vimos
cuando la vista tendimos,
como en el mar hay tormenta,   650
y está de sangre cubierta,
para anegallos bramaba.
Ya en las estrellas los clava,
ya en su centro los a[s]sienta.
En los cristales no helados   655
las dos cabezas se veían
de aquestos dos desdichados
y las olas parecían
ser tablas de degollados.
Llegaron al fin, mostrando   660
el valor que significó;
mas por no estarte cansando,
has de saber que es Enrico
el uno.

PAULO

Estoilo dudando.

PEDRISCO

No lo dudes, pues yo llego   665
a decirlo, y no estoy ciego.

PAULO

¿Vístele tú?

PEDRISCO

Vile yo.

PAULO

¿Qué hizo al salir?

PEDRISCO

Echó
un por vida y un reniego.

Mira, ¡qué gracias le daba   670
a Dios que ansí le libraba!

PAULO

¡Y dirá ahora el pastor
que le ha de dar el Señor
perdón! El juicio me acaba.
  Mas poco puedo perder,   675
pues aquí le llego a ver,
en proballe la intención.

PEDRISCO

Ya le trae tu escuadrón.

PAULO

Pues oye lo que has de hacer.

(Sacan a ENRICO y a GALVÁN atados
          y mojados.)

ENRICO

¿Dónde me lleváis ansí?   680

BANDOLERO 1º

El capitán está aquí,
que la respuesta os dará.

          (Vase.)

PAULO

Haz esto.

PEDRISCO

          Todo se hará.

BANDOLERO 1º

Pues ¿vase el capitán?

PEDRISCO

          Sí.
¿Dónde iban vuesas mercedes   685
que en tan gran peligro dieron,
como es caminar por agua?
¿No responden?

ENRICO

          Al infierno.

PEDRISCO

Pues ¿quién le mete en cansarse,
cuando hay diablos tan ligeros   690
que le llevarán de balde?

ENRICO

Por agradecerles menos.

PEDRISCO

Habla voarcé muy bien,
y hace muy a lo discreto
en no agradecer al diablo   695
cosa que haga en su provecho.
¿Cómo se llama voarcé?

ENRICO

Llámome el diablo.

PEDRISCO

          Y por eso
se quiso arrojar al mar,
para remojar el fuego.   700
¿De dónde es?

ENRICO

          Si de cansado
de reñir con agua y viento
no arrojara al mar la espada,
yo os respondiera bien presto
a vuestras necias preguntas   705
con los filos de su acero.

PEDRISCO

Oye, hidalgo, no se atufe
ni os eché tantos retos,
que juro a Dios, si me enojo,
que le barrene ese cuerpo   710
más de setecientas veces,
sin las que [en] su nacimiento
barrenó naturaleza.
Y ha de advertir que está preso,
y que si es valiente, yo   715
soy valiente como un Héctor;
y que si él ha hecho muertos,
sepa que también yo he muerto
muchas hambres y candiles
y muchas pulgas a tiento.   720
Y si es ladrón, soy ladrón,
y soy el demonio mesmo,
y, ¡por vida...!

BANDOLERO 1º

          Bueno está.

ENRICO

¿Esto sufro, y no me vengo?

PEDRISCO

Ahora ha de quedar atado   725
a un árbol.

ENRICO

No me defiendo.
Haced de mí vuestro gusto.

PEDRISCO

Y él también.

GALVÁN

De esta vez muero.

PEDRISCO

Si son como vuestra cara,
vos tenéis bellacos hechos.   730
Ea, llegaldos a atar,
que el capitán gusta de ello.
Llegad al árbol.

(Átalos.)

ENRICO

¡Que ansí
me quiera tratar el cielo!

PEDRISCO

Llegad vos.

GALVÁN

¡Tened piedad!   735

PEDRISCO

Vendarle los ojos quiero
con las ligas a los dos.

GALVÁN

¿Vióse tan extraño aprieto?
Mire vuesarcé que yo
vivo de su oficio mesmo,   740
y que soy ladrón también.

PEDRISCO

Ahorrará con aquesto
de trabajo a la justicia
y al verdugo de contento.

BANDOLERO 1º

Ya están vendados y atados.   745

PEDRISCO

Las flechas y arcos tomemos,
y dos docenas, no más,
clavemos en cada cuerpo.

BANDOLERO 1º

Vamos.

PEDRISCO

(Aparte.)

Aqueste es fingido:
nadie los ofenda.

BANDOLERO 1º

Creo   750
que el capitán los conoce.

PEDRISCO

Vamos, y ansí los dejemos.

GALVÁN

Ya se van a asaetearnos.

ENRICO

Pues no por aquesto pienso
mostrar flaqueza ninguna.   755

GALVÁN

Ya me parece que siento
una jara en estas tripas.

ENRICO

Vénguese en mí el justo cielo.
Que quisiera arrepentirme,
y cuando quiero, no puedo.   760

(Salen PAULO, de ermitaño, con cruz
y rosario.)

PAULO

Con esta traza he querido
probar si este hombre se acuerda
de Dios, a quien ha ofendido.

ENRICO

¿Que un hombre la vida pierda
de nadie visto ni oído!   765

GALVÁN

Cada mosquito que pasa
me parece que es saeta.

ENRICO

El corazón se me abrasa.
¡Que mi fuerza sujeta!
¡Ah fortuna en todo escasa!   770

PAULO

Alabado sea el Señor.

ENRICO

Sea por siempre alabado.

PAULO

Sabed con vuestro valor
llevar este golpe airado
de fortuna.

ENRICO

¡Gran rigor!   775
¿Quién sois vos que ansí me habláis?

PAULO

Un monje que este desierto,
donde la muerte esperáis,
habita.

ENRICO

¡Bueno, por cierto!
Y ahora, ¿qué nos mandáis?   780

PAULO

A los que al roble os ataron
y a mataros se apartaron,
supliqué con humildad
que ya que con tal crueldad
de daros muerte trataron,   785
que me dejasen llegar
a hablaros.

ENRICO

¿Y para qué?

PAULO

Por si os queréis confesar,
pues seguís de Dios la fe.

ENRICO

Pues bien se puede tornar,   790
padre, o lo que es.

PAULO

¿Qué decís?
¿No sois cristiano?

ENRICO

Sí soy.

PAULO

No lo sois, pues no admitís
el último bien que os doy.
¿Por qué no lo recibís?   795

ENRICO

Por que no quiero.

PAULO

(Aparte.)
¡Ay de mí!
Esto mismo presumí.
¿No veis que os han de matar
ahora?

ENRICO

¿Quiere callar,
hermano, y dejarme aquí?   800
Si esos señores ladrones
me dieren muerte, aquí estoy.

PAULO

(Aparte.)
¡En qué grandes confusiones
tengo el alma!

ENRICO

Yo no doy
a nadie satisfacciones.   805

PAULO

A Dios, sí.

ENRICO

Si Dios ya sabe
que soy gran pecador,
¿para qué?

PAULO

¡Delito grave!
Para que su sacro amor
de darle perdón acabe.   810

ENRICO

Padre, lo que nunca he hecho,
tampoco he de hacer ahora.

PAULO

Duro peñasco es su pecho.

ENRICO

Galván, ¿qué hará la señora
Celia?

ALVÁN

Puesto en tanto estrecho,   815
¿quién se ha de acordar de nada?

PAULO

No se acuerde de esas cosas.

ENRICO

Padre mío, ya me enfada.

PAULO

Estas palabras piadosas
¿le ofenden?

ENRICO

Cosa es cansada;   820
pues si no estuviera atado,
yo ya le hubiera arrojado
de una coz dentro del mar.

PAULO

Mire que le han de matar.

ENRICO

Ya estoy de aguardar cansado.   825

GALVÁN

Padre, confiéseme a mí,
que ya pienso que estoy muerto.

ENRICO

Quite esa liga de aquí,
padre.

PAULO

Sí haré, por cierto.
(Quítales las vendas.)

ENRICO

Gracias a Dios que ya vi.   830

GALVÁN

Y a mí también.

PAULO

En buen hora,
y vuelvan la vista ahora
a los que a matarlos vienen.
(Salen los bandoleros con escopetas
y ballestas.)

ENRICO

Pues, ¿para qué se detienen?

PEDRISCO

Pues que ya su fin no ignora,   835
digo, ¿por qué no confiesa?

ENRICO

No me quiero confesar.

PEDRISCO

Celio, el pecho le atraviesa.

PAULO

Dejad que le vuelva a hablar.
Desesperación es ésa.   840

PEDRISCO

Ea, llegalde a matar.

PAULO

Deteneos (¡triste penal!),
porque si éste se condena,
me queda más que dudar.

ENRICO

Cobardes sois; ¿no llegáis,   845
y puerta a mi pecho abrís?

PEDRISCO

De esta vez no os detengáis.

PAULO

Aguardad, que si le herís
más confuso me dejáis.
Mira que eres pecador,   850
hijo.

ENRICO

Y del mundo el mayor:
ya lo sé.

PAULO

Tu bien espero.
Confiésate a Dios.

ENRICO

No quiero,
cansado predicador.

PAULO

Pues salga del pecho mío,   855
si no dilatado río
de lágrimas, tanta copia,
que se anegue el alma propia,
pues ya de Dios desconfío.
Dejad de cubrir, sayal,   860
mi cuerpo, pues está mal,
según siente el córazon,
una rica guarnición
sobre tan falso cristal.
En mis torpezas resbalo,   865
y a la culebra me igualo;
mas mi parecer condeno,
porque yo desecho el bueno,
mas ella desecha el malo.
Mi adverso fin no resisto,   870
pues mi desventura he visto,
y da claro testimonio
el vestirme de demonio
y el desnudarme de Cristo.
Colgad ese saco ahí   875
para que diga, ¡ay de mí!:
"En tal puesto me colgó
Paulo, que no mereció
la gloria que encierro en mí."
Dadme la daga y la espada;   880
esa cruz podéis tomar;
ya no hay esperanza en nada,
pues no me sé aprovechar
de aquella sangre sagrada.
Desatadlos.

ENRICO

Ya lo estoy,   885
y lo que no he visto creo.

GALVÁN

Gracias a los cielos doy.

ENRICO

Saber la verdad deseo.

PAULO

¡Qué desdichado que soy!
¡Ah, Enrico! Nunca nacieras,   890

nunca tu madre te echara
donde gozando la luz
fuiste de mis males causa;
o plugiera a Dios que ya
que infundido el cuerpo y alma,   895
saliste a la luz, en sus brazos
te diera la muerte un ama,
un león te deshiciera,
una osa despedazara
tus tiernos miembros entonces,   900
o cayeras en tu casa
del más altivo balcón
primero que a mi esperanza
hubiera[s] cortado el hilo.

ENRICO

Esta novedad me espanta.   905

PAULO

Yo soy Paulo, un ermitaño,
que dejé mi amada patria
de poco más de quince años,
y en esta oscura montaña
otros diez serví al Señor.   910

ENRICO

¡Qué ventura!

PAULO

¡Qué desgracia!
Un ángel rompiendo nubes
y cortinas de oro y plata,
preguntándole yo a Dios
qué fin tendría: "Repara   915
(me dijo), vé a la ciudad,
y verás a Enrico (¡ay alma!),
hijo del noble Anareto,
que en Nápoles tiene fama.
Advierte bien en sus hechos,   920
y contempla en sus palabras,
que si Enrico al cielo fuere,
el cielo también te aguarda;
y si al infierno, el infierno."
Yo entonces imaginaba   925
que era algún santo este Enrico;
pero los deseos se engañan.
Fui allá, vite luego al punto,
y de tu boca y por fama
supe que eras el peor hombre   930
que en todo el mundo se halla.
Y ansí, por tener tu fin,
quíteme el saco, y las armas
tomé, y el cargo me dieron

de esta forajida escuadra.   935
Quise probar tu intención,
por saber si te acordabas
de Dios en tan fiero trance;
pero salióme muy vana.
Volví a desnudarme aquí,   940
como viste, dando al alma
nuevas tan tristes, pues ya
la tiene Dios condenada.

ENRICO

Las palabras que Dios dice
por un ángel, son palabras,   945
Paulo amigo, en que se encierran
cosas que el hombre no alcanza.
No dejara yo la vida
que seguías, pues fue causa
de que quizá te condenes   950
el atreverte a dejarla.
Desesperación ha sido
lo que has hecho, y aun venganza
de la palabra de Dios,
y una oposición tirana   955
a su inefable poder;
y al ver que no desenvaina
la espada de su justicia
contra el rigor de tu causa,
veo que tu salvación   960
desea; mas, ¿qué no alcanza
aquella piedad divina,
blasón de que más se a[l]aba?
Yo soy el hombre más malo
que naturaleza humana   965
en el mundo ha producido;
el que nunca habló palabra
sin juramento; el que a tantos
hombres dio muertes tiranas;
el que nunca confesó   970
sus culpas, aunque son tantas;
el que jamás se acordó
de Dios y su Madre Santa;
ni aun ahora lo hiciera,
con ver puestas las espadas   975
a mi valeroso pecho;
mas siempre tengo esperanza
en que tengo de salvarme,
puesto que no va fundada
mi esperanza en obras mías,   980
sino en saber que se humana
Dios con el más pecador,
y con su piedad se salva.
Pero ya, Paulo, que has hecho
ese desatino, trata   985
de que alegres y contentos

los dos en esta montaña
pasemos alegre vida,
mientras la vida se acaba.
Un fin ha de ser el nuestro: 990
si fuere nuestra desgracia
el carecer de la gloria
que Dios al bueno señala,
mal de muchos, gozo es;
pero tengo confianza   995
en su piedad, que siempre
vence a su justicia sacra.

PAULO

Consoládome has un poco.

GALVÁN

Cosa es, por Dios, que me espanta.

PAULO

Vamos donde descanséis.   1000

ENRICO

(Aparte.)

¡Ay, padre de mis entrañas!
Una joya, Paulo amigo,
en la ciudad olvidada
se me queda; y aunque temo
el rigor que me amenaza,   1005
si allá muero, he de ir por ella,
pereciendo en la demanda.
Un soldado de los tuyos
irá conmigo.

PAULO

Pues vaya
Pedrisco, que es animoso.   1010

PEDRISCO

Por Dios, que ya me espantaba
que no encontraba conmigo.

PAULO

Dadle la mejor espada
a Enrico, y en esas yeguas
que al ligero viento igualan,   1015
os pondréis allá en dos horas.

GALVÁN

Yo me quedo en la montaña
a hacer tu oficio.

PEDRISCO

Yo voy
donde paguen mis espaldas
los delitos que tú has hecho.   1020

ENRICO

Adiós, amigo.

PAULO

Ya basta
el nombre para abrazarte.

ENRICO

Aunque malo, confianza
tengo en Dios.

PAULO

Yo no la tengo
cuando son mis culpas tantas.   1025
Muy desconfiado soy.

ENRICO

Aquesta desconfianza
te tiene de condenar.

PAULO

Ya lo estoy; no importa nada.
¡Ah Enrico! Nunca nacieras.   1030

ENRICO

Es verdad; mas la esperanza
que tengo en Dios, ha de hacer
que haya piedad de mi causa.

JORNADA TERCERA

(Salen PEDRISCO *y* ENRICO *en la cárcel,
presos.)*

PEDRISCO

¡Buenos estamos los dos!

ENRICO

¿Qué diablos estás llorando?

PEDRISCO

¿Qué diablos he de llorar?
¿No puedo yo lamentar
pecados que estoy pagando   5
sin culpa?

ENRICO

¿Hay vida como ésta?

PEDRISCO

¡Cuerpo de Dios con la vida!

ENRICO

¿Fáltate aquí la comida?
¿No tienes la mesa puesta
a todas horas?

PEDRISCO

¿Qué importa   10
que la mesa llegue a ver,
si no hay nada que comer?

ENRICO

De necedades acorta.

PEDRISCO

Alarga tú de comida.

ENRICO

¿No sufrirás como yo?   15

PEDRISCO

Que pague aquel que pecó,
es sentencia conocida;
pero yo que no pequé,
¿por qué tengo que pagar?

ENRICO

Pedrisco, ¿quieres callar?   20

PEDRISCO

Enrico, yo callaré;
pero la hambre hará
que hable el que muerto se vio,
y que calle aquel que habló
más que un correo.

ENRICO

¡Que ya   25
piensas que no has de salir
de la cárcel!

PEDRISCO

Error fue.
Desde el día en que aquí entré,
he llegado a presumir
que hemos de salir los dos...   30

ENRICO

Pues ¿de qué estamos turbados?

PEDRISCO

Para ser ajusticiados,
si no lo remedia Dios.

ENRICO

No hayas miedo.

PEDRISCO

Bueno está;
pero teme el corazón   35
que hemos de danzar sin son.

ENRICO

Mejor la suerte lo hará.

(Salen CELIA *y* LIDORA.)

CELIA

No quisiera que las dos,
aunque a nadie tengo miedo,
fuéramos juntas.

LIDORA

    Bien puedo,   40
pues soy criada, ir con vos.

ENRICO

Quedo, que Celia es aquesta.

PEDRISCO

¿Quién?

ENRICO

    Quien más que a sí me adora,
mi remedio llega ahora.

PEDRISCO

Bravamente me molesta   45
la hambre.

ENRICO

    ¿Tienes acaso
en qué echar todo el dinero
que ahora de Celia espero?

PEDRISCO

Con toda la hambre que paso,
me he acordado, vive Dios,   50
de un talego que aquí tengo.

(Saca un talego.)

ENRICO

Pequeño es.

PEDRISCO

    A pensar vengo
que estamos locos los dos:
tú en pedirle, en darle yo.

ENRICO

¡Celia hermosa de mi vida!   55

CELIA

(Aparte.)

¡Ay de mí! Yo soy perdida.
Enrico es el que llamó.
Señor Enrico.

PEDRISCO

¿Señor?
No es buena tanta crianza.

ENRICO

Ya no tenía esperanza,   60
Celia, de tan gran favor.

CELÍA

¿Cómo estás?

ENRICO

    Bueno,
y ahora mejor, pues ven
a costa de mil suspiros,
mis ojos los tuyos graves.   65

CELIA

Yo os quiero dar...

PEDRISCO

    ¡Linda cosa!
¡Oh! ¡Qué mujer tan hermosa!
¡Qué palabras tan süaves!
    Alto, prevengo el talego.
Pienso que no han de caber...   70

ENRICO

Celia, quisiera saber
qué me das.

PEDRISCO

    Tu dicha es llana.

CELIA

Las nuevas de que mañana
a ajusticiaros saldrán.

PEDRISCO

El talego está ya lleno;   75
otro es menester buscar.

ENRICO

¡Que aquesto llegue a escuchar!
Celia, escucha.

PEDRISCO

    ¡Aquesto es bueno!

CELIA

Ya estoy casada.

ENRICO

¡Casada!

¡Vive Dios!

PEDRISCO

Tente.

ENRICO

¿Qué aguardo?   80

¿Con quién, Celia?

CELIA

Con Lizardo
y estoy muy bien empleada.

ENRICO

Mataréle.

CELIA

Dejaos de eso,
y poneos bien con Dios.

LIDORA

Vamos, Celia.

ENRICO

Pierdo el seso.   85

Celia, mira.

CELIA

Estoy de prisa.

PEDRISCO

Por Dios, que estoy por reírme.

CELIA

Ya sé qué queréis decirme:
que se os diga alguna misa.
Yo lo haré; quedad con Dios.   90

ENRICO

¡Quién rompiera aquestas rejas!

.IDORA

No escuches, Celia, más quejas.
Vámonos de aquí los dos.

ENRICO

¡Que esto sufro!

PEDRISCO

¿Hay tal crueldad?
¡Lo que pesa este talego!   95

CELIA

¡Qué braveza!
(Vase.)

ENRICO

Yo estoy ciego.
¿Hay tan grande libertad?

PEDRISCO

Ya no entiendo la moneda
que hay en aqueste talego,
que, vive Dios, que no pesa   100
una paja.

ENRICO

¡Santos cielos!
¡Que aquestas afrentas sufra!
¿Cómo no rompo estos hierros?
¿Cómo estas rejas no arranco?

EDRISCO

Detente.

ENRICO

Déjame, necio.   105
¡Vive Dios, que he de rompellas
y he de castigar mis celos!

PEDRISCO

Los porteros vienen.

ENRICO

Vengan.

(Sale un PORTERO.)

PORTERO

¿Ha perdido acaso el seso
el homicida ladrón?   110

ENRICO

Moriré si no me vengo.
De mi cadena haré espada.

PEDRISCO
Que te detengas te ruego.

PORTERO
Asidle, matadle, muera.

ENRICO
Hoy veréis, infames presos,   115
de los celos el poder
en desesperados pechos.

PORTERO
Un eslabón me alcanzó
y dio conmigo en el suelo.

ENRICO
¿Por qué, cobardes huís?   120

PEDRISCO
Un portero deja muerto.

(Dentro.)
Matalde.

ENRICO
                        ¿Qué es matar?
A falta de noble acero,
no es mala aquesta cadena
con que mis agravios vengo.   125
¿Para qué de mí huis?

PEDRISCO
Al alboroto y estruendo
se ha levantado el alcaide.

(Salen el ALCAIDE y gente y asen
a Enrico.)

ALCAIDE
¡Hola! Teneos. ¿Qué es esto?

PORTERO
Ha muerto aquese ladrón   130
a Fidelio.

ALCAIDE
                    Vive el cielo,
que a no saber que mañana
dando público escarmiento
has de morir ahorcado,
que hiciera en tu aleve pecho   135
mil bocas con esta daga.

ENRICO
¡Que esto sufro, Dios eterno!
¡Que mal me traten ansí!
Fuego por los ojos vierto,
No pienses, alcaide infame,   140
que te tengo algún respeto
por el oficio que tienes,
sino porque más no puedo;
que a poder, ¡ah cielo airado!,
entre mis brazos soberbios   145
te hiciera dos mil pedazos;
y despedazado el cuerpo
me lo comiera a bocados,
y que no quedara, pienso,
satisfecho de mi agravio.   150

ALCAIDE
Mañana, a las diez, veremos
si es más valiente un verdugo
que todos vuestros aceros.
Otra cadena le echad.

ENRICO
Eso, sí, vengan más hierros,   155
que de hierros no se escapa
hombre que tantos ha hecho.

ALCAIDE
Metedle en un calabozo.

ENRICO
Aquese sí es justo premio,
que hombre de Dios enemigo,   160
no es justo que mire el cielo.

PEDRISCO
¡Pobre y desdichado Enrico!

PORTERO
Más desdichado es el muerto,
que el cadenazo cruel
le echó en la tierra los sesos   165

PEDRISCO
Ya quieren dar la comida.
(Dentro.)
Vayan llegando, mancebos,
por la comida.

PORTERO
                    En buen hora,
porque mañana sospecho

que han de añudarme el tragar,   170
y será acertado medio
que lleve la alforja echa
para que allá convidemos
a los demonios magnates
a la entrada del infierno.   175

(*Vase y sale* ENRICO.)

En lóbrega confusión,
ya, valiente Enrico, os véis;
pero nunca desmayéis;
tener fuerte el corazón,
porque aquesta es la ocasión   180
en que tenéis de mostrar
el valor que os ha de dar
nombre altivo, ilustre fama.
Mirad...

(*Dentro.*)

Enrico.

ENRICO

¿Quién llama?
Esta voz me hace temblar.   185
Los cabellos erizados
pronostican mi temor;
mas, ¿dónde está mi valor
¿Dónde mis hechos pasados?

(*Dentro.*)

Enrico.

ENRICO

Muchos cuidados   190
siente al alma. ¡Cielo santo!
¿Cúya es voz que tal espanto
infunde en el alma mía?

(*Dentro.*)

Enrico.

ENRICO

A llamar porfía.
De mi flaqueza me espanto.   195
A esta parte la voz suena
que tanto temor me da.
¿Si es algún preso que está
amarrado a la cadena?
Vive Dios que me da pena.   200

(*Sale el* DEMONIO *y no se le ve.*)

DEMONIO

Tu desgracia lastimosa
siento.

ENRICO

¡Qué confuso abismo!
No me conozco a mí mismo,
y el corazón no reposa.
Las alas está batiendo   205
con impulsos de temor;
Enrico, ¿éste es el valor?
Otra vez se oye el estruendo.

DEMONIO

Librarte, Enrico, pretendo.

ENRICO

¿Cómo te puedo creer,   210
voz, si no llego a saber
quién eres y adónde estás?

DEMONIO

Pues agora me verás.

ENRICO

Ya no te quisiera ver.

DEMONIO

No temas.

ENRICO

Un sudor frío   215
por mis venas se derrama.

DEMONIO

Hoy cobrarás nueva fama.

ENRICO

Poco de mis fuerzas fío.
No te acerques.

DEMONIO

Desvarío
es el temer la ocasión.   220

ENRICO

Sosiégate, corazón.

DEMONIO

¿Ves aquel postigo?

ENRICO

Sí.

DEMONIO

Pues salta por él, y ansí
no estarás en la prisión.

ENRICO

¿Quién eres?

DEMONIO

Salta al momento,   225
y no preguntes quién soy,
que yo también preso estoy
y que te libres intento.

ENRICO

¿Qué me dices, pensamiento?
¿Libraréme? Claro está.   230
Aliento el temor me da
de la muerte que me aguarda.
Voime. Mas, ¿quién me acobarda?
Mas otra voz suena ya.

(Cantan adentro.)

MÚSICOS

Detén el paso violento;   235
mira que te está mejor
que de la prisión librarte
el estarte en la prisión.

ENRICO

Al revés me ha aconsejado
la voz que en el aire he oído,   240
pues mi paso ha detenido,
si tú le has acelerado.
Que me está bien he escuchado
el estar en la prisión.

DEMONIO

Esa, Enrico, es ilusión   245
que te representa el miedo.

ENRICO

Yo he de morir si [me] quedo:
quiérome ir; tienes razón.

MÚSICOS

Detente, engañado Enrico;
no huyas de la prisión,   250
pues morirás si salieres,
y si te estuvieres, no.

ENRICO

Que si salgo he de morir,
y si quedo viviré,
dice la voz que escuché.   255

DEMONIO

¿Que al fin no te quieres ir?

ENRICO

Quedarme es mucho mejor.

DEMONIO

Atribúyelo al temor;
pero, pues tan ciego estás,
quédate preso, y verás   260
cómo te ha estado peor.
(Vase.)

ENRICO

Desapareció la sombra,
y confuso me dejó.
¿No es éste el portillo? No
Este prodigio me asombra.   265
¿Estaba ciego yo, o vi
en la pared un portillo?
Pero yo me maravillo
del gran temor que hay en mí.
¿No puedo salirme yo?   270
Sí; bien me puedo salir.
Pues, ¿cómo? ¡Que he de morir!
La voz me atemorizó.
Algún gran daño se infiere
de lo turbado que estoy.   275
No importa, ya estoy aquí
para el mal que me viniere.

(Sale el ALCAIDE con la sentencia.)

ALCAIDE

Yo solo tengo que entrar;
los demás pueden quedarse.
Enrico.

ENRICO

¿Qué [me] mandáis?   280

ALCAIDE

En los rigurosos trances
se echa de ver el valor;
agora podréis mostrarle.
Estad atento.

ENRICO

Decid.

ALCAIDE

(Aparte.)

Aun no ha mudado el semblante.   285
"En el pleito que es entre partes,
de la una, el promotor fiscal de Su
Majestad, ausente, y de la otra, reo
acusado, Enrico, por los delitos que tiene en el proceso por ser matador, faci-
neroso, incorregible y otras cosas. —
Vista, etc.—Fallamos que le debemos
de condenar y condenamos a que sea
sacado de la cárcel donde está, con
soga a la garganta y pregoneros delante que digan su delito, y sea llevado
a la plaza pública, donde estará una
horca de tres palos, alta del suelo, en
la cual será ahorcado naturalmente. Y
ninguna persona sea osada a quitalle
de ella sin nuestra licencia y mandado.
Y por esta sentencia definitiva juzgando, ansí lo pronunciamos y mandamos,
etcétera."

ENRICO

¡Que aquesto escuchando estoy!

ALCAIDE

¿Qué dices?

ENRICO

Mira, ignorante,
que eres opuesto muy flaco
a mis brazos arrogantes;
que si no, yo te hiciera...   290

ALCAIDE

Nada puede remediarse
con arrogancia, Enrico;
lo que aquí es más importante
es poneros bien con Dios.

ENRICO

¿Y vienes a predicarme   295
con leerme la sentencia?
Vive Dios, canalla infame,
que he de dar fin con vosotros.

ALCAIDE

El demonio que te aguarde.
(Vase.)

ENRICO

Ya estoy sentenciado a muerte;   300
ya mi vida miserable
tiene de plazo dos horas.
Voz que mi daño causaste,
¿no dijiste que mi vida
si me quedaba en la cárcel   305
sería cierta? ¡Triste suerte!
Con razón debo culparte,
pues en esta cárcel muero
cuando pudiera librarme.

(Sale un PORTERO.*)*

PORTERO

Dos padres de San Francisco   310
están para confesarte
aguardando afuera.

ENRICO

¡Bueno!
¡Por Dios que es gentil donaire!
¡Digan que se vuelvan luego
a su convento los frailes,   315
si no es que quieran saber
a lo que estos hierros saben.

PORTERO

Advierte que has de morir.

ENRICO

Moriré sin confesarme,
que no ha de pagar ninguno   320
las penas que yo pasare.

PORTERO

¿Qué más hiciera un gentil?

ENRICO

Esto que le he dicho baste;
que, por Dios, si me amohino,
que ha de llevar las señales   325
de la cadena en el cuerpo.

PORTERO

No aguardo más.
(Vase.)

ENRICO

Muy bien hace.
¿Qué cuenta daré yo a Dios
de mi vida, ya que el trance

último llega de mí?   330
¿Yo tengo de confesarme?
Parece que es necedad.
¿Quién podrá ahora acordarse
de tantos pecados viejos?
¿Qué memoria habrá que baste   335
a recorrer las ofensas
que a Dios he hecho? Más vale
no tratar de aquestas cosas.
Dios es piadoso y es grande:
Su misericordia alabo;   340
con ella podré salvarme.

(*Sale* PEDRISCO.)

PEDRISCO

Advierte que has de morir,
y que ya aquestos dos padres
están de aguardar cansados.

ENRICO

¿Pues he dicho yo que aguarden? 345

PEDRISCO

¿No crees en Dios?

ENRICO

           Juro a Cristo
que pienso que he de enojarme,
y que en los padres y en ti
he de vengar mis pesares.
Demonios, ¿qué me queréis?   350

PEDRISCO

Antes pienso que son ángeles
los que esto a decirte vienen.

ENRICO

No acabes de amohinarme,
que, por Dios, que de una coz
te eche fuera de la cárcel.   355

PEDRISCO

Yo te agradezco el cuidado.

ENRICO

Vete fuera y no me canses.

PEDRISCO

Tú te vas, Enrico mío,
al infierno como un padre.
(*Vase.*)

ENRICO

Voz, que por mi mal te oí   360
en esa región del aire,
¿fuiste de algún enemigo
que así pretendió vengarse?
¿No dijiste que a mi vida
la importaba de la cárcel   365
no hacer ausencia? Pues di,
¿cómo quieren ya sacarme
a ajusticiar? Falsa fuiste;
pero yo también cobarde,
pues que me pude salir   370
y no dar venganza a nadie.
Sombra triste, qué piadosa
la verdad me aconsejaste,
vuelve otra vez, y verás
cómo con pecho arrogante   375
salgo a tu tremenda voz
de tantas oscuridades.
Gente suena; ya sin duda
se acerca mi fin.

(*Sale el padre de* ENRICO *y un*
PORTERO.)

PORTERO

           Habladle;
podrá ser que vuestras canas   380
muevan tan duro diamante.

ANARETO

Enrico, querido hijo,
puesto que en verte me aflijo
de tantos hierros cargado,
ver que pagues tu pecado   385
me da sumo regocijo.
¡Venturoso del que acá,
pagando sus culpas, va
con firme arrepentimiento,
que es pintado este tormento   390
si se compara al de allá!
La cama, Enrico, dejé,
y arrimado a este bordón
por quien me sustenta en pie,
vengo en aquesta ocasión.   395

ENRICO

¡Ay, padre!

ANARETO

           No sé,
Enrico, si aqueste nombre
será razón que me cuadre,
aunque mi rigor te asombre.

ENRICO

Eso, ¿es palabra de padre?   400

ANARETO

No es bien que padre me nombre
un hijo que no cree en Dios.

ENRICO

Padre mío, ¿eso decís?

ANARETO

No sois ya mi hijo vos,
pues que mi ley no seguís.   405
Solos estamos los dos.

ENRICO

No os entiendo.

ANARETO

                    ¡Enrico, Enrico!
A renderos me aplico
vuestro loco pensamiento,
siendo la muerte instrumento   410
que tan cierto os pronostico.
Hoy os han de ajusticiar,
¡y no os queréis confesar!
¡Buena cristiandad, por Dios!,
pues el mal es para vos   415
y para vos el pesar.
Aqueso es tomar venganza
de Dios; el poder alcanza
del impirio cielo eterno.
Enrico, ved que hay infierno   420
para tan larga esperanza.
Es el quererte vengar
de esa suerte, pelear
con un monte o una roca,
pues cuando el brazo le toca,   425
es para el brazo el pesar.
Es, con dañoso desvelo,
[escupir el hombre al cielo]
presumiendo darle enojos,
pues que le cae en los ojos   430
lo mismo que arroja al cielo.
Hoy has de morir; advierte
que ya está echada la suerte;
confiesa a Dios tus pecados,
y ansí, siendo perdonados,   435
será vida lo que es muerte.
Si quieres mi hijo ser,
lo que te digo has de hacer.
Si no (de pesar me aflijo),

ni te has de llamar mi hijo   440
ni yo te he de conocer.

ENRICO

Bueno está, padre querido;
que más el alma ha sentido
(buen testigo de ellos es Dios)
el pesar que tenéis vos,   445
que el mal que espero afligido.
Confieso, padre que erré;
pero yo confesaré
mis pecados, y después
besaré a todos los pies   450
para mostraros mi fe.
Basta que vos lo mandéis,
padre mío de mis ojos.

ANARETO

Pues ya mi hijo seréis.

ENRICO

No os quisiera dar enojos.   455

ANARETO

Vamos, por que os conféseis.

ENRICO

¡Oh, cuánto siento el dejaros!

ANARETO

¡Oh, cuánto siento el perderos!

ENRICO

¡Ay ojos! Espejos claros,
antes hermosos luceros,   460
pero ya de luz avaros.

ANARETO

Vamos, hijo.

ENRICO

                    A morir voy;
todo el valor he perdido.

ANARETO

Sin juicio y sin alma estoy.

ENRICO

Aguardad, padre querido.   465

ANARETO

¡Qué desdichado que soy!

ENRICO

Señor piadoso y eterno,
que en vuestro alcázar pisáis
cándidos montes de estrellas,
mi petición escuchad.   470
Yo he sido el hombre más malo
que la luz llegó a alcanzar
de este mundo, el que os ha hecho
más que arenas tiene el mar,
ofensas; mas, señor mío,   475
mayor es vuestra piedad.
Vos, por redimir el mundo,
por el pecado de Adán,
en una cruz os pusisteis:
pues merezca yo alcanzar   480
una gota solamente
de aquella sangre real.
Vos, Aurora de los cielos,
Vos, Virgen bella, que estáis
de paraninfos cercada,   485
y siempre amparo os llamáis
de todos los pecadores,
yo lo soy, por mí rogad.
Decidle que se le acuerde
a su Sacra Majestad   490
de cuando en aqueste mundo
empezó a peregrinar.
Acordalde los trabajos
que pasó en él por salvar
los que inocentes pagaron   495
por ajena voluntad.
Decidle que yo quisiera,
cuando comience a gozar
entendimiento y razón,
pasar mil muertes y más   500
antes que haberle ofendido.

ANARETO

Adentro priesa [me] dan.

ENRICO

¡Gran señor, misericordia!
No puedo deciros más.

ANARETO

¡Que esto llegue a ver un padre!   505

ENRICO

(Para sí.)
La enemiga he entendido ya

de la voz y de la sombra.
La voz era angelical,
y la sombra era el demonio.

ANARETO

Vamos, hijo.

ENRICO

              ¿Quién oirá   510
ese nombre que no haga
de sus dos ojos un mar?
No os apartéis, padre mío,
hasta que hayan de expirar
mis ojos.

ANARETO

          No hayas miedo.   515
Dios te dé favor.

ENRICO

                  Sí hará,
que es mar de misericordia,
aunque yo voy muerto ya.

ANARETO

Ten valor.

ENRICO

          En Dios confío.
Vamos, padre, donde están   520
los que han de quitarme el ser
que vos me pudisteis dar.

(Vanse y sale PAULO.)

PAULO

Cansado de correr vengo
por este monte intrincado;
atrás la gente he dejado   525
que a ajena costa mantengo.
   Al pie deste sauce verde
quiero un poco descansar,
por ver si acaso el pesar
de mi memoria se pierde.   530
   Tú, fuente, que murmurando
vas entre guijas corriendo,
en tu fugitivo estruendo
plantas y aves alegrando,
   dadme algún contento ahora,   535
infunde al alma alegría
con esa corriente fría
y con esa voz sonora.
Lisonjeros pajarillos

que no entendidos cantáis,   540
y holgazanes gorjeáis
entre juncos y tomillos,
dad con picos sonorosos
y con acentos süaves
gloria a mis pesares graves   545
y sucesos lastimosos.
En este verde tapete,
jironado de cristal,
quiero divertir mi mal
que mi triste fin promete.   550

(*Échase a dormir y sale el* PASTOR *con
la corona, deshaciéndola*.)

PASTOR

Selvas intrincadas,
verdes alamedas
a quien de esperanzas
adorna Amaltea;
fuentes que corréis,   555
murmurando apriesa
por menudas guijas,
por blandas arenas:
ya vuelvo otra vez
a mirar la selva,   560
a pisar los valles
que tanto me cuestan.
Yo soy el pastor
que en vuestras riberas
guardé un tiempo alegre   565
cándidas ovejas.
Sus blancos vellones
entre verdes felpas
jirones de plata
a los ojos eran.   570
Era yo envidiado,
por ser guarda buena,
de muchos zagales
que ocupan la selva;
y mi mayoral,   575
que en ajena tierra
vive, me tenía
voluntad inmensa,
porque le llevaba,
cuando quería verlas,   580
las ovejas blancas
como nieve en pellas.
Pero desde el día
que una, la más buena,
huyó del rebaño,   585
lágrimas me anegan.
Mis contentos todos
convertí en tristezas,
mis placeres vivos
en memorias muertas.   590

Cantaba en los valles
canciones y letras;
mas ya en triste llanto
funestas endechas.
Por tenerla amor,   595
en esta floresta
aquesta guirnalda
comencé a tejerla.
Mas no la gozó,
que engañada y necia   600
dejó a quien la amaba
con mayor firmeza.
Y pues no la quiso,
fuerza es que ya vuelva,
por venganza justa,   605
hoy a deshacerla.

PAULO

Pastor, que otra vez
te vi en esta sierra,
si no muy alegre,
no con tal tristeza,   610
el verte me admira.

PASTOR

¡Ay perdida oveja!
¡De qué gloria huyes
y a qué mal te allegas!

PAULO

¿No es esa guirnalda   615
la que en las florestas
entonces tejías
con gran diligencia?

PASTOR

Esta misma es;
mas la oveja, necia,   620
no quiere volver
al bien que le espera,
y ansí la deshago.

PAULO

Si acaso volviera,
zagalejo amigo   625
¿no la recibieras?

PASTOR

Enojado estoy,
mas la gran clemencia
de mi mayoral
dice que aunque vuelven,   630

si antes fueron blancas,
al rebaño negras,
que las dé mis brazos
y, sin extrañeza,
requiebros las diga   635
y palabras tiernas.

PAULO

Pues es superior,
fuerza es que obedezcas.

PASTOR

Yo obedeceré;
pero no quiere ella   640
volver a mis voces,
en sus vicios ciega.
Ya de aquestos montes
en las altas peñas
la llamé con silbos   645
y avisé con señas.
Ya por los jarales,
por incultas selvas,
la anduve a buscar:
¡qué de ello me cuesta!   650
Ya traigo las plantas
de jaras diversas
y agudos espinos
rotas y sangrientas.
No puedo hacer más.   655

PAULO

En lágrimas tiernas
baña el pastorcillo
las mejillas bellas.
Pues te desconoce,
olvídate de ella   660
y no llores más.

PASTOR

Que lo haga es fuerza.
Volved bellas flores,
a cubrir la tierra,
pues que no fue digna   665
de vuestra belleza.
Veamos si allá,
con la tierra nueva
la pondrán guirnalda
tan rica y tan bella.   670
Quedaos, montes míos,
desiertos y selvas;
adiós, porque voy
con la triste nueva
a mi mayoral;   675

y cuando lo sepa
(aunque ya lo sabe)
sentirá su mengua,
no la ofensa suya,
aunque es tanta ofensa.   680
Lleno voy a verle
de miedo y vergüenza:
lo que ha de decirme
fuerza es que lo sienta.
Diráme: "Zagal,   685
¿ansí las ovejas
que yo os encomiendo
guardáis?" ¡Triste pena!
Yo responderé...
No hallaré respuesta,   690
si no es que mi llanto
la respuesta sea.
(Vase.)

PAULO

La historia parece
de mi vida aquesta.
De este pastorcillo   695
no sé lo que sienta;
que tales palabras
fuerza es que prometan
oscuras enigmas...
Mas, ¿qué luz es ésta   700
que a la luz del sol
sus rayos se afrentan?

(Con la música suben dos ángeles el
alma de ENRICO por una apariencia, y
prosigue PAULO.)

Música celeste
en los aires suena.
y, a lo que diviso,   705
dos ángeles llevan
una alma gloriosa
a la excelsa esfera.
¡Dichosa mil veces,
alma, pues hoy llegas   710
donde tus trabajos
fin alegre tengan!
    Grutas y plantas agrestes,
a quien el hielo corrompe,
¿no veis cómo el cielo rompe 715
ya sus cortinas celestes?
    Ya rompiendo densas nubes
y esos transparentes velos,
alma, a gozar de los cielos
feliz y gloriosa subes.   720
    Ya vas a gozar la palma
que la ventura te ofrece:

¡triste del que no merece
lo que tú mereces, alma!

(*Sale* GALVÁN.)

GALVÁN

Advierte, Paulo famoso,   725
que por el monte ha bajado
un escuadrón concertado.
de gente y armas copioso,
que viene sólo a prendernos.
Si no pretender morir,   730
solamente, Paulo, huir
es lo que puede valernos.

PAULO

¿Escuadrón viene?

GALVÁN

Esto es cierto:
ya se divisa la hilera
con su caja y su bandera.   735
No escapas de preso o muerto
si aguardas.

PAULO

¿Quién la ha traído?

GALVÁN

Villanos, si no me engaño
(como hacemos tanto daño
en este monte escondido)   740
de aldeas circunvecinas
se han juntado...

PAULO

Pues matallos.

GALVÁN

¡Qué! ¿Te animas a esperallos?

PAULO

Mal quién es Paulo imaginas.

GALVÁN

Nuestros peligros son llanos.   745

PAULO

Sí, pero advierto también
que basta un hombre de bien
para cuatro mil villanos.

GALVÁN

Ya tocan. ¿No lo oyes?

PAULO

Cierra,
y no receles el daño,   750
que antes que fuese ermitaño
supe también qué era guerra.

(*Salen los labradores que pudieren, con
armas y un* JUEZ.)

JUEZ

Hoy pagaréis las maldades
que en este monte habéis hecho.

PAULO

En ira se abrasa el pecho.   755
Soy Enrico en las crueldades.

(*Éntralos acuchillando y sale* GALVÁN
*por otra puerta, huyendo, y tras él,
muchos* VILLANOS.)

VILLANO 1º

Ea, ladrones, rendíos.

GALVÁN

Mejor nos está el morir...;
mas yo presumo huir,
que para eso tengo bríos.   760

(*Vanse, y dice dentro* PAULO.)

PAULO

Con las flechas me acosáis,
y con ventaja reñís
más de doscientos venís
para veinte que buscáis.

JUEZ

Por el monte va corriendo.   765

(*Baja* PAULO *por el monte, rodando,
lleno de sangre.*)

PAULO

Ya no bastan pies ni manos;
muerte me han dado villanos;
de mi cobardía me ofendo.
Volveré a darles la muerte...
Pero no puedo, ¡ay de mí!,   770
el cielo, a quien ofendí,
se venga de aquella suerte.

(Sale PEDRISCO.)

PEDRISCO

Como en las culpas de Enrico
no me hallaron culpado,
luego que públicamente   775
los jueces le ajusticiaron,
me echaron la puerta afuera,
y vengo al monte.—¿Qué aguardo?
¡Qué miro! La selva y monte
anda todo alborotado,   780
las espadas en las manos.
Allí dos villanos corren,
las espadas en las manos.
Allí va herido Fineo,
y allí huyen Celio y Fabio,   785
y aquí, que es grande ventura,
tendido está el fuerte Paulo.

PAULO

¿Volvéis, villanos, volvéis?
La espada tengo en la mano;
no estoy muerto, vivo estoy,   790
aunque ya de aliento falto.

PEDRISCO

Pedrisco soy, Paulo mío

PAULO

Pedrisco, llega a mis brazos.

PEDRISCO

¿Cómo estás ansí?

PAULO

                    ¡Ay de mí!
Muerte me han dado villanos.   795
Pero ya que estoy muriendo,
saber de ti, amigo, aguardo
qué hay del suceso de Enrico.

PEDRISCO

En la plaza le ahorcaron
de Nápoles.

PAULO

            Pues ansí,   800
¿quién duda que condenado
estará al infierno ya?

PEDRISCO

Mira lo que dices, Paulo;
que murió cristianamente,

confesado y comulgado   805
y abrazado con un Cristo,
en cuya vista enclavados
los ojos, pidió perdón
y misericordia, dando
tierno llanto a sus mejillas   810
y a los presentes espanto.
Fuera de aqueso, en muriendo
resonó en los aires claros
una música divina;
y para mayor milagro   815
y evidencia más notoria,
dos paraninfos alados
se vieron patentemente
que llevaban entre ambos
el alma de Enrico al cielo.   820

PAULO

¡A Enrico, el hombre más malo
que crió naturaleza!

PEDRISCO

¿De aquesto te espantas, Paulo,
cuando es tan piadoso Dios?

PAULO

Pedrisco, eso ha sido engaño: 825
otra alma fue la que vieron,
no la de Enrico.

PEDRISCO

                ¡Dios santo,
reducidle vos!

PAULO

Yo muero.

PEDRISCO

Mira que Enrico gozando
está de Dios; pide a Dios   830
perdón.

PAULO

        ¿Y cómo ha de darlo
a un hombre que le ha ofendido
como yo?

PEDRISCO

        ¿Qué estás dudando?
¿No perdonó a Enrico?

PAULO

Dios

es piadoso...

PEDRISCO

Es muy claro.   835

PAULO

Pero no con tales hombres.
Ya muero, llega tus brazos.

PEDRISCO

Procura tener su fin.

PAULO

Esa palabra me ha dado
Dios; si Enrico se salvó,   840
también yo salvarme aguardo.
(*Muere.*)

PEDRISCO

Lleno el cuerpo de lanzadas,
quedó muerto el desdichado.
Las suertes fueron trocadas.
Enrico, con ser tan malo,   845
se salvó, y éste al infierno
se fue por desconfiado.
[Cubriré] el cuerpo infeliz,
cortando a estos sauces ramos.
Mas, ¿qué gente es la que viene?   850

(*Salen los* VILLANOS.)

JUEZ

Si el capitán se ha escapado,
poca diligencia ha sido.

VILLANO 1º

Yo le vi caer rodando,
pasado de mil saetas,
de los altivos peñascos.   55

JUEZ

Un hombre está aquí.

PEDRISCO

¡Ay, Pedrisco desdichado!
Esta vez te dan carena.

VILLANO 1º

Este es criado de Paulo,
y cómplice en sus delitos   860

GALVÁN

Tú mientes como villano,
que sólo lo fui de Enrico,
que de Dios está gozando.

PEDRISCO

Y yo, Galván.

(*Aparte a* GALVÁN.)

Galvanito, hermano,   865
no me descubras aquí,
por amor de Dios.

JUEZ

Si acaso
me dices dónde se esconde
el capitán que buscamos,
yo te daré libertad;   870
habla.

PEDRISCO

Buscarle es en vano
cuando es muerto.

JUEZ

¿Cómo muerto?

PEDRISCO

De varias flechas y dardos
pasado le hallé, señor,
con la muerte agonizando   875
en aqueste mismo sitio.

JUEZ

¿Y dónde está?

PEDRISCO

Entre aquestos ramos.
le metí.

(*Descúbrese fuego y* PAULO *lleno
de llamas.*)

PAULO

Mas, ¡qué visión
es causa de tanto espanto!
Si a Paulo buscando vais,   880
bien podéis ya ver a Paulo
ceñido el cuerpo de fuego
y de culebras cercado.
No doy la culpa a ninguno
de los tormentos que paso: 885

sólo a mí me doy la culpa,
pues fui causa de mi daño.
Pedí a Dios que me dijese
el fin que tendría, en llegando
de mi vida el postrer día;　　890
ofendile, caso es llano;
y como la ofensa vio
de las almas el contrario,
incitóme con querer
perseguirme con engaños.　　895
Forma de un ángel tomó,
y engañóme; que a ser sabio,
con su engaño me salvara;
pero fui desconfiado
de la gran piedad de Dios,　　900
que hoy a su juicio llegando,
me dijo: "Baja, maldito
de mi padre, al centro airado
de los oscuros abismos,
adonde has de estar penando."　　905
¡Malditos mis padres sean
mil veces, pues me engendraron!
¡Y yo también sea maldito,
pues que fui desconfiado!

(Húndese por el tablado y sale fuego.)

JUEZ

Misterios son del Señor.　　910

GALVÁN

¡Pobre y desdichado Paulo!

PEDRISCO

¡Y venturoso de Enrico,
que de Dios está gozando!

JUEZ

Por que toméis escarmiento,
no pretendo castigaros;　　915
libertad doy a los dos.

PEDRISCO

Vivas infinitos años,
hermano Galván, pues ya
de ésta nos hemos librado;
¿qué piensas hacer desde hoy?　　920

GALVÁN

Desde hoy pienso ser un santo,

PEDRISCO

Mirando estoy con los ojos
que no haréis muchos milagros.

GALVÁN

Esperanza en Dios.

PEDRISCO

　　　　Amigo,　　925
quien fuere desconfiado
mire el ejemplo presente.

JUEZ

No más: a Nápoles vamos
a contar este suceso.

PEDRISCO

Y por que éste es tan arduo　　930
y difícil de creer,
siendo verdadero el caso,
vaya el que fuese curioso
(porque sin ser escribano
dé fe de ello) a Belarmino;　　935
y si no, más dilatado,
en vida de los Padres
podrá fácilmente hallarlo.
Y con aquesto da fin
El Mayor Desconfiado,　　940
y pena y gloria trocadas.
El cielo os guarde mil años.

FIN DE
"EL CONDENADO POR DESCONFIADO"

EL BURLADOR DE SEVILLA

EL BURLADOR DE SEVILLA

Hoy nadie se atreve a discutir la paternidad de "El Burlador de Sevilla" a Tirso de Molina, y la primera edición conocida, fechada en 1630 en Barcelona, si no está totalmente de acuerdo con el autógrafo del autor, pues los originales se alteraban siempre en aquellas épocas, sin embargo el texto tiene solamente alguna laguna y pocos errores, y los descuidos que en ella se encuentran obedecen a la precipitación con que fue escrita. Una segunda edición se imprimió en Madrid en 1645 y una tercera fue hecha en Toledo en 1677 y todas ellas a nombre del maestro Tirso de Molina. Y dice Cotarelo que en el siglo XVIII se reimprimió la obra, por lo menos cinco veces, sin que en ninguno de los casos se dudase del autor.

En la comedia se dramatiza una vieja leyenda que siendo internacional es esencialmente española, la del mancebo que convida a cenar a una calavera o a una estatua. En el Romancero español se encuentran muchas variantes a la leyenda, que en la actualidad se conserva todavía, pues doña Blanca de los Ríos la oyó en la provincia de Segovia y en sus "Obras dramáticas completas de Tirso de Molina" incluye el romance que empieza en la forma siguiente:

Un día muy señalado
y se vino a arrodillar
tirándole de la barba.
"¡Oh buen viejo venerable
que con estas mismas manos
para la noche que viene

fue un caballero a la iglesia
junto a un difunto de piedra
estas palabras dijera:
quién algún día os dijera
tentara a tu barba mengua!
yo te convido a una cena."

Pero en "El Burlador de Sevilla" Tirso de Molina se aleja mucho de los romances, pues lo esencial de la obra es su aspecto teológico, ya que el protagonista está recibiendo constantes advertencias del mal fin que tendrán sus actos. Pero si en la obra no hubiese habido otra cosa que un problema de Teología moral, no habría llegado a traspasar las fronteras. Don Juan es una figura muy compleja; cree en Dios, pero le domina un terrible impulso vital; sin embargo no es una simple encarnación del mal, pues muestra condiciones magníficas:

TISBEA. ¡Mancebo excelente,
gallardo, noble, galán!

dice la pescadora porque acaba de arriesgar la vida para salvar a su criado. Tiene virtudes este personaje inmoral, que puede representar una crítica de la nobleza de la época, y en general una crítica social que eleva la comedia a una categoría bien alta. En ella nos ofrece una vertiginosa sucesión de cuadros muy de acuerdo con la espiritualidad del personaje, pero que al mismo tiempo tiene perfecta unidad; y ese misterio que se desprende de la figura del héroe, tan compleja, tan difícil, tan valiosa, nos produce una gran inquietud; porque no todo es negativo en la actuación del personaje, que significa una mezcla asombrosa de bien y de mal. No duda de la existencia de Dios ni de su justicia, pero la muerte está lejana y habrá tiempo para arrepentirse "¡Qué largo me lo fiais!" Es el personaje más extraordinario del teatro español y así se comprueba por la resonancia que tuvo a través de las literaturas europeas y la rapidez con que se difundió y se imitó, no sólo en España sino en el resto de Europa y en América, siendo curioso el hecho de que primero pasó a las Indias, de allí a Italia, después a Francia y luego se hizo universal. Y se da el caso de que al desespañolizarse, degenera, y se hace ateo, hipócrita, cobarde; y se nos presenta arlequinesco en la versión italiana; trivial y realista en Molière; ateo y brutal en la versión inglesa; consecuente hasta morir blasfemo con Dumas y enamorado con Zorrilla.

Con el "Don Juan Tenorio" de Zorrilla vuelve el personaje a España, consiguiendo los mayores éxitos, y la razón de sus triunfos está en lo que quedaba en la obra de la creación de Tirso de Molina. Naturalmente que en pleno romanticismo el Don Juan de Zorrilla tiene que enamorarse, y este amor llevar a la salvación del protagonista; y no puede criticarse a Zorrilla por haber salvado a Don Juan del infierno; no es lo mismo un poeta romántico que un fraile teólogo, ni es lo mismo el siglo XVII que el siglo XIX. Pero "Don Juan Tenorio" de Zorrilla es tan teatral, tan grande, que había sobradas razones para que la obra volviese a ser inmortal, y que siga representándose todavía. Pero sin el Don Juan de Tirso de Molina, no hubiese existido el de Zorrilla, ni otro alguno de los que pueblan la Literatura universal, y en ninguna de las imitaciones tiene el personaje la grandiosidad que en "El Burlador de Sevilla"; su universalidad puede ser comparada en la Literatura moderna con Don Quijote, Hamlet y Fausto. Puede esta figura ser considerada como un símbolo, pues tiene de los símbolos el prestigio sobrenatural y tiene de los hombres la pasión y el pecado; no es un galán de los muchos que abundan en el teatro clásico; tiene tanto de real como de sobrenatural, y ofrece tantos vicios como virtudes, en una complejidad espiritual que asombra.

Parece que durante la estancia en Sevilla, adonde fuera Tirso de Molina para embarcarse al marchar a Santo Domingo, concibió el personaje de Don Juan; conocía bien a las gentes de aquella ciudad y los lugares que frecuentaban, siendo la época en que el fraile de la Merced vivió en Sevilla, el momento más espléndido de la ciudad; y el dramaturgo se aprovechó bien de aquella capital llena de historia y rebosante de arte; y en muchas de sus comedias hace referencia a la bella ciudad, recordando sus calles, sus monumentos, el puerto, y sacando de todo ello valiosas enseñanzas. Tenía que ser Sevilla la cuna de tan extraordinaria creación: "Aquella Sevilla del Renacimiento, emporio del comercio internacional, cosmópolis tumultuosa, verdadera capital de la España de dos mundos, depósito del oro de las Indias, corte del ocio, del lujo y del amor, ancho asilo de aventureros y de pícaros", como la califica doña Blanca de los Ríos. Es evidente que pertenece a Tirso de Molina la descripción de Sevilla que aparece en "¿Tan largo me lo fiais?" de 1616, comedia que para doña Blanca de los Ríos es la primera versión de Don Juan, aunque don Américo Castro asegure que es una refundición de "El Burlador de Sevilla"

Muestra siempre Tirso de Molina que no le atrae el aspecto rufianesco que la ciudad del Guadalquivir ofrece también, aun cuando lo incorpore a sus comedias si así le conviene como sucede en el mismo "Burlador de Sevilla"; pero nunca se recreó en él como lo hizo Lope de Vega en sus comedias de "malas costumbres", que así las llamó Menéndez Pelayo. Pero, de hecho, ningún ambiente más propicio que aquella ciudad para crear a Don Juan. No se sabe si conoció Tirso de Molina las aventuras achacadas a don Pedro Téllez Girón, marqués de Peñafiel, primogénito de Don Juan, el segundo duque de Osuna, que crearon un "mito" y una "leyenda" que fueron recogidos años después de su muerte por don Cristóbal de Monroy y Silva en su comedia titulada "Las mocedades del Duque de Osuna"; pero si conoció Tirso de Molina esta leyenda, bien pudo servirle de antecedente al Don Juan.

Era el momento en que el fraile mercedario se hallaba en la cumbre de su potencia creadora; tenía 33 años, era Lector y Predicador; había terminado sus estudios de Arte y Teología, llena su mente de los grandes poetas griegos y latinos, dominando los valores de los religiosos destacados, no podía dejar de hacer alguna creación definitiva y la hizo en aquella Sevilla llena de embrujo, como había hecho en otras comedias: Castilla en "La Prudencia en la Mujer", Extremadura en "La Trilogía de los Pizarro" y en tantas otras ocasiones. Ya llevaba Tirso de Molina en la mente el personaje de Don Juan, como la muestra en alguna otra de sus comedias, y en Sevilla cuajó plenamente, llevando el propósito de hacer de la obra un verdadero ejemplo cristiano, pues si crea un símbolo de maldad y rebeldía es para mostrar la justicia divina, el escarmiento del pecador y del rebelde, resultando la obra una profunda lección de moral cristiana.

No puede negarse que "El Burlador de Sevilla" está escrito rápidamente, sin importar a su autor tanto la forma como la creación del personaje; no son los diálogos tan perfectos como los que el dramaturgo sabe hacer, ni le interesó incorporar el lirismo, ni complicar las situaciones poniendo todo su empeño en la creación del protagonista, que responde a la rapidez de las escenas tan censuradas por la crítica, pero que armonizan perfectamente con la personalidad de Don Juan.

EL BURLADOR DE SEVILLA

COMEDIA FAMOSA DEL MAESTRO

TIRSO DE MOLINA

REPRESENTÓLA ROQUE DE FIGUEROA

HABLAN EN ELLA LAS PERSONAS SIGUIENTES:

DON DIEGO TENORIO, *viejo.*
DON JUAN TENORIO, *su hijo.*
CATALINÓN, *lacayo.*
EL REY DE NÁPOLES.
EL DUQUE OCTAVIO.
DON PEDRO TENORIO.
EL MARQUÉS DE LA MOTA.
DON GONZALO DE ULLOA.
EL REY DE CASTILLA
DOÑA ANA DE ULLOA.

FABIO, *criado.*
ISABELA, *duquesa.*
TISBEA, *pescadora.*
BELISA, *villana.*
ANFRISO, *pescador.*
CORIDÓN, *pescador.*
GASENO, *labrador.*
BATRICIO, *labrador.*
RIPIO, *criado.*
AMINTA, *villana.*

clases sociales
    concepto de la honra
    concepto de la mujer

Isabela 151-157
Tisbea 157-166
Ana 167-179
Aminta 179 +

funcion de la ironía dramática — re-creación de las primeras escenas

JORNADA PRIMERA

Salen DON JUAN TENORIO *y* ISABELA, *duquesa.*

ISABELA

Duque Octavio, por aquí
podrás salir más seguro.

DON JUAN

Duquesa, de nuevo os juro
de cumplir el dulce sí.

ISABELA

¿Mis glorias serán verdades,   5
promesas y ofrecimientos,
regalos y cumplimientos,
voluntades y amistades?

DON JUAN

Sí, mi bien.

ISABELA

Quiero sacar
una luz.   10

DON JUAN

Pues ¿para qué?

ISABELA

Para que el alma dé fe
del bien que llego a gozar.

DON JUAN

Mataréte la luz yo.

ISABELA

¡Ah, cielo! ¿Quién eres, hombre?

DON JUAN

¿Quién soy? Un hombre sin nombre. 15

ISABELA

¿Que no eres el duque?

DON JUAN

No.

ISABELA

¡Ah, de palacio!

DON JUAN

Detente:
dame, duquesa, la mano.

ISABELA

No me detengas, villano.
¡Ay, del rey! ¡Soldados, gente!   20

Sale el REY DE NÁPOLES *con una vela
en un candelero.*

REY

¿Qué es esto?

ISABELA

(Aparte.)
¡El rey! ¡Ay, triste!

REY

¿Quién eres?

DON JUAN

¿Quién ha de ser?
Un hombre y una mujer.

REY

(Aparte.)

Esto en prudencia consiste.
¡Ah, de mi guarda! Prendé   25
a este hombre.

ISABELA

¡Ay, perdido honor!
(Vase ISABELA.*)*

Salen DON PEDRO TENORIO, *embajador
de España, y* GUARDA.

DON PEDRO

¡En tu cuarto, gran señor,
voces! ¿Quién la causa fue?

REY

Don Pedro Tenorio, a vos
esta prisión os encargo.   30
Siendo corto, andad vos largo;
mirad quién son estos dos.
Y con secreto ha de ser,
que algún mal suceso creo,
porque si yo aquí lo veo   35
no me queda más que ver.
                 (Vase.)

DON PEDRO

Prendelde.

DON JUAN

         ¿Quién ha de osar?
Bien puedo perder la vida;
mas ha de ir tan bien vendida,
que a alguno le ha de pesar.   40

DON PEDRO

¡Matalde!

DON JUAN

       ¿Quién os engaña?
Resuelto en morir estoy,
porque caballero soy
del embajador de España.
Llegue; que no solo ha de ser   45
quien me rinda.

DON PEDRO

         Apartad;
a ese cuarto os retirad
todos con esa mujer.   (Vanse.)
Ya estamos solos los dos;
muestra aquí tu esfuerzo y brío.   50

DON JUAN

Aunque tengo esfuerzo, tío,
no le tengo para vos.

DON PEDRO

¡Di quién eres!

DON JUAN

        Ya lo digo:
tu sobrino.

DON PEDRO
(Aparte.)

        ¡Ay, corazón,
que temo alguna traición!   55
¿Qué es lo que has hecho, enemigo?
¿Cómo estás en aquesa suerte?
Dime presto lo que ha sido.
¡Desobediente, atrevido!...
Estoy por darte la muerte.   60
Acaba.

DON JUAN

     Tío y señor:
mozo soy y mozo fuiste;
y pues que de amor supiste,
tenga disculpa mi amor.
Y, pues a decir me obligas   65
la verdad, oye y diréla:
yo engañé y gocé a Isabela
la duquesa...

DON PEDRO

        No prosigas,
tente. ¿Cómo la engañaste?
Habla quedo [o] cierra el labio.   70

DON JUAN

Fingí ser el duque Octavio...

DON PEDRO

No digas más, calla, basta.—
(Aparte.)
Perdido soy si el rey sabe
este caso. ¿Qué he de hacer?
Industria me ha de valer   75
en un negocio tan grave.—
Di, vil: ¿no bastó emprender
con ira y con fuerza extraña
tan gran traición en España
con otra noble mujer,   80
sino en Nápoles también
y en el palacio real,
con mujer tan principal?
¡Castíguete el cielo, amén!
Tu padre desde Castilla   85
a Nápoles te envió,
y en sus márgenes te dio
tierra la espumosa orilla
del mar de Italia, atendiendo
que el haberte recibido   90
pagaras agradecido,

¡y estás su honor ofendiendo,
y en tal principal mujer!
Pero en aquesta ocasión   95
nos daña la dilación;
mira qué quieres hacer.

DON JUAN

No quiero daros disculpa,
que la habré de dar siniestra.
Mi sangre es, señor, la vuestra;   100
sacalda, y pague la culpa.
A esos pies estoy rendido,
y ésta es mi espada, señor.

DON PEDRO

Alzate y muestra valor,
que esa humildad me ha vencido.   105
¿Atreveráste a bajar
por ese balcón?

DON JUAN

                Sí atrevo,
que alas en tu favor llevo.

DON PEDRO

Pues yo te quiero ayudar.
Vete a Sicilia o Milán,   110
donde vivas encubierto.

DON JUAN

Luego me iré.

DON PEDRO

            ¿Cierto?

DON JUAN

                    Cierto.

DON PEDRO

Mis cartas te avisarán
en qué para este suceso
triste, que causado has.

DON JUAN

        (Aparte.)

Para mí alegre, dirás.—   115
Que tuve culpa, confieso.

DON PEDRO

Esa mocedad te engaña.
Baja, pues, ese balcón.

DON JUAN

(Aparte.)

Con tan justa pretensión
gozoso me parto a España.   120

Vase DON JUAN y entra el REY.

DON PEDRO

Ejecutando, señor.
lo que mandó vuestra alteza,
el hombre...

REY

¿Murió?

DON PEDRO

        Escapóse
de las cuchillas soberbias.

REY

¿De qué forma?

DON PEDRO

            Desta forma: 125
Aun no lo mandaste apenas,
cuando, sin dar más disculpa,
la espada en la mano aprieta,
revuelve la capa al brazo,
y con gallarda presteza,   130
ofendiendo a los soldados
y buscando su defensa,
viendo vecina la muerte,
por el balcón de la huerta
se arroja desesperado.   135
Siguióle con diligencia
tu gente; cuando salieron
por esa vecina puerta
le hallaron agonizando
como enroscada culebra.   140
Levantóse, y al decir
los soldados: "¡muera, muera!",
bañado de sangre el rostro,
con tan heroica presteza
se fue, que quedé confuso.   145
La mujer, que es Isabela,
—que para admirarte nombro—
retirada en esa pieza,
dice que es el duque Octavio
que, con engaño y cautela,   150
la gozó.

REY

¿Qué dices?

DON PEDRO

Digo
lo que ella propia confiesa.

REY

(Aparte.)

¡Ah, pobre honor! Si eres alma
del [hombre], ¿por qué te dejan
en la mujer inconstante,   155
si es la misma ligereza?—
¡Hola!

Sale un CRIADO

CRIADO

¡Gran señor!

REY

Traed
delante de mi presencia
esa mujer.

DON PEDRO

Ya la guardia
viene, gran señor, con ella.   160

Trae la GUARDA a ISABELA.

ISABELA

(Aparte.)

¿Con qué ojos veré al rey?

REY

Idos, y guardad la puerta
de esa cuadra. —Di, mujer:
¿qué rigor, qué airada estrella
te incitó, que en mi palacio,   165
con hermosura y soberbia,
profanases sus umbrales?

ISABELA

Señor...

REY

Calla, que la lengua
no podrá dorar el yerro
que has cometido en mi ofensa.   170
¿Aquél era el duque Octavio?

ISABELA

Señor...

REY

¡Que no importan fuerzas,
guarda, criados, murallas,
fortalecidas almenas,
para amor, que la de un niño   175
hasta los muros penetra!
Don Pedro Tenorio: al punto
a esa mujer llevad presa
a una torre, y con secreto
haced que al duque le prendan,   180
que quiero hacer que le cumpla
la palabra o la promesa.

ISABELA

Gran señor, volvedme el rostro.

REY

Ofensa a mi espalda hecha
es justicia y es razón   185
castigalla a espaldas vueltas.

(Vase el REY.)

DON PEDRO

Vamos, duquesa.

ISABELA

Mi culpa
no hay disculpa que la venza;
mas no será el yerro tanto
si el duque Octavio lo enmienda.   190

Vanse y salen el DUQUE OCTAVIO y
RIPIO, su criado.

RIPIO

¿Tan de mañana, señor,
te levantas?

OCTAVIO

No hay sosiego
que pueda apagar el fuego
que enciende en mi alma amor.
Porque, como al fin es niño,   195
no apetece cama blanda,
entre regalada holanda,
cubierta de blanco armiño.
Acuéstase, no sosiega,
siempre quiere madrugar   200
por levantarse a jugar,
que, al fin, como niño, juega.
Pensamientos de Isabela
me tienen, amigo, en calma,
que como vive en el alma   205

anda el cuerpo siempre en pena,
  guardando ausente y presente
el castillo del honor.

RIPIO

Perdóname, que tu amor
es amor impertinente.   210

OCTAVIO

¿Qué dices, necio?

RIPIO

                        Esto digo:
impertinencia es amar
como amas; ¿quies escuchar?

OCTAVIO

Ea, prosigue.

RIPIO

            Ya prosigo.
¿Quiérete Isabela a ti?   215

OCTAVIO

¿Eso, necio, has de dudar?

RIPIO

No; mas quiero preguntar:
¿y tú, no la quieres?

OCTAVIO

                Sí.

RIPIO

  Pues ¿no seré majadero,
y de solar conocido,   220
si pierdo yo mi sentido
por quien me quiere y la quiero?
  Si ella a ti no te quisiera,
fuera bien el porfialla,
regalalla y adoralla,   225
y aguardar que se rindiera;
  mas si los dos os queréis
con una mesma igualdad,
dime: ¿hay más dificultad
de que luego os desposéis?   230

OCTAVIO

  Eso fuera, necio, a ser
de lacayo o lavandera
la boda.

RIPIO

  Pues, ¿es quienquiera
una lavandriz mujer,
lavando y fregatrizando,   235
defendiendo y ofendiendo,
los paños suyos tendiendo,
regalando y remendando?
  Dando dije, porque al dar
no hay cosa que se le iguale,   240
y si no a Isabela dale,
a ver si sabe tomar.

Sale un CRIADO.

CRIADO

  El embajador de España
en este punto se apea
en el zaguán, y desea,   245
con ira y fiereza extraña,
  hablarte, y si no entendí
yo mal, entiendo es prisión.

OCTAVIO

¡Prisión! Pues ¿por qué ocasión?
Decid que entre.

Entra DON PEDRO TENORIO, *con guardas.*

DON PEDRO

                Quien así   250
  con tanto descuido duerme,
limpia tiene la conciencia.

OCTAVIO

Cuando viene vuexcelencia
a honrarme y favorecerme
  no es justo que duerma yo;   255
velaré toda mi vida.
¿A qué y por qué es la venida?

DON PEDRO

Porque aquí el rey me envió.

OCTAVIO

  Si el rey, mi señor, se acuerda
de mí en aquesta ocasión,   260
será justicia y razón
que por él la vida pierda.
  Decidme, señor, ¿qué dicha
o qué estrella me ha guiado,
que de mí el rey se ha acordado?   265

DON PEDRO

Fue, duque, vuestra desdicha.
Embajador del rey soy;
dél os traigo una embajada.

OCTAVIO

Marqués, no me inquieta nada;
decid, que aguardando estoy.   270

DON PEDRO

A prenderos me ha enviado
el rey; no os alborotéis.

OCTAVIO

¡Vos por el rey me prendéis!
Pues ¿en qué he sido culpado?

DON PEDRO

Mejor lo sabéis que yo;   275
mas, por si acaso me engaño,
escuchad el desengaño,
y a lo que el rey me envió.
Cuando los negros gigantes,
plegando funestos toldos,   280
ya del crepúsculo huyen,
tropezando unos con otros,
estando yo con su alteza
tratando ciertos negocios
—porque antípodas del sol   285
son siempre los poderosos—,
voces de mujer oímos
cuyos ecos, menos roncos
por los artesones sacros,
nos repitieron "¡socorro!"   290
A las voces y al ruido
acudió, duque, el rey propio,
halló a Isabela en los brazos
de algún hombre poderoso;
mas quien al cielo se atreve,   295
sin duda es gigante o monstruo.
Mandó el rey que los prendiera;
quedé con el hombre solo;
llegué y quise desarmarlle;
pero pienso que el Demonio   300
en él tomó forma humana,
pues que, vuelto en humo y polvo,
se arrojó por los balcones,
entre los pies de esos olmos
que coronan, del palacio,   305
los chapiteles hermosos.
Hice prender la duquesa,
y en la presencia de todos
dice que es el duque Octavio

el que con mano de esposo   310
la gozó.

OCTAVIO

¿Qué dices?

DON PEDRO

Digo
lo que al mundo es ya notorio
y que tan claro se sabe:
que Isabela por mil modos...

OCTAVIO

Dejadme, no me digáis   315
tan gran traición de Isabela.
Mas si fue su [amor] cautela,
proseguid, ¿por qué calláis?
Mas si veneno me dais,
que a un firme corazón toca,   320
y así a decir me provoca,
que imita a la comadreja,
que concibe por la oreja
para parir por la boca.
¿Será verdad que Isabela,   325
alma, se olvidó de mí
para darme muerte? Sí,
que el bien suena y el mal vuela.
Ya el pecho nada recela
juzgando si son antojos;   330
que, por darme más enojos,
al entendimiento entró,
y por la oreja escuchó
lo que acreditan los ojos.
Señor marqués, ¿es posible   335
que Isabela me ha engañado,
y que mi amor ha burlado?
¡Parece cosa imposible!
¡Oh, mujer! ¡Ley tan terrible!
de honor, a quien me provoco   340
a emprender! Mas ya no toco
en tu honor esta cautela.
¿Anoche con Isabela
hombre en palacio?... Estoy loco.

DON PEDRO

Como es verdad que en los vientos   345
hay aves, en el mar peces,
que participan a veces
de todos cuatro elementos;
como en la gloria hay contentos,
lealtad en el buen amigo,   350
traición en el enemigo,
en la noche escuridad

y en el día claridad,
así es verdad lo que digo.

OCTAVIO

Marqués, yo os quiero creer.   355
Ya no hay cosa que me espante,
que la mujer más constante
es, en efeto, mujer.
No me queda más que ver,
pues es patente mi agravio.   360

DON PEDRO

Pues que sois prudente y sabio,
elegid el mejor medio.

OCTAVIO

Ausentarme es mi remedio.

DON PEDRO

Pues sea presto, duque Octavio.

OCTAVIO

Embarcarme quiero a España,   365
y darle a mis males fin.

DON PEDRO

Por la puerta del jardín,
duque, esta prisión se engaña.

OCTAVIO

¡Ah, veleta! ¡Débil caña!
A más furor me provoco,   370
y extrañas provincias toco
huyendo desta cautela.
¡Patria, adiós! ¿Con Isabela
hombre en palacio? ¡Estoy loco!

Vanse y sale TISBEA, *pescadora, con
una caña de pescar en la mano.*

TISBEA

Yo, de cuantas el mar—   375
pies de jazmín y rosa—
en sus riberas besa
con fugitivas olas,
sola de amor esenta,
como en ventura sola,   380
tirana me reservo
de sus prisiones locas,
aquí donde el sol pisa
soñolientas las ondas,
alegrando zafiros   385
las que espantaba sombras.

Por la menuda arena,
(unas veces aljófar
y átomos otras veces
del sol que así la adora),   390
oyendo de las aves
las quejas amorosas,
y los combates dulces
del agua entre las rocas;
ya con la sutil caña   395
que al débil peso dobla
del necio pececillo
que el mar salado azota;
o ya con la atarraya
(que en sus moradas hondas   400
preso cuantos habitan
aposentos de conchas),
segura me entretengo,
que en libertad se goza
el alma que amor áspid   405
no le ofende ponzoña.
En pequeñuelo esquife,
y en compañía de otras,
tal vez al mar le peino
la cabeza espumosa;   410
y cuando más perdidas
querellas de amor forman,
como de todo río,
envidia soy de todas.
Dichosa yo mil veces,   415
amor, pues me perdonas,
si ya, por ser humilde,
no desprecias mi choza!
Obeliscos de paja
mi edificio coronan,   420
nidos, si no hay cigarras,
a tortolillas locas.
Mi honor conservo en pajas,
como fruta sabrosa,
vidrio guardado en ellas   425
para que no se rompa.
De cuantos pescadores
con fuego Tarragona
de piratas defiende
en la argentada costa,   430
desprecio soy [y] encanto;
a sus suspiros, sorda;
a sus ruegos, terrible;
a sus promesas, roca.
Anfriso, a quien el cielo   435
con mano poderosa,
prodigio en cuerpo y alma,
dotó de gracias todas,
medido en las palabras,
liberal en las obras,   440
sufrido en los desdenes,

modesto en las congojas,
mis pajizos umbrales,
que heladas noches ronda,
a pesar de los tiempos,   445
las mañanas remoza;
pues con [los] ramos verdes
que de los olmos corta,
mis pajas amanecen
ceñidas de lisonjas.   450
Ya con vigüelas dulces
y sutiles zampoñas
músicas me consagra;
y todo no me importa,
porque en tirano imperio   455
vivo, de amor señora;
que hallo gusto en sus penas
y en sus infiernos gloria
Todas por él se mueren,
y yo, todas las horas: 460
le mato con desdenes:
de amor condición propia,
querer donde aborrecen,
despreciar donde adoran;
que si le alegran, muere,   465
y vive si le oprobian.
En tan alegre día
segura de lisonjas,
mis juveniles años
amor no los malogra;   470
que en edad tan florida,
amor, no es suerte poca
no ver entre estas redes
las tuyas amorosas.
Pero, necio discurso   475
que mi ejercicio estorbas,
en él no me diviertas
en cosa que no importa.
Quiero entregar la caña
al viento, y a la boca   480
del pececillo el cebo.
Pero al agua se arrojan
dos hombres de una nave,
antes que el mar la sorba,
que sobre al agua viene   485
y en un escollo aborda;
como hermoso pavón,
hace las velas cola,
adonde los pilotos
todos los ojos pongan.   490
Las olas va escarbando;
y ya su orgullo y pompa
casi la desvanece.
Agua un costado toma...
Hundióse y dejó el viento   495
la gavia, que la escoja

para morada suya,
que un loco en gavias mora.
    (*Dentro:* ¡Que me ahogo!)
Un hombre al otro aguarda
que dice que se ahoga.   500
¡Gallarda cortesía!
En los hombros le toma.
Anquises le hace Eneas,
si el mar está hecho Troya.
Ya, nadando, las aguas   505
con valentía corta,
y en la playa no veo
quien le ampare y socorra.
Daré voces. ¡Tirseo,
Anfriso, Alfredo, hola!   510
Pescadores me miran,
¡plega a Dios que me oigan!
Mas milagrosamente
ya tierra los dos toman:
sin aliento el que nada,   515
con vida el que le estorba.

Saca en brazos CATALINÓN *a* DON JUAN,
mojado.

CATALINÓN

¡Válgame la cananea,
y qué salado está el mar!
Aquí puede bien nadar
el que salvarse desea,   520
que allá dentro es desatino,
donde la muerte se fragua;
donde Dios juntó tanta agua,
no juntara tanto vino.
Agua salada: ¡estremada   525
cosa para quién no pesca!
Si es mala aun el agua fresca,
¿que será el agua salada?
¡Oh, quién hallará una fragua
de vino, aunque algo encendido!   530
Si del agua que he bebido
escapo yo, no más agua.
Desde hoy abernuncio della,
que la devoción me quita
tanto, que aun agua bendita   535
no pienso ver, por no vella.
¡Ah, señor! Helado y frío
está. ¿Si estará ya muerto?
Del mar fue este desconcierto;
y mío este desvarío.   540
¡Mal haya aquel que primero
pinos en la mar sembró,
y que sus rumbos midió
con quebradizo madero!
¡Maldito sea el vil sastre   545
que cosió el mar que dibuja

con astronómica aguja,
causa de tanto desastre!
¡Maldito sea Jasón,
y Tifis maldito sea!   550
Muerto está, no hay quien lo crea;
¡mísero Catalinón!
¿Qué he de hacer?

TISBEA

    Hombre, ¿qué tienes
en desventuras iguales?

CATALINÓN

Pescadora, muchos males,   555
y falta de muchos bienes.
Veo, por librarme a mí,
sin vida a mi señor. Mira
si es verdad.

TISBEA

   No, que aun respira.

CATALINÓN

¿Por dónde? ¿Por aquí?

TISBEA

     Sí;   560
pues ¿por dónde?

CATALINÓN

    Bien podía
respirar por otra parte.

TISBEA

Necio estás.

CATALINÓN

   Quiero besarte
las manos de nieve fría.

TISBEA

Vé a llamar los pescadores   565
que en aquella choza están.

CATALINÓN

Y si los llamo, ¿vendrán?

TISBEA

Vendrán presto. No lo ignores.
¿Quién es este caballero?

CATALINÓN

Es hijo aqueste señor   570
del camarero mayor
del rey, por quien ser espero
 antes de seis días conde
en Sevilla, donde va,
y adonde su alteza está,   575
si a mi amistad corresponde.

TISBEA

¿Cómo se llama?

CATALINÓN

    Don Juan
Tenorio.

TISBEA

  Llama mi gente.

CATALINÓN

Ya voy.

Coge en el regazo TISBEA *a* DON JUAN.

TISBEA

  . Mancebo excelente,
gallardo, noble y galán.   580
 Volved en vos, caballero.

DON JUAN

¿Dónde estoy?

TISBEA

   Ya podéis ver:
en brazos de una mujer.

DON JUAN

Vivo en vos, si en el mar muero.
 Ya perdí todo el recelo,   585
que me pudiera anegar,
pues del infierno del mar
salgo a vuestro claro cielo.
 Un espantoso huracán
dio con mi nave al través,   590
para arrojarme a esos pies
que abrigo y puerto me dan.
 Y en vuestro divino oriente
renazco, y no hay que espantar,
pues veis que hay de amar a mar   595
una letra solamente.

TISBEA READ

Muy grande aliento tenéis
para venir sin aliento,
y tras de tanto tormento
muy gran contentto ofrecéis.   600
Pero si es tormento el mar
y son sus ondas crueles,
la fuerza de los cordeles,
pienso que os hace hablar.
Sin duda que habéis bebido   605
del mar la oración pasada,
pues, por ser de agua salada,
con tan grande sal ha sido.
Mucho habláis cuando no habláis,
y cuando muerto venís   610
mucho al parecer sentís;
¡plega a Dios que no mintáis!
Parecéis caballo griego
que el mar a mis pies desagua,
pues venís formado de agua,   615
y estáis preñado de fuego.
Y si mojado abrasáis,
estando enjunto, ¿qué haréis?
Mucho fuego prometéis;
¡plega a Dios que no mintáis!   620

DON JUAN READ

A Dios, zagala, plugiera
que en el agua me anegara
para que cuerdo acabara
y loco en vos no muriera;
que el mar pudiera anegarme   625
entre sus olas de plata
que sus límites desata;
mas no pudiera abrasarme.
Gran parte del sol mostráis,
pues que el sol os da licencia,   630
pues sólo con la apariencia,
siendo de nieve abrasáis.

TISBEA READ

Por más helado que estáis,
tanto fuego en vos tenéis,
que en este mío os ardéis.   635
¡Plega a Dios que no mintáis!

Salen CATALINÓN, CORIDÓN y ANFRISO,
pescadores.

CATALINÓN

Ya vienen todos aquí.

TISBEA

Y ya está tu dueño vivo.

DON JUAN

Con tu presencia recibo
el aliento que perdí.   640

CORIDÓN

¿Qué nos mandas?

TISBEA

Coridón,
Anfriso, amigos...

CORIDÓN

Todos
buscamos por varios modos
esta dichosa ocasión.
Di que nos mandas, Tisbea,   645
que por labios de clavel
no lo habrás mandado a aquel
que idolatrarte desea,
apenas, cuando al momento,
sin cesar, en llano o sierra,   650
surque el mar, tale la tierra,
pise el fuego y pare el viento.

TISBEA

(Aparte.)

¡Oh, que mal me parecían
estas lisonjas ayer,
y hoy echo en ellas de ver   655
que sus labios no mentían!—
Estando, amigos, pescando
sobre este peñasco, vi
hundirse una nave allí,
y entre las olas nadando   660
dos hombres; y compasiva,
di voces, y nadie oyó;
y en tanta aflicción, llegó
libre de la furia esquiva
del mar, sin vida a la arena,   665
déste en los hombros cargado,
un hidalgo y[a] anegado,
y envuelta en tan triste pena
a llamaros envié.

ANFRISO

Pues aquí todos estamos,   670
manda que tu gusto hagamos,
lo que pensando no fue.

TISBEA

Que a mi choza los llevemos
quiero, donde, agradecidos,

reparemos sus vestidos,   675
y allí los regalaremos;
    que mi padre gusta mucho
desta debida piedad.

CATALINÓN

¡Estremada es su beldad!

DON JUAN

Escucha aparte.

CATALINÓN

        Ya escucho.   680

DON JUAN

Si te pregunta quién soy,
di que no sabes.

CATALINÓN

        ¡A mí...
quieres advertirme a mí
lo que he de hacer!

DON JUAN

        Muerto voy
por la hermosa pescadora.   685
Esta noche he de gozalla.

CATALINÓN

¿De qué suerte?

DON JUAN

        Ven y calla.

CORIDÓN

Anfriso: dentro de una hora
    los pescadores prevén
que canten y bailen.

ANFRISO

        Vamos,   690
y esta noche nos hagamos
rajas y palos también.

DON JUAN

Muerto soy.

TISBEA

        ¿Cómo, si andáis?

DON JUAN

Ando en pena, como veis.

TISBEA

Mucho habláis.

DON JUAN

        Mucho entendéis.   695

TISBEA

¡Plega a Dios que no mintáis!
                    (Vanse.

Salen DON GONZALO DE ULLOA y el REY
        DON ALFONSO DE CASTILLA

REY

    ¿Cómo os ha sucedido en la emba-
                                    [jada,
comendador mayor?

DON GONZALO

        Hallé en Lisboa
al rey don Juan, tu primo, previniendo
treinta naves de armada.

REY

        ¿Y para dónde? 700

DON GONZALO

Para Goa me dijo; mas yo entiendo
que a otra empresa más fácil apercibe.
A Ceuta o Tánger pienso que pretende
cercar este verano.

REY

        Dios le ayude,
y premie el celo de aumentar su gloria.
                                    [705
¿Qué es lo que concertasteis?

DON GONZALO

        Señor, pido
a Serpa y Mora, y Olivencia y Toro;
y por eso te vuelve a Villaverde,
al Almendral, a Mértola y Herrera
entre Castilla y Portugal.

REY

        Al punto 710
se firmen los conciertos, don Gonzalo
Mas decidme primero cómo ha ido

en el camino, que vendréis cansado
y alcanzado también.

DON GONZALO

   Para serviros
nunca, señor, me canso.

REY

     ¿Es buena tierra
       [715
Lisboa?

DON GONZALO

  La mayor ciudad de España;
y si mandas que diga lo que he visto
de lo exterior y célebre en un punto
en tu presencia te pondré un retrato.

REY

Yo gustaré de oíllo. Dadme silla. 720

DON GONZALO

Es Lisboa una otava maravilla.
 De las entrañas de España,
que son las tierras de Cuenca,
nace el caudaloso Tajo,
que media España atraviesa. 725
Entra en el mar Océano,
en las sagradas riberas
de esta ciudad, por la parte
del sur; mas antes que pierda
su curso y su claro nombre, 730
hace un puerto entre dos sierras,
donde están de todo el orbe
barcas, naves, carabelas.
Hay galeras y saetías
tantas, que desde la tierra 735
parece una gran ciudad
adonde Neptuno reina.
A la parte del poniente
guardan del puerto dos fuerzas
de *Cascaes* y *San Gian,* 740
las más fuertes de la tierra.
Está, desta gran ciudad,
poco más de media legua,
Belén, convento del santo
conocido por la piedra, 745
y por el león de guarda,
donde los reyes y reinas
católicos y cristianos
tienen sus casas perpetuas.
Luego esta máquina insigne, 750
desde Alcántara comienza

una gran legua a tenderse
al convento de Jabregas.
En medio está el valle hermoso
coronado de tres cuestas, 755
que quedara corto Apeles
cuando [pintarlas] quisiera;
porque, miradas de lejos,
parecen piñas de perlas
que están pendientes del cielo, 760
en cuya grandeza inmensa
se ven diez Romas cifradas
en conventos y en iglesias,
en edificios y calles,
en solares y encomiendas, 765
en las letras y en las armas,
en la justicia tan recta,
y en una *Misericordia*
que está honrando su ribera,
y pudiera honrar a España 770
y aun enseñar a tenerla.
 Y en lo que yo más alabo
desta máquina soberbia,
es que del mismo castillo
en distancia de seis leguas, 775
se ven sesenta lugares
que llega el mar a sus puertas,
uno de los cuales es
el convento de Odivelas,
en el cual vi por mis ojos 780
seiscientas y treinta celdas,
y entre monjas y beatas
pasan de mil y doscientas.
Tiene desde allí Lisboa,
en distancia muy pequeña, 785
mil y ciento y treinta quintas,
que en nuestra provincia Bética
llaman cortijos, y todas
con sus huertos y alamedas.
En medio de la ciudad 790
hay una plaza soberbia
que se llama del *Rucío,*
grande, hermosa y bien dispuesta,
que habrá cien años y aun más
que el mar bañaba su arena, 795
y ahora della a la mar
hay treinta mil casas hechas
que, perdiendo el mar su curso,
se tendió a partes diversas.
Tiene una calle que llaman 800
rua Nova o calle Nueva,
donde se cifra el Oriente
en grandezas y riquezas;
tanto, que el rey me contó
que hay un mercader en ella 805
que, por no poder contarlo,

mide el dinero a fanegas.
El terreno, donde tiene
Portugal su casa regia,
tiene infinitos navíos,   810
varados siempre en la tierra,
de sólo cebada y trigo
de Francia y Ingalaterra.
Pues el palacio real,
que el Tajo sus manos besa,   815
es edificio de Ulises,
que basta para grandeza,
de quien toma la ciudad
nombre en la latina lengua,
llamándose Ulisibona,   820
cuyas armas son la esfera,
por pedestal de las llagas
que en la batalla sangrienta
al rey don Alfonso Enríquez
dio la Majestad Inmensa.   825
Tiene en su gran tarazana
diversas naves, y entre ellas,
las naves de la conquista,
tan grandes, que de la tierra
miradas, juzgan los hombres   830
que tocan en las estrellas.
Y lo que desta ciudad
te cuento por excelencia
es, que estando sus vecinos
comiendo, desde las mesas   835
ven los copos del pescado
que junto a sus puertas pescan,
que, bullendo entre las redes,
vienen a entregarse por ellas;
y sobre todo, el llegar   840
cada tarde a su ribera
más de mil barcos cargados
de mercancías diversas,
y de sustento ordinario:
pan, aceite, vino y leña,   845
frutas de infinita suerte,
nieve de Sierra de Estrella
que por las calles a gritos,
puestas sobre las cabezas,
las venden. Mas, ¿qué me canso?   850
Porque es contar las estrellas
querer contar una parte
de la ciudad opulenta.
Ciento y treinta mil vecinos
tiene, gran señor, por cuenta,   855
y por no cansarte más,
un rey que tus manos besa.

REY

Mas estimo, don Gonzalo,
escuchar de vuestra lengua

esa relación sucinta,   860
que haber visto su grandeza.
¿Tenéis hijos?

DON GONZALO

Gran señor,
una hija hermosa y bella,
en cuyo rostro divino
se esmeró naturaleza.   865

REY

Pues yo os la quiero casar
de mi mano.

DON GONZALO

Como sea
tu gusto, digo, señor,
que yo lo acepto por ella.
Pero ¿quién es el esposo?   870

REY

Aunque no está en esta tierra,
es de Sevilla, y se llama
don Juan Tenorio.

DON GONZALO

Las nuevas
voy a llevar a doña Ana.
. . . .

REY

Id en buen hora, y volved,   875
Gonzalo, con la respuesta.

Vanse y salen DON JUAN TENORIO
y CATALINÓN.

DON JUAN

Esas dos yeguas prevén,
pues acomodadas son.

CATALINÓN

Aunque soy Catalinón,
soy, señor, hombre de bien;   880
que no se dijo por mí:
"Catalinón es el hombre";
que sabes que aquese nombre
me asienta al revés a mí.

DON JUAN

Mientras que los pescadores   885
van de regocijo y fiesta,
tú las dos yeguas apresta,
que de sus pies voladores
sólo nuestro engaño fío.

CATALINÓN

Al fin ¿pretendes gozar   890
a Tisbea?

DON JUAN

      Si burlar
es hábito antiguo mío,
   ¿qué me preguntas, sabiendo
mi condición?

CATALINÓN

          Ya sé que eres
castigo de las mujeres.   895

DON JUAN

Por Tisbea estoy muriendo,
que es buena moza.

CATALINÓN

              ¡Buen pago
a su hospedaje deseas!

DON JUAN

Necio, lo mismo hizo Eneas
con la reina de Cartago.   900

CATALINÓN

   Los que fingís y engañáis
las mujeres de esa suerte
lo pagaréis con la muerte.

DON JUAN

¡Qué largo me lo fiáis!
   Catalinón con razón   905
te llaman.

CATALINÓN

      Tus pareceres
sigue, que en burlar mujeres
quiero ser Catalinón.
   Ya viene la desdichada.

DON JUAN

Vete, y las yeguas prevén.   910

CATALINÓN

¡Pobre mujer! Harto bien
te pagamos la posada.

(*Vase* CATALINÓN *y sale* TISBEA.)

TISBEA

El rato que sin ti estoy
estoy ajena de mí.

DON JUAN

Por lo que finges ansí,   915
ningún crédito te doy.

TISBEA

   ¿Por qué?

DON JUAN

          Porque, si me amaras,
mi alma favorecieras.

TISBEA

Tuya soy.

DON JUAN

      Pues di, ¿qué esperas
o en qué, señora, reparas?   920

TISBEA

   Reparo en que fue castigo
de amor el que he hallado en ti.

DON JUAN

Si vivo, mi bien, en ti
a cualquier cosa me obligo.
Aunque yo sepa perder   925
en tu servicio la vida,
la diera por bien perdida,
y te prometo de ser
tu esposo.

TISBEA

      Soy desigual
a tu ser.   930

DON JUAN

      Amor es rey
que iguala con justa ley
la seda con el sayal.

TISBEA

   Casi te quiero creer;
mas sois los hombres traidores.   935

DON JUAN

¿Posible es, mi bien, que ignores
mi amoroso proceder?

Hoy prendes con tus cabellos
mi alma.

TISBEA

Yo a ti me allano
bajo la palabra y mano   940
de esposo.

DON JUAN

Juro, ojos bellos,
que mirando me matáis,
de ser vuestro esposo.

TISBEA

Advierte,
mi bien, que hay Dios y que hay muer-
[te.

DON JUAN

¡Qué largo me lo fiáis!
Y mientras Dios me dé vida,   945
yo vuestro esclavo seré.
Esta es mi mano y mi fe.

TISBEA

No seré en pagarte esquiva.

DON JUAN

Ya en mí mismo no sosiego.

TISBEA

Ven, y será la cabaña   950
del amor que me acompaña
tálamo de nuestro fuego.
Entre estas cañas te esconde
hasta que tenga lugar.

DON JUAN

¿Por dónde tengo de entrar?   955

TISBEA

Ven y te diré por dónde.

DON JUAN

Gloria al alma, mi bien, dais.

TISBEA

Esa voluntad te oblige,
y si no, Dios te castigue.

DON JUAN

¡Qué largo me lo fiáis!   960

(Vanse y salen CORIDÓN, ANFRISO,
BELISA y MÚSICOS.)

CORIDÓN

Ea, llamad a Tisbea,
y los zagales llamad
para que en la soledad
el huésped la corte vea.

ANFRISO

¡Tisbea, Usindra, Atandria!   965
No vi vi cosa más crüel.
¡Triste y mísero de aquel
que [en] su fuego es salamandria!
Antes que el baile empecemos
a Tisbea prevengamos.   970

BELISA

Vamos a llamarla.

CORIDÓN

Vamos.

BELISA

A su cabaña lleguemos.

CORIDÓN

¿No ves que estará ocupada
con los huéspedes dichosos,
de quien hay mil envidiosos?   975

ANFRISO

Siempre es Tisbea envidiada.

BELISA

Cantad algo mientras viene,
porque queremos bailar.

ANFRISO

¿Cómo podrá descansar
cuidado que celos tiene?   980
(Cantan.)
A pescar salió la niña
tendiendo redes;
y, en lugar de peces,
las almas prende.

(Sale TISBEA.)

TISBEA

¡Fuego, fuego, que me quemo, 985
que mi cabaña se abrasa!
Repicad a fuego, amigos,
que ya dan mis ojos agua.
Mi pobre edificio queda
hecho otro Troya en las úamas, 900
que después que faltan Troyas
quiere amor quemar cabañas.
Mas si amor abrasa peñas
con gran ira y fuerza ectraña,
mal podrán de su rigor   905
reservarse humildes pajas.
¡Fuego, zagales, fuego, agua, agua!
¡Amor, clemencia, que se abrasa el
                           [alma!
¡Ay, choza, vil instrumento
de mi deshonra y mi infamia!   1000
¡Cueva de ladrones fiera,
que mis agravios ampara!
Rayos de ardientes estrellas
en tus cabelleras caigan,
porque abrasadas estén,   1005
si del viento mal peinadas.
¡Ah, falso huésped, que dejas
una mujer deshonrada!
Nube que del mar salió
para anegar mis entrañas.   1010
¡Fuego, fuego, zagales, agua, agua!
¡Amor, clemencia, que se abrasa el
                           [alma!
Yo soy la que hacía siempre
de los hombres burla tanta;
que siempre las que hacen burla,
                           [1015
vienen a quedar burladas.
Engañóme el caballero
debajo de fe y palabra
de marido, y profanó
mi honestidad y mi cama.   1020
Gozóme al fin, y yo propia
le di a su rigor las alas

en dos yeguas que crié,
con que me burló y se escapa.
Seguilde, todos, seguilde.   1025
Mas no importa que se vaya,
que en la presencia del rey
tengo de pedir venganza.
¡Fuego, fuego, zagales, agua, agua!
¡Amor, clemencia, que se abrasa el
                           [alma! 1030

                    (Vase TISBEA.)

CORIDÓN

Seguid al vil caballero.

ANFRISO

¡Triste del que pena y calla!
Mas ¡vive el cielo! que en él,
me he de vengar desta ingrata.
Vamos tras ella nosotros,   1035
porque va desesperada,
y podrá ser que elia vaya
buscando mayor desgracia.

CORIDÓN

Tal fin la soberbia tiene.
¡Su locura y confianza   1040
paró en esto!

(Dice TISBEA dentro: ¡Fuego, fuego!.)

ANFRISO

Al mar se arroja.

CORIDÓN

Tisbea, detente y para.

TISBEA

¡Fuego, fuego, zagales, agua, agua!
¡Amor, clemencia, que se abrasa el
                           [alma!

JORNADA SEGUNDA

Salen el REY DON ALONSO *y* DON DIEGO
TENORIO, *de barba.*

REY

¿Qué me dices?

DON DIEGO

Señor, la verdad digo,
Por esta carta estoy del caso cierto,
que es de tu embajador y de mi her-
[mano:
halláronle en la cuadra del rey mismo
con una hermosa dama de palacio. 5

REY

¿Qué calidad?

DON DIEGO

Señor, [es] la duquesa
Isabela.

REY

¿Isabela?

DON DIEGO

Por lo menos...

REY

¡Atrevimiento temerario! ¿Y dónde
ahora está?

DON DIEGO

Señor, a vuestra alteza
no he de encubrille la verdad: anoche
[10
a Sevilla llegó con un criado.

REY

Ya conocéis, Tenorio, que os estimo,
y al rey informaré del caso luego,
casando a ese rapaz con Isabela,
volviendo a su sosiego al duque Octa-
[vio, 15

que inocente padece; y luego al punto
haced que don Juan salga desterrado.

DON DIEGO

¿Adónde, mi señor?

REY

Mi enojo vea
en el destierro de Sevilla; salga
a Lebrija esta noche, y agradezca 20
sólo al merecimiento de su padre...
Pero, decid, don Diego, ¿qué diremos
a Gonzalo de Ulloa, sin que erremos?
Caséle con su hija, y no sé cómo
lo puedo ahora remediar.

DON DIEGO

Pues mira, 25
gran señor, qué mandas que yo haga
que esté bien al honor de esta señora,
hija de un padre tal.

REY

Un medio tomo,
con que absolvello del enojo entiendo:
mayordomo mayor pretendo hacelle. 30

Sale un CRIADO

CRIADO

Un caballero llega de camino,
y dice, señor, que es el duque Octavio.

REY

¿El duque Octavio?

CRIADO

Sí, señor.

REY

Sin duda
que supo de don Juan el desatino,
y que viene, incitado a la venganza, 35
a pedir que le otorgue desafío.

DON DIEGO

Gran señor, en tus heroicas manos
está mi vida, que mi vida propia
es la vida de un hijo inobediente;
que, aunque mozo, gallardo y valeroso,
                                        [40
y le llaman los mozos de su tiempo
el Héctor de Sevilla, porque ha hecho
tantas y tan extrañas mocedades,
la razón puede mucho. No permitas
el desafío, si es posible.

REY

                        Basta.   45
Ya os entiendo, Tenorio: honor de
                                  [padre.
Entre el duque.

DON DIEGO

              Señor, dame esas plantas.
¿Cómo podré pagar mercedes tantas?

Sale el DUQUE OCTAVIO, *de camino.*

OCTAVIO

A esos pies, gran señor, un peregrino,
mísero y desterrado, ofrece el labio, 50
juzgando por más fácil el camino
en vuestra gran presencia.

REY

                          Duque Octa-
                          [vio...

OCTAVIO

Huyendo vengo el fiero desatino
de una mujer, el no pensado agravio
de un caballero que la causa ha sido 55
de que así a vuestros pies haya venido.

REY

Ya, duque Octavio, sé vuestra inocen-
                              [cia.
Yo al rey escribiré que os restituya
en vuestro estado, puesto que el au-
                              [sencia
que hicisteis algún daño os atribuya.
                                      [60
Yo os casaré en Sevilla con licencia
y también con perdón y gracia suya,
que puesto que Isabela un ángel sea,
mirando la que os doy, ha de ser fea.
Comendador mayor de Calatrava   65

es Gonzalo de Ulloa, un caballero
a quien el moro por temor alaba,
que siempre es el cobarde lisonjero.
Este tiene una hija en quien bastaba
en dote la virtud que considero,   70
después de la beldad, que es maravilla;
y es sol de las estrellas de Sevilla.
Esta quiero que sea vuestra esposa.

OCTAVIO

Cuando este viaje le emprendiera
a sólo esto, mi suerte era dichosa 75
sabiendo yo que vuestro gusto fuera.

REY

Hospedaréis al duque, sin que cosa
en su regalo falte.

OCTAVIO

                    Quien espera
en vos, señor, saldrá de premios lleno.
Primero Alfonso sois, siendo el onceno.
                                        [80

Vanse el REY *y* DON DIEGO,
y sale RIPIO.

RIPIO

¿Qué ha sucedido?

OCTAVIO

                  Que he dado
el trabajo recebido,
conforme me ha sucedido,
desde hoy por bien empleado.
Hablé al rey, vióme y honróme.   85
César con el César fui,
pues vi, peleé y vencí;
y hace que estopa tome
de su mano, y se prefiere
a desenojar al rey   90
en la fulminada ley.

RIPIO

Con razón el nombre adquiere
de generoso en Castilla.
Al fin, ¿te llegó a ofrecer
mujer?

OCTAVIO

        Sí, amigo, mujer   95
de Sevilla, que Sevilla
da, si averigualla quieres,

porque de oíllo te asombres,
si fuertes y airosos hombres,
también gallardas mujeres.   100
　　Un manto tapado, un brío,
donde un puro sol se esconde,
si no es en Sevilla, ¿adónde
se admite? El contento mío
es tal que ya me consuela   105
en mi mal.

　　　　　Salen DON JUAN *y* CATALINÓN.

CATALINÓN

　　Señor: detente,
que aquí está el duque, inocente
Sagitario de Isabela,
aunque mejor le diré
Capricornio.

DON JUAN

Disimula.   110

CATALINÓN

Cuando le vende la adula.

DON JUAN

Como a Nápoles dejé
　　por enviarme a llamar
con tanta priesa mi rey
y como su gusto es ley,   115
no tuve, Octavio, lugar
　　de despedirme de vos
de ningún modo.

OCTAVIO

　　　　Por eso,
don Juan, amigo os confieso:
que hoy nos juntamos los dos   120
en Sevilla.

DON JUAN

　　　　¡Quién pensara,
duque, que en Sevilla os viera
para que en ella os sirviera,
como yo lo deseaba!
¿Vos Puzol, vos la ribera
dejáis? Mas aunque es lugar
Nápoles tan excelente,
por Sevilla solamente
se puede, amigo, dejar.

OCTAVIO

Si en Nápoles os oyera   130
y no en la parte que estoy,

del crédito que ahora os doy
sospecho que me riera.
　　Mas llegándola a habitar
es, por lo mucho que alcanza,   135
corta cualquiera alabanza
que a Sevilla queréis dar.
¿Quién es el que viene allí?

DON JUAN

El que viene es el marqués
de la Mota. Descortés   140
es fuerza ser.

OCTAVIO

　　　　Si de mí
algo hubiereis menester,
aquí espada y brazo está.

CATALINÓN

(Aparte.)

Y si importa gozará
en su nombre otra mujer;   145
que tiene buena opinión.

DON JUAN

De vos estoy satisfecho.

CATALINÓN

Si fuere de algún provecho,
señores, Catalinón,
vuarcedes continuamente   150
me hallarán para servillos.

RIPIO

¿Y dónde?

CATALINÓN

　　　　En los Pajarillos,
tabernáculo excelente.

　　　　Vanse OCTAVIO *y* RIPIO *y sale*
　　　　　　el MARQUÉS DE LA MOTA.

MOTA

Todo hoy os ando buscando,
y no os he podido hallar.   155
¿Vos, don Juan, en el lugar,
y vuestro amigo penando
en vuestra ausencia?

DON JUAN

　　　　　　¡Por Dios,
amigo, que me debéis
esa merced que me hacéis!   160

Jurisón de Catalinón

CATALINÓN

(*Aparte.*)

Como no le entreguéis vos
moza o cosa que lo valga,
bien podéis fiaros dél;
que en cuanto en esto es crüel,
tiene condición hidalga.   165

DON JUAN

¿Qué hay de Sevilla?

MOTA

                    Está ya
toda esta corte mudada.

DON JUAN

¿Mujeres?

MOTA

                    Cosa juzgada.

DON JUAN

¿Inés?

MOTA

A Vejel se va.

DON JUAN

Buen lugar para vivir   170
la que tan dama nació.

MOTA

El tiempo la desterró
a Vejel.

DON JUAN

                    Irá a morir.
¿Constanza?

MOTA

                    Es lástima vella
lampiña de frente y ceja.   175
Llámale el portugués vieja,
y ella imagina que bella.

DON JUAN

Sí, que *velha* en portugués
suena vieja en castellano.
¿Y Teodora?

MOTA

                    Este verano   180
se escapó del mal francés

por un río de sudores;
y está tan tierna y reciente,
que anteayer me arrojó un diente
envuelto entre muchas flores.   185

DON JUAN

¿Julia, la del Candilejo?

MOTA

Ya con sus afeites lucha.

DON JUAN

¿Véndese siempre por trucha?

MOTA

Ya se da por abadejo.

DON JUAN

El barrio de Cantarranas   190
¿tiene buena población?

MOTA

Ranas las más dellas son.

DON JUAN

¿Y viven las dos hermanas?

MOTA

Y la mona de Tolú
de su madre Celestina   195
que les enseña dotrina.

DON JUAN

¡Oh, vieja de Bercebú!
¿Cómo la mayor está?

MOTA

Blanca, sin blanca ninguna;
tiene un santo a quien ayuna.   200

DON JUAN

¿Agora en vigilias da?

MOTA

Es firme y santa mujer.

DON JUAN

¿Y esotra?

MOTA

Mejor principio
tiene; no desecha ripio.

DON JUAN

Buen albañir quiere ser.   205
Marqués: ¿qué hay de perros muer-
                              [tos?

MOTA

Yo y don Pedro de Esquivel
dimos anoche un crüel,
y esta noche tengo ciertos
otros dos.

DON JUAN

                Iré con vos,   210
que también recorreré
cierto nido que dejé
en güevos para los dos.
¿Qué hay de terrero?

MOTA

                No muero
en terreno, que en-terrado   215
me tiene mayor cuidado.

DON JUAN

¿Cómo?

MOTA

Un imposible quiero.

DON JUAN

Pues ¿no os corresponde?

MOTA

                          Sí,
me favorece y estima.

DON JUAN

¿Quién es?

MOTA

        Doña Ana, mi prima,   220
que es recién llegada aquí.

DON JUAN

Pues ¿dónde ha estado?

MOTA

                En Lisboa,
con su padre en la embajada.

DON JUAN

¿Es hermosa?

MOTA

                Es extremada,
porque en doña Ana de Ulloa   225
se estremó naturaleza.

DON JUAN

¿Tan bella es esa mujer?
¡Vive Dios que la he de ver!

MOTA

Veréis la mayor belleza
que los ojos del rey ven.   230

DON JUAN

Casaos, pues es estremada.

MOTA

El rey la tiene casada,
y no se sabe con quién.

DON JUAN

¿No os favorece?

MOTA

                Y me escribe.

CATALINÓN

(Aparte.)

No prosigas, que te engaña   235
el gran burlador de España.

DON JUAN

Quien tan satisfecho vive
de su amor, ¿desdichas teme?
Sacalda, solicitalda,
escribilda y engañalda,   240
y el mundo se abrase y queme.

MOTA

Agora estoy aguardando
la postrer resolución.

DON JUAN

Pues no perdáis la ocasión,
que aquí estoy aguardando.   245

MOTA

Ya vuelvo.

Vanse el MARQUÉS *y el* CRIADO

CATALINÓN

Señor Cuadrado
o señor Redondo, adiós.

CRIADO

Adiós.

DON JUAN

Pues solos los dos,
amigo, habemos quedado;
síguele el paso al marqués,   250
que en el palacio se entró.
                    (*Vase* CATALINÓN.)

Habla por una reja una MUJER

MUJER

Ce, ¿a quién digo?

DON JUAN

¿Quién llamó?

MUJER

Pues sois prudente y cortés
y su amigo, dalde luego
al marqués este papel;   255
mirad que consiste en él
de una señora el sosiego.

DON JUAN

Digo que se lo daré:
soy su amigo y caballero.

MUJER

Basta, señor forastero.   260
Adiós.   (*Vase.*)

DON JUAN

Ya la voz se fue.
¿No parece encantamiento
esto que agora ha pasado?
A mí el papel ha llegado
por la estafeta del viento.   265
Sin duda que es de la dama

que el marqués me ha encarecido:
venturoso en esto he sido.
Sevilla a voces me llama
el Burlador, y el mayor   270
gusto que en mí puede haber
es burlar una mujer
y dejalla sin honor.
¡Vive Dios, que le he de abrir,
pues salí de la plazuela!   275
Mas, ¿si hubiese otra cautela?...
Gana me da de reír.
Ya está abierto el tal papel
y que es suyo es cosa llana,
porque firma doña Ana.   280
Dice así: *"Mi padre infiel
en secreto me ha casado
sin poderme resistir.
No sé si podré vivir,
porque la muerte me ha dado.*   285
*Si estimas, como es razón,
mi amor y mi voluntad,
y si tu amor fue verdad,
muéstralo en esta ocasión.*
Porque veas que te estimo,   290
*ven esta noche a la puerta,
que estará a las once abierta,
donde tu esperanza, primo,
goces, y el fin de tu amor.*
Traerás, mi gloria, por señas   295
*de Leonorilla y las dueñas,
una capa de color.*
*Mi amor todo de ti fío,
y adiós."* ¡Desdichado amante!
¿Hay suceso semejante?   300
Ya de la burla me río.
Gozárela, ¡vive Dios!,
con el engaño y cautela
que en Nápoles a Isabela.

Sale CATALINÓN

CATALINÓN

Ya el marqués viene.

DON JUAN

Los dos   305
aquesta noche tenemos
que hacer.

CATALINÓN

¿Hay engaño nuevo?

DON JUAN

Estremado.

CATALINÓN

No lo apruebo.
Tú pretendes que escapemos
una vez, señor, burlados;   310
que el que vive de burlar
burlado habrá de escapar
pagando tantos pecados
de una vez.

DON JUAN

¿Predicador
te vuelves, impertinente?   315

CATALINÓN

La razón hace al valiente.

DON JUAN

Y al cobarde hace el temor.
El que se pone a servir
voluntad no ha de tener,
y todo ha de ser hacer,   320
y nada de ser decir.
Sirviendo, jugando estás,
y si quieres ganar luego,
haz siempre, porque en el juego,
quien más hace gana más.   325

CATALINÓN

Y también quien hace y dice
pierde por la mayor parte.

DON JUAN

Esta vez quiero avisarte.
porque otra vez no te avise.

CATALINÓN

Digo que de aquí adelante   330
lo que me mandas haré,
y a tu lado forzaré
un tigre y un elefante.
Guárdese de mí un prior,
que si me mandas que calle   335
y le fuerce, he de forzalle
sin réplica, mi señor.

DON JUAN

Calla, que viene el marqués.

CATALINÓN

Pues ¿ha de ser el forzado?

Sale el MARQUÉS DE LA MOTA.

DON JUAN

Para vos, marqués, me han dado   340
un recaudo harto cortés
por esa reja, sin ver
el que me lo daba allí;
sólo en la voz conocí
que me lo daba mujer.   345
Dícete al fin que a las doce
vayas secreto a la puerta
(que estará a las once abierta),
donde tu esperanza goce
la posesión de tu amor;   350
y que llevases por señas
de Leonorilla y las dueñas
una capa de color.

MOTA

¿Qué dices?

DON JUAN

Que este recaudo
de una ventana me dieron,   355
sin ver quién.

MOTA

Con él pusieron
sosiego en tanto cuidado.
¡Ay amigo! Sólo en ti
mi esperanza renaciera.
Dame esos pies.

DON JUAN

Considera   360
que no está tu prima en mí.
Eres tú quien ha de ser
quien la tiene de gozar,
¿y me llegas a abrazar
los pies?

MOTA

Es tal el placer,   365
que me ha sacado de mí.
¡Oh sol!, apresura el paso.

DON JUAN

Ya el sol camina al ocaso.

MOTA

Vamos, amigos, de aquí,
y de noche nos pondremos.   370
¡Loco soy!

DON JUAN

(*Aparte.*)

Bien se conoce;
mas yo bien sé que a las doce
harás mayores estremos.

MOTA

¡Ay, prima del alma, prima,
que quieres premiar mi fe!   375

CATALINÓN

(*Aparte.*)

¡Vive Cristo, que no dé
una blanca por su prima!

Vase el MARQUÉS *y sale* DON DIEGO.

DON DIEGO

¿Don Juan?

CATALINÓN

          Tu padre te llama.

DON JUAN

¿Qué manda vueseñoría?

DON DIEGO

Verte más cuerdo quería,   380
mas bueno y con mejor fama.
¿Es posible que procuras
todas las horas mi muerte?

DON JUAN

¿Por qué vienes desa suerte?

DON DIEGO

Por tu trato y tus locuras.   385
   Al fin el rey me ha mandado
que te eche de la ciudad,
porque está de una maldad
con justa causa indignado.
   Que, aunque me lo has encubierto,
                                    [390
ya en Sevilla el rey lo sabe,
cuyo delito es tan grave,
que a decírtelo no acierto.
   ¿En el palacio real
traición y con un amigo?   395
Traidor, Dios te dé el castigo
que pide delito igual.
   Mira que, aunque al parecer

Dios te consiente y aguarda,
su castigo no se tarda,   400
y que castigo ha de haber
para los que profanáis
su nombre, que es juez fuerte
Dios en la muerte.

DON JUAN

          ¿En la muerte?
¿Tan largo me lo fiáis?   405
   De aquí allá hay gran jornada.

DON DIEGO

Breve te ha de parecer.

DON JUAN

Y la que tengo de hacer,
pues a su alteza le agrada,
agora, ¿es larga también?   410

DON DIEGO

Hasta que el injusto agravio
satisfaga el duque Octavio,
y apaciguados estén
en Nápoles de Isabela
los sucesos que has causado,   415
en Lebrija, retirado
por tu traición y cautela,
   quiere el rey que estés agora:
pena a tu maldad ligera.

CATALINÓN

(*Aparte.*)

Si el caso también supiera   420
de la pobre pescadora,
   más se enojara el buen viejo.

DON DIEGO

Pues no te vence castigo
con cuanto hago y cuanto digo,
a Dios tu castigo dejo.   (*Vase.*) 425

CATALINÓN

Fuese el viejo enternecido.

DON JUAN

Luego las lágrimas copia,
condición de viejo propia.
Vamos, pues ha anochecido,
   a buscar al marqués.

CATALINÓN

        Vamos,   430
y al fin gozarás su dama.

DON JUAN

Ha de ser burla de fama.

CATALINÓN

Ruego al cielo que salgamos
della en paz.

DON JUAN

        ¡Catalinón,
en fin!

CATALINÓN

        Y tú, señor, eres   435
langosta de las mujeres,
y con público pregón,
porque de ti se guardara
cuando a noticia viniera
de la que doncella fuera,   440
fuera bien se pregonara:
"Guárdense todos de un hombre
que a las mujeres engaña,
y es el burlador de España."

DON JUAN

Tú me has dado gentil nombre.   445

Sale el MARQUÉS, *de noche, con* MÚSI-
COS, *y pasea el tablado, y se entran
cantando.*

MÚSICOS

*El que un bien gozar espera,
cuanto espera desespera.*

DON JUAN

¿Qué es esto?

CATALINÓN

        Música es.

MOTA

Parece que habla conmigo.
el poeta. ¿Quién va?

DON JUAN

        Amigo.   450

MOTA

¿Es don Juan?

DON JUAN

        ¿Es el marqués?

MOTA

¿Quién puede ser sino yo?

DON JUAN

Luego que la capa vi,
que érades vos conocí.

MOTA

Cantad, pues don Juan llegó.   455

MÚSICOS

        (*Cantan.*)

*El que un bien gozar espera,
cuanto espera desespera.*

DON JUAN

        ¿Qué casa es la que miráis?

MOTA

De don Gonzalo de Ulloa.

DON JUAN

¿Dónde iremos?

MOTA

        A Lisboa.   460

DON JUAN

¿Cómo, si en Sevilla estáis?

MOTA

        Pues ¿aqueso os maravilla?
¿No vive, con gusto igual,
lo peor de Portugal
en lo mejor de Castilla?   465

DON JUAN

¿Dónde viven?

MOTA

        En la calle
de la Sierpe, donde ves,

a Adán vuelto en portugués;
que en aqueste amargo valle
con bocados solicitan   470
mil Evas que, aunque dorados,
en efecto, son bocados
con que el dinero nos quitan.

CATALINÓN

Ir de noche no quisiera
por esa calle crüel,   475
pues lo que de día es miel
entonces lo dan en cera.
Una noche, por mi mal,
la vi sobre mí vertida,
y hallé que era corrompida   480
la cera de Portugal.

DON JUAN

Mientras a la calle vais,
yo dar un perro quisiera.

MOTA

Pues cerca de aquí me espera
un bravo.

DON JUAN

Si me dejáis,   485
señor marqués, vos veréis
cómo de mí no se escapa.

MOTA

Vamos, y poneos mi capa,
para que mejor lo deis.

DON JUAN

Bien habéis dicho. Venid,   490
y me enseñaréis la casa.

MOTA

Mientras el suceso pasa,
la voz y el habla fingid.
¿Veis aquella celosía?

DON JUAN

Ya la veo.

MOTA

Pues llegad   495
y decid: "Beatriz", y entrad.

DON JUAN

¿Qué mujer?

MOTA

Rosada y fría.

CATALINÓN

Será mujer cantimplora.

MOTA

En Gradas os aguardaremos.

DON JUAN

Adiós, marqués.

CATALINÓN

¿Dónde vamos?   500

DON JUAN

Calla, necio, calla agora;
adonde la burla mía
ejecute.

CATALINÓN

No se escapa
nadie de ti.

DON JUAN

El trueque adoro.

CATALINÓN

Echaste la capa al toro.   505

DON JUAN

No, el toro me echó la capa.

(Vanse DON JUAN y CATALINÓN.)

MOTA

La mujer ha de pensar
que soy él.

MÚSICOS

¡Qué gentil perro!

MOTA

Esto es acertar por yerro.

MÚSICOS

Todo este mundo es errar.   510
(Cantan.)
El que un bien gozar espera,
cuanto espera desespera.

(Vanse, y dice DOÑA ANA dentro.)

ANA

¡Falso!, no eres el marqués,
que me has engañado.

DON JUAN

Digo
que lo soy.

ANA

¡Fiero enemigo,   515
mientes, mientes!

Sale DON GONZALO *con la espada
desnuda.*

DON GONZALO

La voz es
de doña Ana la que siento.

ANA

(Dentro.)

¿No hay quien mate este traidor,
homicida de mi honor?

DON GONZALO

¿Hay tan grande atrevimiento?   520
Muerto honor, dijo, ¡ay de mí!,
y es su lengua tan liviana
que aquí sirve de campana.

ANA

Matalde.

Salen DON JUAN *y* CATALINÓN *con
las espadas desnudas.*

DON JUAN

¿Quién está aquí?

DON GONZALO

La barbacana caída   525
de la torre de mi honor,
echaste en tierra, traidor,
donde era alcaide la vida.

DON JUAN

Déjame pasar.

DON GONZALO

¿Pasar?
Por la punta desta espada.   530

DON JUAN

Morirás.

DON GONZALO

No importa nada.

DON JUAN

Mira que te he de matar.

DON GONZALO

¡Muere, traidor!

DON JUAN

Desta suerte
muero.

CATALINÓN

Si escapo de aquesta,
no más burlas, no más fiesta.   535

DON GONZALO

¡Ay, que me has dado la muerte! ✕

DON JUAN

Tú la vida te quitaste.

DON GONZALO

¿De qué la vida servía?

DON JUAN

Huye.

(Vanse DON JUAN *y* CATALINÓN.*)*

DON GONZALO

Aguarda que es sangría
con que el valor aumentaste.   540
Muerto soy; no hay quien aguarde.
Seguiráte mi furor;
que es traidor, y el que es traidor
es traidor porque es cobarde.

Entran muerto a DON GONZALO *y salen
el* MARQUÉS DE LA MOTA *y* MÚSICOS.

MOTA

Presto las doce darán,   545
y mucho don Juan se tarda:
¡fiera prisión del que aguarda!

Salen DON JUAN *y* CATALINÓN

DON JUAN

¿Es el marqués?

MOTA

¿Es don Juan?

DON JUAN

Yo soy; tomad vuestra capa.

MOTA

¿Y el perro?

DON JUAN

Funesto ha sido.   550
Al fin, marqués, muerto ha habido.

CATALINÓN

Señor, del muerto te escapa.

MOTA

¿Búrlaste, amigo? ¿Qué haré?

CATALINÓN

(Aparte.)

También vos sois el burlado.

DON JUAN

Cara la burla ha costado.   555

MOTA

Yo, don Juan, lo pagaré,
    porque estará la mujer
quejosa de mí.

DON JUAN

Las doce
darán.

MOTA

Como mi bien goce,
nunca llegue a amanecer.   560

DON JUAN

Adiós, marqués.

CATALINÓN

Muy buen lance
el desdichado hallará.

DON JUAN

Huyamos.

CATALINÓN

Señor, no habrá
aguilita que me alcance.   (Vanse.)

MOTA

Vosotros os podéis ir   565
todos a casa, que yo
he de ir solo.

CRIADOS

Dios crió
las noches para dormir.

Vanse y queda el MARQUÉS DE LA MOTA

(Dentro.)

¿Vióse desdicha mayor,
y vióse mayor desgracia?   570

MOTA

¡Válgame Dios! Voces siento
en la plaza del Alcázar.
¿Qué puede ser a estas horas?
Un hielo el pecho me arraiga.
Desde aquí parece todo   575
una Troya que se abrasa,
porque tantas luces juntas
hacen gigantes de llamas.
Un grande escuadrón de hachas
se acerca a mí; ¿por qué anda   580
el fuego emulando estrellas,
dividiéndose en escuadras?
Quiero saber la ocasión.

Sale DON DIEGO TENORIO y la GUARDIA
con hachas.

DON DIEGO

¿Qué gente?

MOTA

Gente que aguarda
saber de aqueste ruido   585
el alboroto y la causa.

DON DIEGO

Prendeldo.

MOTA

¿Prenderme a mí? (Mete
[mano a la espada.)

DON DIEGO

Volved la espada a la vaina,
que la mayor valentía
es no tratar de las armas.   590

MOTA

¿Cómo al marqués de la Mota
hablan ansí?

DON DIEGO

                Dad la espada,
que el rey os manda prender.

MOTA

¡Vive Dios!

    Salen el REY *y acompañamiento.*

REY

                En toda España
no ha de caber, ni tampoco   595
en Italia, si va a Italia.

DON DIEGO

Señor, aquí está el marqués.

MOTA

¿Vuestra alteza a mí me manda
prender?

REY

        Llevalde y ponelde
la cabeza en una escarpia.   600
¿En mi presencia te pones?

MOTA

¡Ah, glorias de amor tiranas,
siempre en el pasar ligeras,
como en el vivir pesadas!
Bien dijo un sabio que había   605
entre la boca y la taza
peligro; mas el enojo
del rey me admira y espanta.
No sé por lo que voy preso.

DON DIEGO

¿Quién mejor sabrá la causa   610
que vueseñoría?

MOTA

        ¿Yo?

DON DIEGO

Vamos.

MOTA

        ¡Confusión extraña!

REY

Fulmínesele el proceso
al marqués luego, y mañana
le cortarán la cabeza.   615
Y al comendador, con cuanta
solenidad y grandeza
se da a las personas sacras
y reales, el entierro
se haga; en bronce y piedras varias   620
un sepulcro con un bulto
le ofrezcan, donde en mosaicas
labores, góticas letras
den lenguas a sus venganzas.
Y entierro, bulto y sepulcro   625
quiero que a mi costa se haga.
¿Dónde doña Ana se fue?

DON DIEGO

Fuese al sagrado doña Ana,
de mi señora la reina.

REY

Ha de sentir esta falta   630
Castilla; tal capitán
ha de llorar calatrava.   *(Vanse todos.)*

Sale BATRICIO, *desposado con* AMINTA;
GASENO, *viejo;* BELISA *y* PASTORES
                músicos.

(Cantan.)
    Lindo sale el sol de abril
con trébol y torongil,
    y aunque le sirva de estrella,   635
Aminta sale más bella.

BATRICIO

    Sobre esta alfombra florida,
adonde, en campos de escarcha,
el sol sin aliento marcha
con su luz recién nacida,   640
es sentad, pues nos convida
    al tálamo el sitio hermoso.

AMINTA

Cantalde a mi dulce esposo
favores de mil en mil.

(Cantan.)
Lindo sale el sol de abril 645
con trébol y torongil,
y aunque le sirve de estrella,
Aminta sale más bella.

GASENO
Muy bien lo habéis solfeado;
no hay más sones en el kiries. 650

BATRICIO
Cuando con sus labios tiries
vuelve en púrpura los labios
saldrán, aunque vergonzosas,
afrentando el sol de abril.

AMINTA
Batricio, yo lo agradezco; 655
falso y lisonjero estás;
mas si tus rayos me das,
por ti ser luna merezco;
tú eres el sol por quien crezco
después de salir menguante. 660
Para que el alba te cante
la salva en tono sutil.
(Cantan.)
Lindo sale el sol, etc.

Sale CATALINÓN, *de camino.*

CATALINÓN
Señores, el desposorio
huéspedes ha de tener. 665

GASENO
A todo el mundo ha de ser
este contento notorio.
¿Quién viene?

CATALINÓN
Don Juan Tenorio.

GASENO
¿El viejo?

CATALINÓN
No ese don Juan.

BELISA
Será su hijo galán. 670

BATRICIO
Téngolo por mal agüero,
que galán y caballero

quitan gusto y celos dan.
Pues ¿quién noticia les dio
de mis bodas?

CATALINÓN
De camino 675
pasa a Lebrija.

BATRICIO
Imagino
que el demonio le envió.
Mas, ¿de qué me aflijo yo?
Vengan a mis dulces bodas
del mundo las gentes todas. 680
Mas, con todo, un caballero
en mis bodas, ¡mal agüero!

GASENO
Venga el Coloso de Rodas,
venga el Papa, el Preste Juan
y don Alfonso el Onceno 685
con su corte, que en Gaseno
ánimo y valor verán.
Montes en casa hay de pan,
Guadalquivides de vino,
Babilonias de tocino, 690
y entre ejércitos cobardes
de aves, para que las lardes,
el pollo y el palomino.
Venga tan gran caballero
a ser hoy en Dos Hermanas 695
honra destas viejas canas.

BELISA
El hijo del camarero
mayor...

BATRICIO
(Aparte.)
Todo es mal agüero
para mí, pues le han de dar
junto a mi esposa lugar. 700
Aun no gozo, y ya los cielos
me están condenando a celos.
Amor, sufrir y callar.

Sale DON JUAN TENORIO

DON JUAN
Pasando acaso he sabido
que hay bodas en el lugar, 705
y dellas quise gozar,
pues tan venturoso he sido.

GASENO

Vueseñoría ha venido
a honrallas y engrandecellas.

BATRICIO

Yo, que soy el dueño dellas,   710
digo entre mí que vengáis
en hora mala.

GASENO

            ¿No dais
lugar a este caballero?

DON JUAN

Con vuestra licencia quiero
sentarme aquí.
            (Siéntase junto a la novia.)

BATRICIO

            Si os sentáis   715
delante de mí, señor,
seréis de aquesa manera
el novio.

DON JUAN

            Cuando lo fuera,
no escogiera lo peor.

GASENO

¡Que es el novio!

DON JUAN

            De mi error   720
e ignorancia perdón pido.

CATALINÓN

(Aparte.)
¡Desventurado marido!

DON JUAN

(Aparte a CATALINÓN.)
            Corrido está.

CATALINÓN

(Aparte.)
            No lo ignoro;
mas si tiene de ser toro,
¿qué mucho que esté corrido?   725
No daré por su mujer

ni por su honor un cornado.
¡Desdichado tú, que has dado
en manos de Lucifer!

DON JUAN

¿Posible es que vengo a ser,   730
señora, tan venturoso?
Envidia tengo al esposo.

AMINTA

Parecéisme lisonjero.

BATRICIO

Bien dije que es mal agüero
en bodas un poderoso.   735

GASENO

Ea, vamos a almorzar,
por que pueda descansar
un rato su señoría.
            (Tómale DON JUAN la mano a la novia.)

DON JUAN

¿Por qué la escondéis?

AMINTA

            Es mía.

GASENO

Vamos.

BELISA

Volved a cantar.   740

DON JUAN

¿Qué dices tú?

CATALINÓN

            ¿Yo? Que temo
muerte vil destos villanos.

DON JUAN

Buenos ojos, blancas manos,
en ellos me abraso y quemo.

CATALINÓN

¡Almagrar y echar a extremo!   745
Con ésta cuatro serán.

DON JUAN

Ven, que mirándome están.

BATRICIO

En mis bodas, caballero,
¡mal agüero!

GASENO

Cantad.

BATRICIO

Muero.

CATALINÓN

Canten, que ellos llorarán.   750
(Vanse todos, con que da fin la segunda jornada.)

JORNADA TERCERA

Sale BATRICIO, *pensativo.*

BATRICIO
Celos, reloj de cuidados,
que a todas las horas dais
tormentos con que matáis,
aunque dais desconcertados;
celos, del vivir desprecios,   5
con que ignorancias hacéis,
pues todo lo que tenéis
de ricos, tenéis de necios;
dejadme de atormentar,
pues es cosa tan sabida   10
que, cuando amor me da vida,
la muerte me queréis dar.
¿Qué me queréis, caballero,
que me atormentáis ansí?
Bien dije cuando le vi   15
en mis bodas, "¡mal agüero!"
¿No es bueno que se sentó
a cenar con mi mujer,
y a mí en el plato meter
la mano no me dejó?   20
Pues cada vez que quería
metella la desviaba,
diciendo a cuanto tomaba:
"¡Grosería, grosería!"
Pues llegándome a quejar   25
a algunos, me respondían
y con risa me decían:
"No tenéis de qué os quejar;
eso no es cosa que importe;
no tenéis de qué temer;   30
callad, que debe de ser
uso de allá de la corte."
¡Buen uso, trato estremado!
Más no se usara en Sodoma:
que otro con la novia coma,   35
y que ayune el desposado.
Pues el otro bellacón
a cuanto comer quería:
"¿Esto no come?", decía;
"No tenéis señor, razón";   40
y de delante al momento
me lo quitaba. Corrido
estó; bien sé yo que ha sido
culebra y no casamiento.
Ya no se puede sufrir   45
ni entre cristianos pasar;
y acabando de cenar
con los dos, ¿más que a dormir
se ha de ir también, si porfía,
con nosotros, y ha de ser,   50
el llegar yo a mi mujer,
"grosería, grosería?".
Ya viene, no me resisto.
Aquí me quiero esconder;
que otro con la novia coma,   55
que imagino que me ha visto.

Sale DON JUAN TENORIO.

DON JUAN
Batricio.

BATRICIO
    Su señoría
¿qué manda?

DON JUAN
    Haceros saber...

BATRICIO
(Aparte.)

¿Mas que ha de venir a ser
alguna desdicha mía?   60

DON JUAN
    Que ha muchos días Batricio,
que a Aminta el alma le di
y he gozado...

BATRICIO
    ¿Su honor?

DON JUAN
    Sí.

BATRICIO

(Aparte.)

Manifiesto y claro indicio
de lo que he llegado a ver;   65
que si bien no le quisiera
nunca a su casa viniera.
Al fin, al fin es mujer.

DON JUAN

Al fin, Aminta celosa,
o quizá desesperada   70
de verse de mí olvidada
y de ajeno dueño esposa,
esta carta me escribió
enviándome a llamar,
y yo prometí gozar   75
lo que el alma prometió.
Esto pasa de esta suerte.
Dad a vuestra vida un medio,
que le daré sin remedio
a quien lo impida, la muerte.   80

BATRICIO

Si tú en mi elección lo pones,
tu gusto pretendo hacer,
que el honor y la mujer
son males en opiniones.
La mujer en opinión   85
siempre más pierde que gana,
que son como la campana,
que se estima por el son.
Y así es cosa averiguada
qué opinión viene a perder,   90
cuando cualquiera mujer
suena a campana quebrada.
No quiero, pues me reduces
el bien que mi amor ordena,
mujer entra mala y buena,   95
que es moneda entre dos luces.
Gózala, señor, mil años,
que yo quiero resistir,
desengañar y morir,
y no vivir con engaños.   *(Vase.)* 100

DON JUAN

Con el honor le vencí,
porque siempre los villanos
tienen su honor en las manos,
y siempre miran por sí.
Que por tantas falsedades,   105
es bien que se entienda y crea,
que el honor se fue al aldea
huyendo de las ciudades.

Pero antes de hacer el daño
le pretendo reparar: 110
a su padre voy a hablar
para autorizar mi engaño.
Bien lo supe negociar:
gozarla esta noche espero.
La noche camina, y quiero   115
su viejo padre llamar.
Estrellas que me alumbráis,
dadme en este engaño suerte,
si el galardón en la muerte
tan largo me lo guardáis. *(Vase.)* 120

Salen AMINTA *y* BELISA

BELISA

Mira que vendrá tu esposo:
entra a desnudarte, Aminta.

AMINTA

De estas felices bodas
no sé qué siento, Belisa.
Todo hoy mi Batricio ha estado   125
bañado en melancolía,
todo es confusión y celos;
¡mirad qué grande desdicha!
Di, ¿qué caballero es éste
que de mi esposo me priva?   130
La desvergüenza en España
se ha hecho caballería.
Déjame, que estoy sin seso,
déjame, que estoy corrida.
¡Mal hubiese el caballero   135
que mis contentos me priva!

BELISA

Calla, que pienso que viene,
que nadie en la casa pisa
de un desposado, tan recio.

AMINTA

Queda adiós, Belisa mía.   140

BELISA

Desenójale en los brazos.

AMINTA

¡Plega a los cielos que sirvan
mis suspiros de requiebros,
mis lágrimas de caricias!

Salen DON JUAN, CATALINÓN *y* GASENO.

DON JUAN

Gaseno, quedad con Dios.   145

GASENO

Acompañaros querría,
por dalle desta ventura
el parabién a mi hija.

DON JUAN

Tiempo mañana nos queda.

GASENO

Bien decís: el alma mía   150
en la muchacha os ofrezco.   (Vase.)

DON JUAN

Mi esposa decid.
(A CATALINÓN.) Ensilla,
Catalinón.

CATALINÓN

¿Para cuándo?

DON JUAN

Para el alba, que de risa
muerta, ha de salir mañana,   155
de este engaño.

CATALINÓN

          Allá, en Lebrija,
señor, nos está aguardando
otra boda. Por tu vida,
que despaches presto en ésta.

DON JUAN

La burla más escogida   160
de todas ha de ser ésta.

CATALINÓN

Que saliésemos querría
de todas bien.

DON JUAN

          Si es mi padre
el dueño de la justicia,
y es la privanza del rey,   165
¿qué temes?

CATALINÓN

          De los que privan
suele Dios tomar venganza,
si delitos no castigan;

y se suelen en el juego
perder también los que miran.   170
Yo he sido mirón del tuyo,
y por mirón no querría
que me cogiese algún rayo
y me trocase en ceniza.

DON JUAN

Vete, ensilla, que mañana   175
he de dormir en Sevilla.

CATALINÓN

¿En Sevilla?

DON JUAN

          Sí.

CATALINÓN

          ¿Qué dices?
Mira lo que has hecho, y mira
que hasta la muerte, señor,
es corta la mayor vida,   180
y que hay tras la muerte infierno.

DON JUAN

Si tan largo me lo fías,
vengan engaños.

CATALINÓN

          Señor...

DON JUAN

Vete, que ya me amohinas
con tus temores estraños.   185

CATALINÓN

Fuerza al turco, fuerza al scita,
al persa y al garamante,
al gallego, al troglodita,
al alemán y al japón,
al sastre con la agujita   190
de oro en la mano, imitando
contino a la Blanca niña.   (Vase.)

DON JUAN

La noche en negro silencio
se estiende, y ya las cabrillas
entre racimos de estrellas   195
el polo más alto pisan.
Yo quiero poner mi engaño
por obra. El amor me guía

a mi inclinación, de quien
no hay hombre que se resista.   200
Quiero llegar a la cama.
¡Aminta!

Sale AMINTA *como que está acostada.*

AMINTA

¿Quién llama a Aminta?
¿Es mi Batricio?

DON JUAN

No soy
tu Batricio.

AMINTA

Pues ¿quién?

DON JUAN

Mira
de espacio, Aminta, quién soy.   205

AMINTA

¡Ay de mí! ¡Yo soy perdida!
¿En mi aposento a estas horas?

DON JUAN

Estas son las horas mías.

AMINTA

Volveos, que daré voces.
No excedáis la cortesía   210
que a mi Batricio se debe.
Ved que hay romanas Emilias.
en Dos-Hermanas también,
y hay Lucrecias vengativas.

DON JUAN

Escúchame dos palabras,   215
y esconde de las mejillas
en el corazón la grana,
por ti más preciosa y rica.

AMINTA

Vete, que vendrá mi esposo.

DON JUAN

Yo lo soy; ¿de qué te admiras?   220

AMINTA

¿Desde cuándo?

DON JUAN

Desde agora.

AMINTA

¿Quién lo ha tratado?

DON JUAN

Mi dicha.

AMINTA

¿Y quién nos casó?

DON JUAN

Tus ojos.

AMINTA

¿Con qué poder?

DON JUAN

Con la vista.

AMINTA

¿Sábelo Batricio?

DON JUAN

Sí,   225
que te olvida.

AMINTA

¿Que me olvida?

DON JUAN

Sí, que yo te adoro.

AMINTA

¿Cómo?

DON JUAN

Con mis dos brazos.

AMINTA

Desvía.

DON JUAN

¿Cómo puedo, si es verdad
que muero?

AMINTA

¡Qué gran mentira!   230

DON JUAN

Aminta, escucha y sabrás.

si quieres que te lo diga,
la verdad, que las mujeres
sois de verdades amigas.
Yo soy noble caballero,   235
cabeza de la familia
de los Tenorios, antiguos
ganadores de Sevilla.
Mi padre, después del rey,
se reverencia y estima,   240
y en la corte, de sus labios
pende la muerte o la vida.
Corriendo el camino acaso,
llegué a verte, que amor guía
tal vez las cosas de suerte,   245
que él mismo dellas se olvida.
Vite, adoréte, abraséme
tanto, que tu amor me anima
a que contigo me case.
Y aunque lo mormure el reino   250
mira qué acción tan precisa.
y aunque el rey lo contradiga,
y aunque mi padre enojado
con amenazas lo impida,
tu esposo tengo de ser.   255
¿Qué dices?

              AMINTA

        No sé qué diga,
que se encubren tus verdades
con retóricas mentiras.
Porque si estoy desposada,
como es cosa conocida,   260
con Batricio, el matrimonio
no se absuelve aunque él desista.

              DON JUAN

En no siendo consumado,
por engaño o por malicia
puede anularse.

              AMINTA

              En Batricio   265
puede anularse.

              DON JUAN

Ahora bien; dame esa mano,
y esta voluntad confirma
con ella.

              AMINTA

        ¿Que no me engañas?

              DON JUAN

Mío el engaño sería.   270

              AMINTA

Pues jura que cumplirás
la palabra prometida.

              DON JUAN

Juro a esta mano, señora,
infierno de nieve fría,
de cumplirte la palabra.   275

              AMINTA

Jura a Dios que te maldiga
si no la cumples.

              DON JUAN

              Si acaso
la palabra y la fe mía
te faltare, ruego a Dios
que a traición y alevosía   280
me dé muerte un hombre... ([Aparte.]
                          [muerto:
que, vivo, ¡Dios no permita!)

              AMINTA

Pues con ese juramento
soy tu esposa.

              DON JUAN

              El alma mía
entre los brazos te ofrezco.   285

              AMINTA

Tuya es el alma y la vida.

              DON JUAN

¡Ay, Aminta de mis ojos!
Mañana sobre virillas
de tersa plata estrellada
con clavos de oro de Tíbar,   290
pondrás los hermosos pies,
y en prisión de gargantillas
la alabastrina garganta,
y los dedos en sortijas,
en cuyo engaste parezcan   295
trasparentes perlas finas.

              AMINTA

A tu voluntad, esposo,
la mía desde hoy se inclina:
tuya soy.

DON JUAN

(*Aparte.*)

¡Qué mal conoces
al *Burlador de Sevilla!* (*Vanse.*) 300

Salen ISABELA *y* FABIO, *de camino.*

ISABELA

¡Que me robaste el dueño,
la prenda que estimaba y más quería!
¡Oh, riguroso empeño
de la verdad! ¡Oh, máscara del día!
¡Noche al fin, tenebrosa   305
antípoda de lsol, del sueño esposa!

FABIO

¿De qué sirve, Isabela,
la tristeza en el alma y en los ojos,
si amor todo es cautela,
y en campos de desdenes causa enojos,
                                    [310
si el que se ríe agora
en breve espacio desventuras llora?
El mar está alterado
y en grave temporal, [riesgo] se corre.
El abrigo han tomado   315
las galeras, duquesa, de la torre
que esta playa corona.

ISABELA

¿Dónde estamos ahora?

FABIO

                    En Tarragona.
De aquí a poco espacio
daremos en Valencia, ciudad bella, 320
del mismo sol palacio.
Divertiráste algunos días en ella,
y después a Sevilla,
irás a ver la octava maravilla.
Que si a Octavio perdiste,   325
más galán es don Juan, y de Tenorio
solar. ¿De qué estás triste?
Conde dicen que es ya don Juan Te-
                                    [norio;
el rey con él te casa,
y el padre es la privanza de su casa.
                                    [330

ISABELA

No nace mi tristeza
de ser esposa de don Juan, que el mun-
                                    [do

conoce su nobleza;
en la esparcida voz mi agravio fundo,
que esta opinión perdida   335
es de llorar mientras tuviere vida.

FABIO

Allí una pescadora
tiernamente suspira y se lamenta,
y dulcemente llora.
Acá viene, sin duda, y verte intenta.
                                    [340
Mientras llamo tu gente,
lamentaréis las dos más dulcemente.

Vase FABIO *y sale* TISBEA

TISBEA

Robusto mar de España,
ondas de fuego, fugitivas ondas,
Troya de mi cabaña,   345
que ya el fuego, por mares y por ondas,
en sus abismos fragua,
y el mar forma, por las llamas, agua.
¡Maldito el leño sea
que a tu amargo cristal halló carrera,
                                    [350
antojo de Medea,
tu cáñamo primero o primer lino,
aspado de los vientos
para telas de engaños e instrumentos!

ISABELA

¿Por qué del mar te quejas   355
tan tiernamente, hermosa pescadora?

TISBEA

Al mar formo mil quejas.
¡Dichosa vos, que en su tormento, agora
dél os estáis riendo!

ISABELA

También quejas del mar estoy haciendo.
                                    [360
¿De dónde sois?

TISBEA

                De aquellas
cabañas que miráis del viento heridas
tan vitorioso entre ellas,
cuyas pobres paredes desparcidas
van en pedazos graves,   365
dando en mil grietas nidos a las aves.
En sus pajas me dieron
corazón de fortísimo diamante;
mas las obras me hicieron,
deste monstruo que ves tan arrogante,
                                    [370

ablandarme de suerte,
que al sol la cera es más robusta y
[fuerte.
¿Sois vos la Europa hermosa?
¿Que esos toros os llevan

ISABELA

A Sevilla
llévame a ser esposa   375
contra mi voluntad.

TISBEA

Si mi mancilla
a lástima os provoca,
y si injurias del mar os tienen loca,
en vuestra compañía,
para serviros como humilde esclava 380
me llevad; que querría,
si el dolor o la afrenta no me acaba,
pedir al rey justicia
de un engaño cruel, de una malicia.
Del agua derrotado,   385
a esta tierra llegó don Juan Tenorio,
difunto y anegado;
amparéle, hospedéle en tan notorio
peligro, y el vil güesped
víbora fue a mi planta en tierno cés-
[ped. 390
Con palabra de esposo,
la que de esta costa burla hacía,
se rindió al engañoso:
¡Mal haya la mujer que en hombres
[fía!
Fuese al fin y dejóme: 395
mira si es justo que venganza tome.

ISABELA

¡Calla, mujer maldita!
Vete de mi presencia, que me has
[muerto.
Mas si el dolor te incita,
no tienes culpa tú, prosigue el cuento.
[400

TISBEA

La dicha fuera mía.

ISABELA

¡Mal haya la mujer que en hombres
[fía!
¿Quién tiene de ir contigo?

TISBEA

Un pescador, Anfriso, un pobre padre
de mis males testigo.   405

ISABELA

(Aparte.)
No hay venganza que a mi mal tanto
[le cuadre.
Ven en mi compañía

TISBEA

¡Mal haya la mujer que en hombres
[fía!

(Vanse.)

Salen DON JUAN y CATALINÓN.

CATALINÓN

Todo en mal estado está.

DON JUAN

¿Cómo?

CATALINÓN

Que Octavio ha sabido   410
la traición de Italia ya,
y el de la Mota ofendido
de ti justas quejas da,
y dice, que fue el recaudo,
que de su prima diste   415
fingido y disimulado,
y con su capa emprendiste
la traición que le ha infamado.
Dice que viene Isabela
a que seas su marido,   420
y dicen...

DON JUAN

¡Calla!

CATALINÓN

Una muela
en la boca me has rompido.

DON JUAN

Hablador, ¿quién te revela
tantos disparates juntos?

CATALINÓN

¡Disparate, disparate!   425
Verdades son.

DON JUAN

No pregunto
si lo son. Cuando me mate
Octavio: ¿estoy yo difunto?
¿No tengo manos también?
¿Dónde me tienes posada?   430

CATALINÓN

En la calle, oculta.

DON JUAN

Bien.

CATALINÓN

La iglesia es tierra sagrada.

DON JUAN

Di que de día me den
en ella la muerte. ¿Viste
al novio de Dos-Hermanas?   435

CATALINÓN

También le vi ansiado y triste.

DON JUAN

Aminta, estas dos semanas,
no ha de caer en el chiste.

CATALINÓN

Tan bien engañada está,
que se llama doña Aminta.   440

DON JUAN

¡Graciosa burla será!

CATALINÓN

Graciosa burla y sucinta,
mas siempre la llorará.

(Descúbrese un sepulcro de DON
GONZALO DE ULLOA.)

DON JUAN

¿Qué sepulcro es éste?

CATALINÓN

                        Aquí   445
don Gonzalo está enterrado.

DON JUAN

Este es al que muerte di.
¡Gran sepulcro le han labrado!

CATALINÓN

Ordenólo el rey ansí.
¿Cómo dice este letrero?

DON JUAN

"Aquí aguarda del Señor,   450
el más leal caballero,
la venganza de un traidor."
Del mote reírme quiero.
¿Y habéisos vos de vengar,
buen viejo, barbas de piedra?   455

CATALINÓN

No se las podrás pelar,
que en barbas muy fuertes medra.

DON JUAN

Aquesta noche a cenar
os aguardo en mi posada.
Allí el desafío haremos,   460
si la venganza os agrada;
aunque mal reñir podremos,
si es de piedra vuestra espada.

CATALINÓN

Ya, señor, ha anochecido;
vámonos a recoger.   465

DON JUAN

Larga esta venganza ha sido.
Si es que vos la habéis de hacer,
importa no estar dormido,
que si a la muerte aguardáis
la venganza, la esperanza   470
agora es bien que perdáis,
pues vuestros enojo y venganza
tan largo me la fiáis.

Vanse y ponen la mesa dos CRIADOS.

CRIADO 1º

Quiero apercibir la cena,
que vendrá a cenar don Juan.   475

CRIADO 2º

Puestas las mesas están.
¡Qué flema tiene si empieza!
Ya tarda como solía,
mi señor; no me contenta;
la bebida se calienta   480
y la comida se enfría.
Mas, ¿quién a don Juan ordena
esta desorden?

Entran DON JUAN *y* CATALINÓN

DON JUAN

¿Cerraste?

CATALINÓN

Ya cerré como mandaste.

DON JUAN

¡Hola! Tráiganme la cena.   485

CRIADO 2º

Ya está aquí.

DON JUAN

                    Catalinón,
siéntate.

CATALINÓN

        Yo soy amigo
de cenar de espacio.

DON JUAN

                    Digo
que te sientes.

CATALINÓN

            La razón
haré.

CRIADO 1º

        También es camino   490
éste, si come con él.

DON JUAN

Siéntate.

                (Un golpe dentro.)

CATALINÓN

    Golpe es aquél.

DON JUAN

Que llamaron imagino;
    mira quién es.

CRIADO 1º

            Voy volando.

CATALINÓN

¿Si es la justicia, señor?   495

DON JUAN

Sea, no tengas temor.

        (Vuelve el CRIADO, *huyendo.)*

¿Quién es? ¿De qué estás temblando?

CATALINÓN

De algún mal da testimonio.

DON JUAN

Mal mi cólera resisto.
Habla, responde, ¿qué has visto?   500
¿Asombróte algún demonio?
    Vé tú, y mira aquella puerta:
¡presto, acaba!

CATALINÓN

        ¿Yo?

DON JUAN

                Tú, pues.
Acaba; menea los pies.

CATALINÓN

A mi agüela hallaron muerta   505
    como racimo colgada,
y desde entonces se suena
que anda siempre su alma en pena.
Tanto golpe no me agrada.

DON JUAN

Acaba.

CATALINÓN

        Señor, si sabes   510
que soy un Catalinón...

DON JUAN

Acaba.

CATALINÓN

    ¡Fuerte ocasión!

DON JUAN

¿No vas?

CATALINÓN

    ¿Quién tiene las llaves
de la puerta?

CRIADO 2º

Con la aldaba
está cerrado no más.   515

DON JUAN

¿Qué tienes? ¿Por qué no vas?

CATALINÓN

Hoy Catalinón acaba.
¿Mas si las forzadas vienen
a vengarse de los dos?

(Llega CATALINÓN a la puerta y viene
    corriendo; cae y levántase.)

DON JUAN

¿Qué es eso?

CATALINÓN

          ¡Válgame Dios!   520
¡Que me matan, que me tienen!

DON JUAN

     ¿Quién te tiene, quién te [mata]?
¿Qué has visto?

CATALINÓN

          Señor, yo allí
vide cuando... luego fui...
¿Quién me ase, quién me arrebata? 525
    Llegué, cuando después ciego...
cuando vile, ¡juro a Dios!...
Habló y dijo, ¿quién sois vos?...
respondió, y respondí luego...
    topé y vide...

DON JUAN

          ¿A quién?

CATALINÓN

          No sé.   530

DON JUAN

¡Cómo el vino desatina!
Dame la vela, gallina,
y yo a quien llama veré.

(Toma DON JUAN la vela y llega a la
puerta. Sale al encuentro DON GONZA-
LO, en la forma que estaba en el sepulcro, y DON JUAN se retira atrás turbado, empuñando la espada, y en la

otra la vela, y DON GONZALO hacia él,
con pasos menudos, y al compás DON
JUAN, retirándose hasta estar en medio
del teatro.)

DON JUAN

¿Quién va?

DON GONZALO

Yo soy.

DON JUAN

          ¿Quién sois vos?

DON GONZALO

Soy el caballero honrado   535
que a cenar has convidado.

DON JUAN

Cena habrá para los dos,
    y si vienen más contigo,
para todos cena habrá.
Ya puesta la mesa está.   540
Siéntate.

CATALINÓN

          ¡Dios sea conmigo!
¡San Panuncio, San Antón!
Pues ¿los muertos comen, di?
Por señas dice que sí.

DON JUAN

Siéntate, Catalinón.   545

CATALINÓN

No, señor, yo lo recibo
por cenado.

DON JUAN

          Es desconcierto:
¡qué temor tienes a un muerto!
¿Qué hicieras estando vivo?
Necio y villano temor.   550

CATALINON

Cena con tu convidado,
que yo, señor, ya he cenado.

DON JUAN

¿He de enojarme?

CATALINÓN

Señor,
¡vive Dios que güelo mal!

DON JUAN

Llega, que aguardando estoy.   555

CATALINÓN

Yo pienso que muerto soy,
y está muerto mi arrabal.

(Tiemblan los CRIADOS.)

DON JUAN

Y vosotros, ¿qué decís?
¿Qué hacéis? ¡Necio temblar!

CATALINÓN

Nunca quisiera cenar   560
con gente de otro país.
¿Yo, señor, con convidado
de piedra?

DON JUAN

¡Necio temer!
Si es piedra, ¿qué te ha de hacer?

CATALINÓN

Dejarme descalabrado.   565

DON JUAN

Háblale con cortesía.

CATALINÓN

¿Está bueno? ¿Es buena tierra
la otra vida? ¿Es llano o sierra?
¿Prémiase allá la poesía?

CRIADO 1º

A todo dice que sí,   570
con la cabeza.

CATALINÓN

¿Hay allá
muchas tabernas? Sí habrá,
si Noé reside allí.

DON JUAN

¡Hola! Dadnos de beber.

CATALINÓN

Señor muerto, ¿allá se bebe   575
con nieve?   (Baja la cabeza.)
Así, que hay nieve:
buen país.

DON JUAN

Si oír cantar
queréis, cantarán.   (Baja la cabeza.)

CRIADO 2º

Sí, dijo.

DON JUAN

Cantad.

CATALINÓN

Tiene el seor muerto
buen gusto.

CRIADO 1º

Es noble, por cierto,   580
y amigo de regocijo.

(Cantan dentro.)

Si de mi amor aguardáis,
señora, de aquesta suerte
el galardón en la muerte,
¡qué largo me lo fiáis!   585

CATALINÓN

O es sin duda veraniego
el seor muerto, o debe ser
hombre de poco comer.
Temblando al plato me llego.
Poco beben por allá;   (Bebe.) 590
yo beberé por los dos.
Brindis de piedra, ¡por Dios!,
menos temor tengo ya.

(Cantan.)

Si ese plazo me convida
para que gozaros pueda,   595
pues larga vida me queda,
dejad que pase la vida.
Si de mi amor aguardáis,
señora, de aquesta suerte
el galardón en la muerte,   600
¡qué largo me lo fiáis!

CATALINÓN

¿Con cuál de tantas mujeres
como has burlado, señor,
hablan?

DON JUAN

De todas me río,
amigo, en esta ocasión.   605
En Nápoles a Isabela...

CATALINÓN

Esa, señor, ya no es hoy
burlada, porque se casa
contigo, como es razón.
Burlaste a la pescadora   610
que del mar te redimió,
pagándole el hospedaje
en moneda de rigor.
Burlaste a doña Ana...

DON JUAN

                     Calla,
que hay parte aquí que lastó   615
por ella, y vengarse aguardaba.

CATALINÓN

Hombre es de mucho valor,
que él es piedra, tú eres carne:
no es buena resolución.

(Hace señas que se quite la mesa y
queden solos.)

DON JUAN

¡Hola! Quitad esa mesa,   620
que hace señas que los dos
nos quedemos, y se vayan
los demás.

CATALINÓN

           ¡Malo, por Dios!
No te quedes, porque hay muerto
que mata de un mojicón   625
a un gigante.

DON JUAN

              Salíos todos.
¡A ser yo Catalinón...!
Vete, que viene.

(Vanse, y quedan los dos solos, y
hace señas que cierre la puerta.)

DON JUAN

              La puerta
ya está cerrada. Ya estoy
aguardando. Di, ¿qué quieres,   630
sombra o fantasma o visión?
Si andas en pena o si aguardas

alguna satisfacción
para tu remedio, dilo,
que mi palabra te doy   635
de hacer lo que me ordenares.
¿Estás gozando de Dios?
¿Dite la muerte en pecado?
Habla, que suspenso estoy.

(Habla paso, como cosa del otro
mundo.)

DON GONZALO

¿Cumplirásme una palabra   640
como caballero?

DON JUAN

              Honor
tengo, y las palabras cumplo,
porque caballero soy.

DON GONZALO

Dame esa mano, no temas.

DON JUAN

¿Eso dices? ¿Yo temor?   645
Si fueras el mismo infierno
la mano te diera yo.   (Dale la mano.)

DON GONZALO

Bajo esta palabra y mano,
mañana a las diez estoy
para cenar aguardando.   650
¿Irás?

DON JUAN

       Empresa mayor
entendí que me pedías.
Mañana tu güesped soy.
¿Dónde he de ir?

DON GONZALO

              A mi capilla.

DON JUAN

¿Iré solo?

DON GONZALO

       No, los dos,   655
y cúmpleme la palabra
como la he cumplido yo.

DON JUAN

Digo que la cumpliré;
que soy Tenorio.

DON GONZALO

             Yo soy
Ulloa.

DON JUAN

    Yo iré sin falta.   660

DON GONZALO

Yo lo creo. Adiós.   (Va a la puerta.)

DON JUAN

             Adiós.
Aguarda, iréte alumbrando.

DON GONZALO

No alumbres, que en gracia estoy.

(Vase muy poco a poco, mirando a
DON JUAN, y DON JUAN a él, hasta que
desaparece, y queda DON JUAN con pa-
vor.)

DON JUAN

¡Válgame Dios! Todo el cuerpo
se ha bañado de un sudor,   665
y dentro de las entrañas
se me hiela el corazón.
Cuando me tomó la mano,
de suerte me la apretó,
que un infierno parecía;   670
jamás vide tal calor.
Un aliento respiraba,
organizando la voz,
tan frío, que parecía
infernal respiración.   675
Pero todas son ideas
que da la imaginación:
el temor y temer muertos
es más villano temor;
que si un cuerpo noble, vivo   680
con potencias y razón
y con alma, no se teme,
¿quién cuerpos muertos temió?
Mañana iré a la capilla
donde convidado soy,   685
por que se admire y espante
Sevilla de mi valor.   (Vase.)

Salen el REY y DON DIEGO TENORIO
     y acompañamiento.

REY

¿Llegó al fin Isabela?

DON DIEGO

             Y disgustada.

REY

Pues ¿no ha tomado bien el casamiento?

DON DIEGO

Siente, señor, el nombre de infamada.
                                       [690

REY

De otra causa procede su tormento.
¿Dónde está?

DON DIEGO

             En el convento está alojada
de las Descalzas.

REY

             Salga del convento
luego al punto, que quiero que en pa-
                                    [lacio
asista con la reina más de espacio. 695

DON DIEGO

Si ha de ser con don Juan el despo-
                                   [sorio,
manda, señor, que tu presencia vea.

REY

Véame, y galán salga, que notorio
quiero que este placer al mundo sea.
Conde será desde hoy don Juan Te-
                             [norio 700
de Lebrija; él la mande y la posea,
que si Isabela a un duque corresponde,
ya que ha perdido un duque, gane un
                                  [conde.

DON DIEGO

Todos por la merced tus pies besa-
                                  [mos.

REY

Merecéis mi favor tan dignamente, 705
que si aquí los servicios ponderamos,

me quedo atrás con el favor presente.
Paréceme, don Diego, que hoy hagamos
las bodas de doña Ana juntamente.

DON DIEGO

¿Con Octavio?

REY

No es bien que el duque
[Octavio   710
sea el restaurador de aqueste agravio.
Doña Ana con la reina me ha pedido
que perdone al marqués, porque doña
[Ana,
ya que el padre murió, quiere marido;
porque si le perdió, con él le gana. 715
Iréis con poca gente y sin ruido
luego a hablalle a la fuerza de Triana;
por su satisfacción y por su abono
de su agraviada prima, le perdono.

DON DIEGO

Ya he visto lo que tanto deseaba. 720

REY

Que esta noche han de ser, podéis de-
[cille,
los desposorios.

DON DIEGO

Todo en bien se acaba.
Fácil será al marqués el persuadille,
que de su prima amartelado estaba.

REY

También podéis a Octavio prevenille.
[725
Desdichado es el duque con mujeres;
son todas opinión y pareceres.
Hanme dicho que está muy enojado
con don Juan.

DON DIEGO

No me espanto si ha sa-
[bido
de don Juan el delito averiguado   730
que la causa de tanto daño ha sido.
El duque viene.

REY

No dejéis mi lado,
que en el delito sois comprehendido.

Sale el DUQUE OCTAVIO.

OCTAVIO

Los pies, invicto rey, me dé tu alteza.

REY

Alzad, duque, y cubrir vuestra cabeza.
[735
¿Qué pedís?

OCTAVIO

Vengo a pediros,
postrado ante vuestras plantas,
una merced, cosa justa,
digna de serme otorgada.

REY

Duque, como justa sea,   740
digo que os doy mi palabra
de otorgárosla. Pedid.

OCTAVIO

Ya sabes, señor, por cartas
de tu embajador, y el mundo
por la lengua de la fama   745
sabe, que don Juan Tenorio,
con española arrogancia,
en Nápoles una noche,
para mí noche tan mala,
con mi nombre profanó   750
el sagrado de una dama.

REY

No pases más adelante.
Ya supe vuestra desgracia.
En efeto: ¿qué pedís?

OCTAVIO

Licencia que en la campaña   755
defienda como es traidor.

DON DIEGO

Eso no. Su sangre clara
es tan honrada...

REY

¡Don Diego!

DON DIEGO

Señor.

OCTAVIO

¿Quién eres que hablas
en la presencia del rey   760
de ésa suerte?

DON DIEGO

Soy quien calla
porque me lo manda el rey;
que si no, con esta espada
te respondiera.

OCTAVIO

Eres viejo.

DON DIEGO

Ya he sido mozo en Italia,   765
a vuestro pesar, un tiempo;
ya conocieron mi espada
en Nápoles y Milán.

OCTAVIO

Tiene ya la sangre helada.
no vale *fui,* sino *soy.*   770

DON DIEGO

Pues fui y soy.   *(Empuña.)*

REY

Tened; basta;
bueno está. Callad, don Diego,
que a mi persona se guarda
poco respeto. Y vos, duque,
después que las bodas se hagan,   775
más de espacio hablaréis.
Gentilhombre de mi cámara
es don Juan, y hechura mía;
y de aqueste tronco rama:
mirad por él.

OCTAVIO

Yo lo haré,   780
gran señor, como lo mandas.

REY

Venid conmigo, don Diego.

DON DIEGO

(Aparte.)

¡Ay, hijo! ¡Qué mal me pagas
el amor que te he tenido!

REY

Duque.

OCTAVIO

Gran señor.   785

REY

Mañana
vuestras bodas se han de hacer.

OCTAVIO

Háganse, pues tú lo mandas.

Vanse el REY *y* DON DIEGO *y salen*
GASENO *y* AMINTA.

GASENO

Este señor nos dirá
dónde está don Juan Tenorio.
Señor, ¿si está por acá   790
un don Juan a quien notorio
ya su apellido será?

OCTAVIO

Don Juan Tenorio diréis.

AMINTA

Sí, señor; ese don Juan.

OCTAVIO

Aquí está: ¿qué le queréis?   795

AMINTA

Es mi esposo ese galán.

OCTAVIO

¿Cómo?

AMINTA

Pues, ¿no lo sabéis
siendo del alcázar vos?

OCTAVIO

No me ha dicho don Juan nada.

GASENO

¿Es posible?

OCTAVIO

Sí, por Dios.   800

GASENO

Doña Aminta es muy honrada.
Cuando se casen los dos,
   que cristiana vieja es
hasta los güesos, y tiene
de la hacienda el interés,   805
. . . .
más bien que un conde, un marqués.
Casóse don Juan con ella,
y quitósela a Batricio.

AMINTA

Decid cómo fue doncella
a su poder.

GASENO

            No es juicio   810
esto, ni aquesta querella.

OCTAVIO

(Aparte.)

Esta es burla de don Juan,
y para venganza mía
éstos diciéndola están.
¿Qué pedís, al fin?

GASENO

            Querría,   815
porque los días se van,
   que se hiciese el casamiento,
o querellarme ante el rey.

OCTAVIO

Digo que es justo ese intento.

GASENO

Y razón y justa ley.   820

OCTAVIO

(Aparte.)

Medida a mi pensamiento
ha venido la ocasión.
En el alcázar tenéis
bodas.

AMINTA

¿Si las mías son?

OCTAVIO

(Aparte.)

Quiero, para que acertemos,   825
valerme de una invención.
   Venid donde os vestiréis,
señora, a lo cortesano,
y a un cuarto del rey saldréis
conmigo.

AMINTA

            Vos de la mano   830
a don Juan me llevaréis.

OCTAVIO

Que de esta suerte es cautela.

GASENO

El arbitrio me consuela.

OCTAVIO

(Aparte.)

Estos venganza me dan
de aqueste traidor don Juan   835
y el agravio de Isabela.   (Vanse.)

Salen DON JUAN y CATALINÓN.

CATALINÓN

¿Cómo el rey te recibió?

DON JUAN

Con más amor que mi padre.

CATALINÓN

¿Viste a Isabela?

DON JUAN

            También.

CATALINÓN

¿Cómo viene?

DON JUAN

            Como un ángel.   840

CATALINÓN

¿Recibióte bien?

DON JUAN

            El rostro
bañado de leche y sangre,

como la rosa que al alba
revienta la verde cárcel.

CATALINÓN

Al fin, ¿esta noche son   845
las bodas?

DON JUAN

Sin falta.

CATALINÓN

[Si antes]
hubieran sido, no hubieras,
señor, engañado a tantas;
pero tú tomas esposa,
señor, con cargas muy grandes.   850

DON JUAN

Di: ¿comienzas a ser necio?

CATALINÓN

Y podrás muy bien casarte
mañana, que hoy es mal día.

DON JUAN

Pues ¿qué día es hoy?

CATALINÓN

Es martes.

DON JUAN

Mil embusteros y locos   855
dan en esos disparates.
Sólo aquel llamo mal día,
aciago y detestable,
en que no tengo dineros,
que lo demás es donaire.   860

CATALINÓN

Vamos, si te has de vestir,
que te aguardan, y ya es tarde.

DON JUAN

Otro negocio tenemos
que hacer, aunque nos aguarden.

CATALINÓN

¿Cuál es?

DON JUAN

Cenar con el muerto.   865

CATALINÓN

Necedad de necedades.

DON JUAN

¿No ves que di mi palabra?

CATALINÓN

Y cuando se la quebrantes,
¿qué importa? ¿Has de pedirte
una figura de jaspe   870
la palabra?

DON JUAN

Podrá el muerto
llamarme a voces infame.

CATALINÓN

Ya está cerrada la iglesia.

DON JUAN

Llama.

CATALINÓN

¿Qué importa que llame?
¿Quién tiene de abrir, que están   875
durmiendo los sacristanes?

DON JUAN

Llama a este postigo.

CATALINÓN

Abierto
está.

DON JUAN

Pues entra.

CATALINÓN

Entre un fraile
con su hisopo y estola.

DON JUAN

Sígueme y calla.

CATALINÓN

¿Que calle?   880

DON JUAN

Sí.

CATALINÓN

Dios en paz.
destos convites me saque.

*(Entran por una puerta y salen
por otra.)*

¡Qué escura que está la iglesia,
señor para ser tan grande!
¡Ay de mí! ¡Tenme, señor,   885
porque de la capa me asen!

Sale DON GONZALO *como de antes y
encuéntrase con ellos.*

DON JUAN

¿Quién va?

DON GONZALO

Yo soy.

CATALINÓN

¡Muerto estoy!

DON GONZALO

El muerto soy, no te espantes.
No entendí que me cumplieras
la palabra, según haces   890
de todos burla.

DON JUAN

¿Me tienes
en opinión de cobarde?

DON GONZALO

Sí, que aquella noche huíste
de mí cuando me mataste.

DON JUAN

Huí de ser conocido   895
mas ya me tienes delante.
Di presto lo que me quieres.

DON GONZALO

Quiero a cenar convidarte.

CATALINÓN

Aquí escusamos la cena,
que toda ha de ser fiambre,   900
pues no parece cocina.

DON JUAN

Cenemos.

DON GONZALO

Para cenar
es menester que levantes
esa tumba.

DON JUAN

Y si te importa,
levantaré esos pilares.   905

DON GONZALO

Valiente estás.

DON JUAN

Tengo brío
y corazón en las carnes.

CATALINÓN

Mesa de Guinea es ésta.
Pues ¿no hay por allá quien lave?

DON GONZALO

Siéntate.

DON JUAN

¿Adónde?

CATALINÓN

Con sillas   910
vienen ya dos negros pajes.

(Entran dos enlutados con dos sillas.)

¿También acá se usan lutos
y bayeticas de Flandes?

DON GONZALO

Siéntate tú.

CATALINÓN

Yo, señor,
he merendado esta tarde.   915

DON GONZALO

No repliques.

CATALINÓN

No replico.
Dios en paz de esto me saque.
¿Qué plato es éste, señor?

DON GONZALO

Este plato es de alacranes
y víboras.

CATALINÓN

¡Gentil plato!   920

DON GONZALO

Estos son nuestros manjares.
¿No comes tú?

DON JUAN

Comeré,
si me dieses áspid y áspides
cuantos el infierno tiene.

DON GONZALO

También quiero que te canten.   925

CATALINÓN

¿Qué vino beben acá?

DON GONZALO

Pruébalo.

CATALINÓN

Hiel y vinagre
es este vino.

DON GONZALO

Este vino
esprimen nuestros lagares.

(Cantan.)
Adviertan los que de Dios   930
juzgan los castigos grandes,
que no hay plazo que no llegue
ni deuda que no se pague.

CATALINÓN

¡Malo es esto, vive Cristo!,
que he entendido este romance,   935
y que con nosotros habla.

DON JUAN

Un hielo el pecho me parte.

(Cantan.)
Mientras en el mundo viva,
no es justo que diga nadie:
¡qué largo me lo fiáis!   940
siendo tan breve el cobrarse.

CATALINÓN

¿De qué es este guisadillo?

DON GONZALO

De uñas.

CATALINÓN

De uñas de sastre
será, si es guisado de uñas.

DON JUAN

Ya he cenado; haz que levanten   945
la mesa.

DON GONZALO

Dame esa mano;
no temas, la mano dame.

DON JUAN

¿Eso dices? ¿Yo temor?
¡Que me abraso! ¡No me abrases
con tu fuego!

DON GONZALO

Este es poco   950
para el fuego que buscaste.
Las maravillas de Dios
son, don Juan, investigables,
y así quiere que tus culpas
a manos de un muerto pagues,   955
y si pagas desta suerte,
ésta es justicia de Dios:
"quien tal hace, que tal pague".

DON JUAN

¡Que me abraso, no me aprietes!
Con la daga he de matarte.   960
Mas ¡ay! que me canso en vano
de tirar golpes al aire.
A tu hija no ofendí,
que vio mis engaños antes.

DON GONZALO

No importa, que ya pusiste   965
tu intento.

DON JUAN

Deja que llame
quien me confiese y absuelva.

DON GONZALO

No hay lugar; ya acuerdas tarde.

DON JUAN

¡Que me quemo! ¡Que me abraso!
¡Muerto soy!   *(Cae muerto.)*

CATALINÓN

No hay quien se escape, 970
que aquí tengo de morir
también por acompañarte.

DON GONZALO

Esta es justicia de Dios:
"quien tal hace, que tal pague".

(Húndese el sepulcro con DON JUAN
y DON GONZALO, *con mucho ruido, y
sale* CATALINÓN *arrastrando.)*

CATALINÓN

¡Válgame Dios! ¿Qué es aquesto? 975
Toda la capilla se arde,
y con el muerto he quedado
para que le vele y guarde.
Arrastrando como pueda
iré a avisar a su padre.   980
¡San Jorge, San *Agnus Dei*,
sacadme en paz a la calle!   *(Vase.)*

Salen el REY, DON DIEGO *y acompañamiento.*

DON DIEGO

Ya el marqués, señor, espera
besar vuestros pies reales.

REY

Entre luego y avisad   985
al conde, porque no aguarde.

Salen BATRICIO *y* GASENO.

BATRICIO

¿Dónde, señor, se permite
desenvolturas tan grandes,
que tus criados afrenten
a los hombres miserables?   990

REY

¿Qué dices?

BATRICIO

Don Juan Tenorio,
alevoso y detestable,
la noche del casamiento,
antes que le consumase,
a mi mujer me quitó;   995
testigos tengo delante.

Salen TISBEA *y* ISABELA *y acompañamiento.*

TISBEA

Si vuestra alteza, señor,
de don Juan Tenorio no hace
justicia, a Dios y a los hombres,
mientras viva, he de quejarme.   1000
Derrotado le echó el mar;
dile vida y hospedaje,
y pagóme esta amistad
con mentirme y engañarme
con nombre de mi marido.   1005

REY

¿Qué dices?

ISABELA

Dice verdades.

Salen AMINTA *y el* DUQUE OCTAVIO.

AMINTA

¿Adónde mi esposo está?

REY

¿Quién es?

AMINTA

Pues ¿aún no lo sabe?
El señor don Juan Tenorio,
con quien vengo a desposarme,   1010
porque me debe el honor,
y es noble y no ha de negarme.
Manda que nos desposemos.

Sale el MARQUÉS DE LA MOTA.

MOTA

Pues es tiempo, gran señor,
que a luz verdades se saquen,   1015
sabrás que don Juan Tenorio
la culpa que me imputaste
tuvo él, pues como amigo,
pudo el crüel engañarme;
de que tengo dos testigos.   1020

REY

¿Hay desvergüenza tan grande?
Prendelde y matalde luego.

DON DIEGO

En premio de mis servicios
haz que le prendan y pague
sus culpas, porque del cielo   1025
rayos contra mí no bajen,
si es mi hijo tan malo.

REY

¡Esto mis privados hacen!

Sale CATALINÓN.

CATALINÓN

Señores, todos oíd
el suceso más notable   1030
que en el mundo ha sucedido,
y en oyéndome, matadme.
Don Juan, del Comendador
haciendo burla, una tarde,
después de haberle quitado   1035
las dos prendas que más valen,
tirando al bulto de piedra
la barba por ultrajarle,
a cenar le convidó:
¡nunca fuera a convidarle!   1040
Fue el bulto y convidóle;
y agora porque no os canse,
acabando de cenar,
entre mil presagios graves,
de la mano le tomó,   1045
y le aprieta hasta quitalle
la vida, diciendo: "Dios
me manda que así te mate,
castigando tus delitos.
Quien tal hace, que tal pague."   1050

REY

¿Qué dices?

CATALINÓN

            Lo que es verdad,
diciendo antes que acabase,

que a doña Ana no debía
honor, que le oyeron antes
del engaño.   1055

MOTA

            Por las nuevas
mil albricias pienso darte.

REY

¡Justo castigo del cielo!
Y agora es bien que se casen
todos, pues la causa es muerta,
vida de tantos desastres.   1060

OCTAVIO

Pues ha enviudado Isabela,
quiero con ella casarme.

MOTA

Yo con mi prima.

BATRICIO

            Y nosotros
con las nuestras, porque acabe
El Convidado de piedra.   1065

REY

Y el sepulcro se traslade
en San Francisco en Madrid,
para memoria más grande.

FIN DE
"EL BURLADOR DE SEVILLA"

LA PRUDENCIA EN LA MUJER

LA PRUDENCIA EN LA MUJER (¿1630-1633?)

Fue publicada en la "Parte tercera" de las comedias del maestro Tirso de Molina, recogidas por don Francisco Lucas de Avila, sobrino del autor. Se ha calificado esta obra como la mejor comedia histórica del teatro clásico español, y parece seguro que Tirso de Molina se documentó en la "Crónica de don Fernando IV" y en la "Historia General" del padre Mariana. Esta comedia ofrece una serie de escenas y episodios sueltos en los que se recoge con la mayor veracidad, precisión y fuerza la vida de la Edad Media Castellano leonesa; las diferencias entre una y otra región; las luchas entre familias rivales, odio heredado de generación en generación; la difícil situación del poder real, que en muchas ocasiones, como sucede en la obra, se ponía al lado del pueblo, frente a la rapacidad de los nobles, la constante pasión política; poniéndose de manifiesto todo ello en la comedia con la máxima vida y realidad, pasando a ser Tirso de Molina en "La Prudencia en la Mujer" el poeta histórico que recoge con el mayor acierto las características del pueblo español, en una maravillosa armonía entre el ambiente y los personajes, destacando siempre la figura de la reina, querida y respetada.

Aprovecha Tirso de Molina la comedia para hacer alusión a situaciones semejantes que ocurrían en España en la época en que el fraile mercedario escribió la obra; y tan valiosa es la realidad de la época de la regencia de doña María de Molina, como la realidad del momento en que la obra fue escrita; momento bien preparado para comprender la comedia, ya que la política española ofrecía circunstancias semejantes, con un rey envuelto en terribles dificultades de todos los órdenes, y que no reunía ninguna de las virtudes que habían caracterizado a su padre; bastantes semejanzas podrían encontrarse entre el Fernando de la comedia y el Felipe IV de los Austrias; y los ambiciosos al trono de "La Prudencia en la Mujer" bien pudieran compararse con el Conde Duque de Olivares, pues la obra fue publicada cuando Felipe IV era rey todavía, destacando en la creación de Tirso las vivísimas escenas del acto II en que Melendo de Saldaña notifica a la reina que no tiene nada para cenar.

> REINA. ¡Gracias a Dios! No os dé pena ninguna
> que es señal que comen los vasallos,
> Melendo noble, cuando el rey ayuna.

Y la historia cuenta, de boca en oído, que a doña Isabel de Borbón, esposa de Felipe IV, también le faltó alguna vez la cena, acusándose de ello, naturalmente, al Conde Duque de Olivares. No podía

Tirso de Molina desaprovechar el episodio para incluirlo en la comedia, aunque no figura en la crónica de Fernando IV. Esa y otras
muchas alusiones a la política de la época se encuentran en la obra,
lo mismo que en otras del fraile mercedario, y se explica el destierro
que sufrió de Madrid y la prohibición de que escribiera comedias "de
malos incentivos y ejemplos"; quizá el destierro fue una venganza por
el mal concepto que Tirso de Molina tenía del rey y de su privado.

Al empezar la comedia es plena Edad Media y don Juan, don Enrique y don Diego se disputan el trono en bellísimas octavas reales;
no hay en la obra unidad de lugar ni de tiempo, ni son necesarias,
pues todo el drama significa el estudio de aquella maravillosa mujer
que defendía el patrimonio de su hijo con una energía, una habilidad,
un tacto maravillosos; y todos los personajes de la obra, los históricos
y los creados por Tirso de Molina respiran la misma vida, la misma
realidad, respondiendo a la nota más destacada del autor, que es la
de creador de caracteres; también nos ofrece el bello lenguaje que
caracteriza toda la obra del fraile mercedario.

No aparece en la comedia una acción secundaria, paralela al episodio histórico, solamente nos presenta un maravilloso ejemplo de política hábil y prudente llevada a cabo por doña María de Molina durante la minoría de su hijo Fernando IV el Emplazado, asombrando
la documentación histórica, no solamente la obtenida mediante documentos, sino la conseguida en la vida misma, pues Tirso de Molina
estuvo en una serie de ciudades que habían sido residencia de los
reyes, donde pudo recoger datos de la vida de doña María de Molina:
en Guadalajara, que habían visitado los reyes en el último año de la
vida de don Sancho; en Alcalá, ciudad en la que el rey otorga testa-
mento, designando a su esposa tutora de su hijo "conosciendo commo
la reina doña María era de gran entendimiento". Probablemente también estuvo el fraile mercedario en Molina, señorío de la reina, y
especialmente vivió en Toledo, que guarda el sepulcro de don Sancho.
Y esta fidelidad en el estudio de la protagonista se extiende a todos
los personajes que intervienen en la obra y a todos los hechos que
en la comedia se consignan.

Toda la representación es la figura de la reina al ofrecer un aca-
bado estudio psicológico que se va dibujando a través de las escenas,
apareciendo siempre como infinitamente femenina, a pesar de su energía y de su entereza inquebrantables; pero siempre destaca su bondad
que es inagotable y siempre oportuna; y cada una de las jornadas
de la obra termina con un rasgo generoso de la reina: el perdón de
los nobles, que bien poco lo merecían; la merced concedida a don
Diego de Haro; las otorgadas a Benavides y Carvajales, mostrándose
siempre magnánima y destacando su personalidad como hábil política,
pues son tres notas fundamentales las que nos ofrece esta figura femenina única: sus dotes como habilísimo político, sabiendo en todo
momento mostrar energía y fuerza de voluntad, al mismo tiempo que
tolerancia y bondad cuando así era conveniente, con un sentido del
deber y de la responsabilidad como reina, a los que nunca faltó, llegando a vender villas y lugares de su dote, a deshacerse de sus joyas

y quedar pobre antes de consentir que se oprimiera al pueblo con nuevas contribuciones. Y así, cuando el astuto consejero don Enrique insiste en que se aumenten los tributos para pagar mejor a los soldados, contesta la reina diciendo:

> Ni hay tampoco huerta agora
> por más fértil que la vean
> que dé fruto a cada hora.
> Cada año una vez le echa,
> no le pidáis cada instante,
> que descansada aprovecha;
> y los vasallos, Infante,
> también tienen su cosecha.

Y bien corresponden los súbditos a tanto sacrificio, porque al final de la obra muestra el pueblo todo el cariño que siente por su reina. Se plantea también el problema de que Tirso de Molina prefiere a un rey prudente y clemente a diferencia de Quevedo y Alarcón que le prefieren implacable, justiciero.

Una segunda personalidad nos la ofrece la reina como viuda casta y respetuosa, con una fidelidad absoluta al rey difunto, fidelidad que no pueden quebrantar las ofertas de matrimonio que con tanta frecuencia le son propuestas. Pero por encima de tantas virtudes está la de madre amantísima; todos los recursos de su inteligencia y de su corazón al servicio de su hijo; por él lo sacrificará todo, por su amor lo expondrá todo, por su defensa lo arriesgará todo. En el mundo femenino del teatro de Tirso de Molina, destaca la figura de la reina como la más completa, la más extraordinaria, y en todo el teatro del Siglo de Oro no puede encontrarse otra tan perfecta. ¡Qué lejos se queda Lope en este sentido! Bien es verdad que el teatro del Siglo de Oro prefiere no hacer intervenir a la figura femenina de la madre. Parece que la comedia no fue escrita en Madrid, pues no ofrece ninguna nota de las que caracterizan sus obras escritas en la corte, principalmente la sátira hiriente que no se presenta en ésta. Al final de la representación promete Tirso de Molina una segunda parte que nunca llegó a publicarse, en la que ofrece tratar del fin de los Çaravajales:

> DON DIEGO. De los dos Caravajales
> con la segunda comedia
> Tirso, senado os convida,
> si ha sido a vuestro gusto ésta.

LA PRUDENCIA EN LA MUJER

PERSONAS

LA REINA DOÑA MARÍA.
EL REY DON FERNANDO IV.
EL INFANTE DON ENRIQUE.
EL INFANTE DON JUAN.
DON DIEGO DE HARO.
DON JUAN ALONSO CARAVAJAL.
DON PEDRO CARAVAJAL.
DON JUAN BENAVIDES.
DON NUÑO.
DON ALVARO.
DON MELENDO.
DON LUIS.
DON TELLO.

PADILLA.
UN MAYORDOMO.
UN MERCADER.
ISMAEL, *médico hebreo.*
CARRILLO, *criado.*
CHACÓN, *criado.*
CRIADOS, 1º y 2º.
BERROCAL.
TORBISCO.
GARROTE.
NISURO.
CRISTINA.

Acompañamiento, caballeros, vecinos armados, soldados, aldeanos.

La escena es en Toledo, en León y otros puntos.

ACTO PRIMERO

ESCENA PRIMERA

(Sala en el Alcázar de Toledo.)

El infante DON ENRIQUE, *el infante*
DON JUAN, DON DIEGO DE HARO

DON ENRIQUE

Será la viuda Reina esposa mía,
y dárame Castilla su corona
o España volverá a llorar el día
que al code Don Julián traidor pre-
[gona.
¿Con quién puede casar Doña María, 5
si de valor y hazañas se aficiona,
como conmigo, sin hacerme agravio?
Enrique soy, mi hermano Alfonso el
[Sabio.

DON JUAN

La Reina y la corona pertenece
a Don Juan, de Don Sancho el Bravo
[hermano.10
Mientras el niño rey Fernando crece,
yo he de regir el cetro castellano.
Pruebe, si algún traidor se desvanece,
a quitarme la espada de la mano;
que mientras gobernare su cuchilla 15
sólo Don Juan gobernará Castilla.

DON DIEGO

Está vivo Don Diego López de Haro,
que vuestras pretensiones tendrá a raya,
y dando al tierno Rey seguro amparo,
casará con su madre, y cuando vaya
[20
algún traidor contra el derecho claro
que defiendo, señor soy de Vizcaya:
minas son las entrañas de sus cerros,
que hierro dan con que castigue yerros.

DON ENRIQUE

¿Qué es esto, Infante? ¿Vos osáis con-
[migo 25

oponeros al reino? ¿Y vos Don Diego,
conmigo competís y sois mi amigo?

DON JUAN

Yo de mi parte la justicia alego.

DON DIEGO

De mi lealtad a España haré testigo.

DON ENRIQUE

A la Reina pretendo.

DON JUAN

De su fuego 30
soy mariposa.

DON DIEGO

Yo del sol que miro
yerba amorosa que a sus rayos giro.

DON ENRIQUE

Tío, Don Juan, soy vuestro, y de Fer-
[nando
el Santo que amó a Sevilla, hijo.

DON JUAN

Yo nieto suyo: Alfonso me está dando
[35
sangre y valor con que reinar colijo.

DON DIEGO

Primo soy del rey muerto; pero cuando
no alegue el árbol real con que prolijo
el cronista mi ascendencia pinta,
alegaré el acero de la cinta. 40

DON ENRIQUE

Vos, caballero pobre, cuyo Estado
cuatro silvestres son, toscos y rudos,
montes de hierro, para el vil arado,
hidalgos por Adán, como él desnudos.
Adonde en vez de Baco sazonado, 45

manzanos llenos de groseros nudos
dan mosto insulso, siendo silla rica,
en vez de trono, el árbol de Guernica.
¡Intentáis de la Reina ser consorte,
sabiendo que pretende Don Enrique 50
casar con ela, ennoblecer su corte,
y que por rey España le publique!

DON JUAN

Cuando su intento loco no reporte
y edificios quiméricos fabrique,
mientras el reino gozo y su hermosura,
                                    [55
se podrá desposar con su locura.

DON DIEGO

Infantes, de mi Estado la aspereza
conserva limpia la primera gloria
que la dio, en vez del Rey, naturaleza,
sin que sus rayas pase la vitoria.   60
Un nieto de Noé la dio nobleza;
que su hidalguía no es de ejecutoria,
ni mezcla con su sangre, lengua o traje,
mosaica infamia que la suya ultraje.
Cuatro bárbaros tengo por vasallos, 65
a quien Roma jamás conquistar pudo,
que sin armas, sin muros, sin caballos,
libres conservan su valor desnudo.
Montes de hierro habitan, que a esti-
                                [mallos,
valiente en obras, y en palabras mudo,
                                    [70
a sus miras guardárades decoro,
pues por su hierro, España goza su oro.
Si su aspereza tosca no cultiva
aranzadas a Baco, hazas a Ceres,
es porque Venus huya, que lasciva 75
hipoteca en sus frutos sus placeres.
La encina hercúlea, no la blanda oliva,
teje coronas para sus mujeres,
que aunque diversas en el sexo y nom-
                                    [bres
en guerra y paz se igualen a sus hom-
                                [bres. 80
El árbol de Guernica ha conservado
la antigüedad que ilustra a sus señores,
sin que tiranos le hayan deshojado,
ni haga sombra a confesos ni a traido-
                                    [res.
En su tronco, no en silla real sentado,
                                    [85
nobles, puesto que pobres electores,
tan sólo un señor juran, cuyas leyes
libres corservan de tiranos reyes.

Suyo lo soy agora, y del Rey tío,
leal en defendelle, y pretendiente   90
de su madre, a quien dar la mano fío,
aunque la deslealtad su ofensa intente.
Infantes, si a la lengua iguala el brío,
intérprete es la espada del valiente;
el hierro es vizcaíno, que os encargo, 95
corto en palabras, pero en obras largo.

ESCENA II

LA REINA DOÑA MARÍA, de viuda. DON
    ENRIQUE, DON JUAN, DON DIEGO

REINA

¿Qué es aquesto, caballeros,
defensa y valor de España,
espejos de lealtad,
gloria y luz de las hazañas?   100
Cuando muerto el rey Don Sancho,
mi esposo y señor, las galas
truecan León y Castilla
por jergas negras y bastas;
cuando el moro granadino   105
moriscos pendones saca
contra el reino sin cabeza,
y las fronteras asalta
por la lealtad defendidas,
y abriéndose su *Granada*   110
por las catolicas vegas
blasfemos granos derrama;
¡en civiles competencias,
pretensiones mal fundadas,
bando que la paz destruyen   115
ambiciosas arrogancias,
cubrís de temor los reinos,
tiranizáis vuestra patria,
dando en vuestra ofensa lenguas
a las naciones contrarias!   120
¡Ser mis esposos queréis,
y como mujer ganada
en buena guerra, al derecho
casarme intentáis por fuerza
me reducís de las armas!   125
¡Y ilustrando sangre hidalga,
la libertad de mi gusto
hacéis pechera y villana!
¿Qué véis en mí, ricoshombres?
¿Qué liviandad en mí mancha   130
la conyugal continencia
que ha inmortalizado a tantas?
¿Tan poco amor tuve al Rey?
¿Viví con él mal casada?

¿Quise bien a otro, doncella? 135
¿A quién, viuda, di palabra?
Ayer murió el Rey mi esposo,
aun no está su sangre helada
de suerte que no conserve
reliquias vivas del alma. 140
Pues cuando en viudez llorosa
la mujer más ordinaria
al más ingrato marido
respeto un año le guarda;
cuando apenas el monjil 145
adornan las tocas blancas,
y juntan con la tristeza
la gloria del vivir casta;
yo, que soy reina, y no menos
al rey don Sancho obligada, 150
que Artemisa a su Mausoleo,
que a su Pericles Aspasia,
¿queréis, grandes de Castilla,
que desde el túmulo vaya
al tálamo incontinente? 155
¿De la virtud a la infamia?
¿Conocéisme, ricoshombres?
¿Sabéis que el mundo me llama
la reina Doña María?
¿Que soy legítima rama 160
del trono real de León,
y como tal, si me agravian,
seré leona ofendida,
que muerto su esposo, brama?
Ya yo sé que no el amor, 165
sino la codicia avara
del reino que pretendéis
os da bárbara esperanza
de que he de ser vuestra esposa;
que al ver la corona sacra 170
sobre las sienes pueriles
de un niño, a quien su Rey llama
Castilla y en quien Don Sancho
su valor cifra y retrata;
aunque yo su madre sea, 175
¿me tendréis por tan liviana,
que al torpe amor reducida,
en fe de una infame hazaña,
dalle la muerte consienta
porque reinéis con su falta? 180
Engañáisos, caballeros;
que no está desamparada
destos reinos la corona,
ni del Rey la tierna infancia.
Don Sancho el Bravo aun no es muer-
[to 185
que como me entregó el alma,
en mi pecho se conservan
fieles y amorosas llamas.

Si porque el Rey es un niño
y una mujer quien le ampara, 190
os atrevéis ambiciosos
contra la fe castellana;
tres almas viven en mí:
la de Sancho, que Dios haya,
la de mi hijo, que habita 195
en mis maternas entrañas,
y la mía, en quien se suman
esotras dos: ved si basta
a la defensa de un reino
una mujer con tres almas. 200
Intentad guerras civiles,
sacad gentes en campaña,
vuestra deslealtad pregonen
contra vuestro Rey las cajas;
que aunque mujer, ya sabré, 205
en vez de las tocas largas
y el negro monjil, vestirme
el arnés y la celada.
Infanta soy de León,
salgan traidores a caza 210
del hijo de una leona,
que el reino ha puesto en su guarda;
veréis si en vez de la aguja,
sabrá ejercitar la espada,
y abatir lienzos de muros 215
quien labra lienzos de Holanda.

ESCENA III

(Descúbrese sobre un trono el REY DON
FERNANDO, *niño y coronado.)*

EL REY DON FERNANDO, *acompañamiento.* LA REINA, DON ENRIQUE, DON
JUAN, DON DIEGO.

REINA

Vuestro natural señor
es éste, y la semejanza
de Don Sancho de Castilla;
Fernando cuarto se llama. 220
Al sello real obedecen,
sólo por tener sus armas,
los que su lealtad estiman,
con ser un poco de plata:
el que veis es sello vivo 225
en quien su ser mismo graba
vuestro Rey, que es padre suyo;
su sangre las armas labran:
respetadle aunque es pequeño;
que el sello nunca se iguala 230

al dueño en la cantidad;
que tenga su forma basta.
Forma es suya el niño rey:
llegue el traidor a borralla,
rompa el desleal el sello,   235
conspire la envidia ingrata:
ea, lobos ambiciosos,
un cordero simple bala;
haced presa en su inocencia,
probad en él vuestra rabia,   240
despedazad el vellón
con que le ha cubierto España,
y privadle de la vida,
si a esquilmar venís su lana;
pues cuando vivan Caínes,   245
al cielo la sangre clama
de Abeles a traición muertos
que apresuran su venganza.
Si muere, morirá rey;
y yo con él abrazada,   250
sin ofender las cenizas
de mi esposo, siempre casta,
daré la vida contenta,
antes que el mundo en mi infamia
diga que otro que Don Sancho   255
esposa suya me llama.

DON JUAN

Infanta, ya no reina, la licencia
que de mujer tenéis, os da seguro
para hablar arrogante y sin prudencia,
de donde vuestro daño conjeturo.
Quise casar con vos, porque la heren-
                              [cia 260
del reino me compete; que procuro,
dispensándolo el Papa, de mi hermano
el llanto consolar, que hacéis en vano.
Pero pues despreciáis la buena suerte
con que mi amor vuestra hermosura
                             [estima, 265
guardad vuestra viudez, llorad mi
                            [muerte;
que es loable el respeto que os anima;
pero advertir también que el reino ad-
                            [vierte
que siendo vos del rey Don Sancho
                            [prima,
y sin dispensación con él casada,   270
perdéis la acción del reino deseada.
Vuestro hijo el infante no le hereda,
de matrimonio ilícito nacido;
que la Iglesia hasta el cuarto grado
                            [veda
el título amoroso de marido.   275
No siendo, pues, legítimo, ya queda

Fernando de la acción real excluido,
y yo amparado en ella, como hermano
del rey Don Sancho en deudo más cer-
                             [cano.
Del reino desistid, si es que sois cuer
                             [da; 280
que yo le daré Estados en que viva,
como hacen los infantes de la Cerda,
aunque su acción en más derecho es-
                             [triba;
y no intente, que aquí la vida pierda
en tiernos años la ambición que os va
                             [va 285
de la razón, ni pretendáis que afrente
la sangre mi valor de un inocente.

REINA

Muera; que no será el Abel primero
que al cielo contra voz venganza pida.
Id a Tarifa; que el Guzmán cordero
                             [290
ofrece a la lealtad la cara vida.
Si el padre noble os arrojó el acero,
con que a la hazaña bárbara os convida
que hicisteis en favor del sarraceno,
dando a Guzmán el título de Bueno;
                             [295
honrándoos con el título de malo,
dad muerte a vuestro Rey tierno y sen-
                             [cillo;
que yo, que a su español valor me igua-
                             [lo,
arrojaros también sobre el cuchillo,
mas no la libertad con que señalo   300
el alma que a mi muerto esposo hu-
                             [millo,
pues no he de dar la mano a quien la
                             [toma
contra Dios en ayuda de Mahoma.
Legítimo es mi hijo, y ya dispensa
el Papa, vice-Dios, en el prohibido   305
grado; si en él fundáis vuestra defensa,
a mi poder las bulas han venido.
Traidor y desleal es el que piensa
por verse rey, llamarse mi marido.
Sed todos contra aquesta intención cas-
                             [ta; 310
que como Dios me ampare, Él sólo
                             [basta.

DON JUAN

Alto, pues la justicia que me esfuerza,
a Castilla conquiste, pues la heredo,
que mi esposa seréis de grado o fuerza,

y lo que amor no hizo, lo hará el
[miedo. 315
Yo haré que vuestra voluntad se tuerza,
cuando veáis la vega de Toledo
llena de moros, y en mi ayuda todos,
asentarme en la silla de los godos.
(Vase.)

DON ENRIQUE

El rey de Portugal es mi sobrino; 320
el derecho que tengo al reino ampara.
Pues que juzgáis mi amor a desatino
cuando creí que cuerda os obligara,
enarbolar las quinas determino,
triunfando en ellas mi justicia clara, [325
aunque fueran sus muros de diamantes,
contra tu Alcázar real y San Cervantes.
(Vase.)

DON DIEGO

Reina, Aragón mi intento favorece,
Vizcaya es mía, y de Navarra espero
ayuda cierta: si mi amor merece 330
la mano hermosa que adoré primero,
favor seguro al niño rey ofrece
contra Enrique, Don Juan y el mundo
[entero.
Despacio consultad vuestro cuidado
mientras por la respuesta vuelvo ar-
[mado. 335
(Vase.)

ESCENA IV

LA REINA, EL REY, acompañamiento.

REINA

Ea, vasallos, una mujer sola,
y un niño rey que apenas hablar sabe,
hoy prueban la lealtad en que acrisola
el oro del valor con que os alabe.
La traición sus banderas enarbola; 340
si amor de ley en vuestros pechos cabe,
volved por los peligros que amenazan
a un cordero que lobos despedazan.
Si la memoria de Fernando el Santo
os obliga a amparar a su biznieto, 345
Fernando como él; si puede tanto
de un Sabio Alfonso el natural respeto;
si un rey Don Sancho os mueve, si mi
[llanto,

si un ángel tierno a vuestro amor sujeto,
conservadle leales en su silla. 350
(Gritan dentro.)

UNOS

¡Viva Enrique!

OTROS

¡Don Juan, rey de Castilla!

REINA

Por Don Enrique y por Don Juan pre-
[gona
la deslealtad, el reino alborotado.

REY

Madre, infinito pesa esta corona.
Abájame de aquí, que estoy cansado.
[355
(La reina le baja.)

REINA

¿Pesa, hijo? Decís bien, pues ocasiona
su peso la lealtad, que os ha negado
el interés que a la razón cautiva.
(Dentro.)

UNOS

¡Castilla por Don Juan!

OTROS

¡Enrique viva!

REY

Diga, madre, ¿qué voces serán éstas?
[360
¿Está mi corte acaso alborotada?

REINA

Sí, mi Fernando.

REY

Haránme todos fiestas
porque ven mi cabeza coronada.

REINA

Traidores contra vos las das molestas.

REY

¿Traidores contra mí? Deme una es-
[pada. 365
Por vida de quien soy...

REINA

¡Ay, hijo mío!
De vuestro padre el Rey es ese brío.

ESCENA V

EL CRIADO 1º - *Dichos*

CRIADO 1º

¿Qué aguarda, gran señor, ya Vuestra
[Alteza?
del Alcázar Don Juan se ha apoderado,
y Don Enrique de la fortaleza   370
de San Cervantes, y han determinado
prenderos.

REY

Cortadles la cabeza,
por vida de mi padre.

REINA

¡Ay, hijo amado!
Huyamos a León, que es patria mía.

REY

Pagármelo han, traidores, algún día.
[375
(*Vanse.*)

ESCENA VI

(*Vista exterior de Valencia de Alcántara. Arboles en el fondo. Una casa
de extramuros, a un lado. Es de noche.*)

DON JUAN ALONSO Y DON PEDRO
CARAVAJAL, CARRILLO

DON ALONSO

Don Pedro, ¡hermosa mujer!

DON PEDRO

Presto della te despides.

DON ALONSO

A Don Juan de Benavides
aguarda; que a no temer
su venida, un siglo entero   380
juzgara por un instante.

DON PEDRO

¿Ya es tu esposa?

DON ALONSO

Y más constante
yo en amalla que primeró.

CARRILLO

El primer amante has sido
que dando alcance a la presa,   385
se levanta de la mesa
con hambre, habiendo comido;
que la costumbre de amar
agora, si tienes cuenta,
es de postillón en venta: 390
beber un trago, y picar.

DON ALONSO

No es manjar Doña Teresa
de Benavides, de modo
que aunque satisfaga en todo,
cause fastidio a su mesa.   395
Cuando con el apetito
la voluntad está unida,
de gusto toda la vida.

CARRILLO

Siempre amor muere de ahito;
pues por más que satisfaga   400
y cause gusto mayor,
siendo él dulce, y niño amor,
fácilmente se empalaga.
Pero comiste de priesa,
y levántaste picado.   405

DON PEDRO

En fin, ¿la mano le has dado
de esposo a Doña Teresa?

DON ALONSO

Ya tuvieron fin mis males.
¿Cómo albricias no me pides?

DON PEDRO

Somos, si ella Benavides,   410
vos y yo Caravajales.
Ni ganastes con su amor
ni perdistes.

DON ALONSO

Su belleza,
aunque no aumente nobleza,

don Pedro ,a vuestro valor,   415
basta para enriquecer
la voluntad que la adora.

DON PEDRO

Como cesasen agora,
por medio de esta mujer,
los bandos y enemistades   420
de su linaje y el nuestro,
contento por tu amor muestro.

DON ALONSO

Noblezas y calidades
en el reino de León
los Benavides abonan,   425
y nuestro valor pregonan
los que honran nuestro blasón.
De la descendencia real
que ilustra a los Benavides,
viene, si la nuestra mides,   430
la casa Caravajal.
Don Alfonso, rey leonés,
de Fernando el Santo, hermano,
andando a caza un verano
y perdiéndose después,   435
en una serrana tuvo
dos hijos, progenitores
de nuestros antecesores;
y porque el mayor estuvo
heredado en Benavides,   440
el nombre dél adquirió,
y el otro (que se igualó
en las hazañas a Alcides)
por ser de Caravajal
señor, tomó su apellido.   445
Si de un tronco hemos nacido,
no le estará a Don Juan mal
que me case con su hermana.

CARRILLO

Mal o bien, ya estáis los dos
bajo de un yugo, por Dios.   450
Ya bosteza la mañana
crepúsculos claroscuros.
¿Qué es lo que hacemos aquí?

DON ALONSO

Lo que intentaba adquirí.
Temores, vivid seguros,   455
pues Doña Teresa es mía.

DON PEDRO

Guarda he sido de tu amor.

DON ALONSO

Eres mi hermano menor,
y del alma que se fía
de ti, mi Don Pedro, el dueño.   460

CARRILLO

Vámonos de aquí a acostar;
que tengo que repasar
ciertas cuentas con el sueño.   *(Vanse.)*

ESCENA VII

DON JUAN DE BENAVIDES, CHACÓN

BENAVIDES

Tarde salí de León;
pero ya estamos en casa.   465

CHACÓN

Terrible es tu condición,
pues me da el sueño por casa.

BENAVIDES

Todo hoy dormirás, Chacón.

CHACÓN

¿Qué importara que estuvieras
esta noche en la ciudad,   470
y en saliendo el sol vinieras?

BENAVIDES

Sospechas de calidad
me asombran con mil quimeras.
Las dos leguas que hasta aquí
hay de León, he venido   475
tan fuera, Chacón, de mí,
que ni el camino he sentido,
ni dónde estoy.

CHACÓN

¿Cómo así?

BENAVIDES

Siempre de ti me he fiado.
Ya sabes que aquí, en Valencia   480
de Alcántara, está fundado
el solar de mi ascendencia.

CHACÓN

En él eres estimado
por nieto del rey famoso
de León, Alfonso.

BENAVIDES

¡Ay cielos!   485

¡Lo que un hombre generoso
padece, si con desvelos
anda su honor sospechoso!
Ya sabes aquí también
tienen los Caravajales   490
su casa...

CHACÓN

Sí, sé. Pues ¿bien?...

BENAVIDES

Y que con bandos parciales,
en dos cuadrillas se ven
cuantos en Valencia habitan
divididos.

CHACÓN

Heredastes   495
los enojos que os incitan,
con la leche que mamastes.

BENAVIDES

Ellos el gusto me quitan.
En León supe, Chacón,
que Don Juan Caravajal   500
tiene a mi hermana afición,
y contra el odio mortal
que sustenta mi opinión,
casarse en secreto intenta
con ella.

CHACÓN

Por ese medio   505
vuestra enemistad sangrienta
hallará en la paz remedio.

BENAVIDES

No puede venirme afrenta,
en esta ocasión, igual.

CHACÓN

Pasiones es bien que olvides.   510

BENAVIDES

Antes que la sangre real
que ilustra a los Benavides,
con sangre Caravajal
se mezcle, de un vil pastor
será mi hermana mujer   515
de un oficial sin valor,
de un alarbe mercader,
de un confeso, que es peor.
Mientras que mi enojo vive,
no ha de quedar en Castilla   520
en quien su memoria estribe,
ni casa en ciudad o villa,
ni piedra que no derribe.
Y a saber yo ser verdad
yo que sé por opinión,   525
y tenerle voluntad
doña Teresa, un Nerón,
un Fálaris en crueldad
mi enojo resucitara:
fuego a esta casa pusiera,   530
en que viva la abrasara,
sus cenizas me bebiera,
de sal su casa sembrara,
y huyendo a un monte grosero,
no osara entrar en poblado   535
hasta vengarme primero,
ni del blasón heredado
usara de caballero.

CHACÓN

¡Dios me libre de enojorte!
Extraña es tu condición.   540

BENAVIDES

Esta sospecha fue parte
para salir de León
a tal hora. — ¿Por qué parte
podremos entrar en casa
sin avisar mi venida,   545
para saber lo que pasa
y quitarle con la vida
el torpe amor que la abrasa?

CHACÓN

Aquesta pared de enfrente
está baja, y da en la huerta;   550
pero nunca el que es prudente
cree en una sospecha incierta.

BENAVIDES

Espera, que viene gente.

ESCENA VIII

DON ALONSO, DON PEDRO, CARRILLO,
BENAVIDES, CHACÓN

DON ALONSO

*(Hablando con su hermano, sin ver a
BENAVIDES y CHACÓN.)*

Si el hermano de mi esposa,
como dicen, ha sabido   555
nuestra intención amorosa
y de León ha venido,
no es amante el que reposa
y deja en tan manifiesto
peligro a quien sirve y ama.   560
A saberlo estoy dispuesto
de su casa. Hermano, llama.

BENAVIDES

(Aparte, a su criado.)

Chacón, ¿no adviertes en esto?
Ciertas mis sospechas son.

DON PEDRO

Don Juan Benavides tiene   565
tan mala la condición,
que si acaso a saber viene
que gozas la posesión
de tu amor, y lo que pasa,
le ha de dar muerte cruel;   570
y así el sacarla de casa
para asegurarla dél,
es cordura.

BENAVIDES

(Aparte.)

¡Ay suerte escasa!
Mi deshonra averigüé.
¿Cómo mi enojo resisto?   575

DON ALONSO

Que viene a vengarse sé
de quien informarle ha visto
que esta noche la gocé.
Y así quiero diligente,
pues es mi esposa, librarla,   580
de su cólera impaciente;
que bien podremos guardarla
de todo el mundo, aunque intente
sacarla de mi poder.

DON PEDRO

Cuando por bien no lo lleve,   585
si no quisiere ofender,
junte deudos, y armas pruebe;
que en volviéndose a encender
los bandos que sustentamos,
tantos parientes tenemos   590
como él.

DON ALONSO

Llamar no perdamos
la ocasión que pretendemos,
pues a sus puertas estamos.

BENAVIDES

(Aparte.)

Ya no basta el sufrimiento.
(Habla con los Caravajales.)
Los que caballeros son,   595
nunca intentan casamiento
a oscuras, como el ladrón
de infame merecimiento.
Su sangre y nobleza ofende
quien honras hurtar porfía   600
a oscuras, si no es que entiende
que no merece de día
lo que de noche pretende.
Y no en balde conjeturo
de aquí vuestro menosprecio,   605
y valor poco seguro;
que no tiene mucho precio
lo que se vende a lo oscuro.
Como mi puerta ennoblece
el barreado león,   610
que en campo de plata ofrece
a mi sangre el real blasón
que vuestra envidia apetece,
temisteis verle de día,
y como ausente me hallasteis,   615
y que él la muerte os tenía;
por las paredes entrasteis
de noche, en fe que dormía.
Mas como me vio ofendido,
bramando en esta ocasión,   620
me sacó con su bramido
un león de otro León,
donde estaba divertido.
A satisfacer la fama
que me habéis hurtado vengo;   625
mi agravio es león que brama;
un león por armas tengo,
y Benavides se llama.
De vuestros torpes amores

dará venganza a mi enojo,   630
mostrando a mis sucesores
la nobleza de un león rojo
en sangre de dos traidores.

DON ALONSO

Como ya sois mi cuñado,
ni de palabras me afrento,   635
ni de mi enojo heredado
tomar la venganza intento
de que ocasión me habéis dado;
téngoos ya por sangre mía,
y como es fuego el amor   640
que en mí vuestra hermana cría,
la luz que trae mi valor
se aventaja a la del día.
Si, como se usa, llegara
a afrentar vuestra opinión,   645
y a Doña Teresa hurtara
la honra, fuera ladrón
que vuestra casa escalara;
pero siendo esposa mía,
ni deshonraros procuro,   650
ni es mi amor mercaduría
que quien la compra a lo oscuro,
la desestima de día.
Si un león es el blasón
que a vuestras puertas ponéis   655
en guarda de su opinión,
porque de un rey descendéis,
el mismo rey de León
me da nobleza estimada,
por su nieto y descendiente;   660
y como el de esa portada
me conoció por pariente,
dejóme libre la entrada.
Si dio bramidos, sería,
no del furor que os abrasa,   665
sino en señal de alegría:
por verme honrar vuestra casa.
Festejándoos, bramaría.
Cuanto y más que en tal demanda,
no temo vuestro león,   670
mientras en mi defensa anda,
dando a mis armas blasón,
una onza sobre una banda;
porque para no temerle,
cuando mi amor amenace,   675
tengo, si llega a ofendelle,
onza que le despedace,
y banda con que prendelle.

DON PEDRO

Don Juan, esposo es mi hermano
de Doña Teresa ya,   680

y sin dar quejas en vano,
la paz y la guerra está
desde agora en vuestra mano.
Si venís en lo primero,
parentesco y amistad   685
eterna ofreceros quiero;
si en lo segundo, dejad
palabras, y hable el acero;
que en campo y batalla igual,
probando fuerzas y ardides,   690
daréis a España señal
vos del valor, Benavides,
y nos dél, Caravajal.

BENAVIDES

Mil veces digo que aceto
el propuesto desafío.   695

DON ALONSO

Póngase, pues, en efeto,
que del valor en que fío
ya victoria me prometo.

BENAVIDES

Pues aguardad.

DON ALONSO

            Eso no;
que el enojo que os abrasa,   700
vuestra hermana receló;
y si entráis en vuestra casa,
juzgando que os agravió,
procuraréis ofendella.
O dejádmela sacar,   705
o no habéis de entrar en ella.

BENAVIDES

Todo eso es acumular
agravios a mi querella.

DON ALONSO

Vive en ella mi esperanza.

BENAVIDES

Haced mi enojo mayor;   710
que el castigo y su tardanza
dé dilos a mi valor,
y aceros a mi venganza.

ESCENA IX

LA REINA. — *Dichos.* — *Después*
EL REY.

REINA

Ilustres Caravajales,
Benavides excelentes,   715
mis deudos sois y parientes.
Blasones os honran reales:
mostrad hoy que sois leales.
Un árbol sirve de silla
a la inocencia sencilla   720
de vuestro Rey incapaz.

*(Descubre al Rey niño encerrado en el
tronco de un árbol.)*

No permitas que en agraz
os le malogre Castilla.
Como la aurora, amanece
entre la tiniebla oscura   725
de la traición, que procura
matárosle y le oscurece.
Si este tierno sol merece
glorias de una ilustre hazaña,
lograd el que os acompaña,   730
y con valor español,
defended los dos un sol
que os da el oriente de España.

BENAVIDES

¡Oh retrato del amor,
niño rey, humilde Alteza!   735
Con tu angélica belleza
se enternece mi rigor.
No tuviera yo valor,
si el socorro que me pides,
a las perlas que despides   740
negaran mis fieles labios.
Por los tuyos, sus agravios
olvidan los Benavides.
Famosos Caravajales,
treguas al enojo demos,   745
y para después dejemos
guerras y bandos parciales.
No salgan los desleales
con su bárbaro consejo.
A estos pies mi agravio dejo,   750
para volverme a tomar;
que mal se podrá olvidar
el odio heredado y viejo.
Juntemos nuestros amigos,
y de dos un campo hagamos;   755

que mientras al Rey sirvamos,
no hemos de ser enemigos.
Serán los cielos testigos,
para ilustrarnos después,
de que hoy el valor leonés   760
con lealtad y con amor,
el bien del Rey su señor
antepone a su interés.

DON ALONSO

Fénix de España, nacido
para que su gloria aumente,   765
pájaro sois inocente,
en ese árbol como en nido.
¿Quién, mi perla, os ha escondido
desa suerte?

REY

Hanme quitado
mi reino, y no me han dejado   770
aun la cuna en que nací;
y como a Herodes temí,
vengo huyendo al despoblado.

DON PEDRO

No temáis del gavilán,
pájaro tierno y hermoso,   775
por más que intente ambicioso
hacer presa en vos Don Juan.

BENAVIDES

Todos por ti morirán,
sol de España, hasta que quedes
libre de las viles redes   780
de ambiciosos cazadores.

REY

Vengadme destos traidores;
que yo os juro hacer mercedes.

DON ALONSO

Dadnos a besar la mano,
cifra de la discreción.   785

BENAVIDES

Alto, hidalgos, a León:
muera el Infante tirano.
Y vos, ejemplo cristiano, *(A la Reina.)*
regidnos desde este día,
y será, pues de vos fía   790
el cielo una ilustre hazaña,
la Semíramis de España
la reina Doña María.   *(Vanse.)*

ESCENA X

(Sala en el palacio de León.)

DON ENRIQUE, DON JUAN, CABALLEROS,
MÚSICOS.

DON ENRIQUE

Goce Vuestra Majestad
deste reino de León   795
mil años la posesión.

DON JUAN

Con larga felicidad
Vuestra Majestad posea
el de Murcia y de Sevilla,
y dilatando su silla,   800
sujeto a su nombre vea
el de Granada y Arjona;
que yo, mientras que viviere
Don Fernando, y pretendiere
su madre vuestra corona,   805
tenerme por rey no puedo.

DON ENRIQUE

Ya no hay de quien recelar.
No le ha quedado lugar
desde Tarifa a Toledo,
ni desde él hasta Galicia,   810
que rey a Fernando nombre,
ni caballero o ricohombre,
que en fe de nuestra justicia,
a Don Juan y a Don Enrique
no ofrezca el blasón real.   815
Aragón y Portugal,
por más que se justifique,
en nuestro favor tenemos:
nuestro amigo el navarro es;
ampáranos el francés,   820
con gentes y armas nos vemos.
¿Dónde irá Doña María,
que nuestro amigo no sea?

DON JUAN

No es bien que el reino posea
el bastardo hijo que cría.   825
Casóse en grado prohibido
con ella mi hermano el Rey:
no legitima la ley
al que de incesto ha nacido.
El derecho que me toca,   830
defenderé hasta morir.

DON ENRIQUE

Reina pudiera vivir,
a no ser la infanta loca,
si no nos mennospreciara,
y con uno de los dos   835
se casara.

DON JUAN

Vuelve Dios
por nuestra justicia clara,
pero mientras en prisión
el hijo y madre no estén,
aunque obediencia me den   840
Toledo, Castilla, León,
no puedo vivir seguro,
y ansí a buscarlos me parto.

(Suenan dentro voces y música.)

UNOS

¡Viva Don Fernando el Cuarto,
Rey legítimo!

DON JUAN

En el muro   845
suenan voces.

OTROS

¡Viva el rey
Don Fernando de León!
Y los infames que son,
en ofensa de su ley,
desleales, ¡mueran!

VOZ GENERAL

¡Mueran!   850

DON ENRIQUE

Ingratos cielos, ¿qué es esto?

ESCENA XI

EL CRIADO 2º. — *Dichos.*

CRIADO 2º

Socorred la ciudad presto;
que sus vecinos se alteran.
Ya al Rey niño han admitido
en el Alcázar, cercado   855
de mil hombres, que han juntado
por todo aqueste partido

Juan Alfonso Benavides
y los dos Caravajales.

DON ENRIQUE

Si al encuentro no les sales,   860
y aqueste alboroto impides,
infante don Juan, no creas
que en León logres tu silla.

DON JUAN

Ni que en Murcia y en Sevilla,
don Enrique, rey te veas.   865
Enrique, alto, a la defensa;
que dos pobres escuderos,
que ayer no eran caballeros,
no nos han de hacer ofensa.

DON ENRIQUE

Ni una mujer desarmada   870
es bien que temor nos dé
con un niño.

DON JUAN

            Moriré
diciendo: "O César, o nada."

ESCENA XII

BENAVIDES, DON ALONSO, DON JUAN,
    vecinos armados. Dichos.

DON ALONSO

Volvió Dios por la justicia
del hermoso y tierno Infante;
castigó desobedientes,   875
dio vitoria a los leales.
Dense los dos a prisión.

DON JUAN

¿Cómo dar a prisión? Antes
las vidas, y morir reyes.

BENAVIDES

Ya será imposible, Infantes.   880
Vuestras gentes están rotas,
y los fieles estandartes,
por Fernando de León
tremolan los homenajes.

            (Quítanles las armas.)

DON ALONSO

Vuestras Altezas, señores,   885
puesto que puedan llamarse
más fuertes que venturosos
en este infelice trance,
culpen la poca justicia
con que han querido quitarle   890
a un rey legítimo el reino,
noble herencia de sus padres;
y de la reina María,
cuyos presos son, alaben
la vitoriosa entereza,   895
la condición agradable;
que de su piadoso pecho,
como lleguen a humillarse
por vasallos del Rey niño,
su amor cristiano es tan grande,   900
que como a parientes suyos
cuando la cerviz abajen
y sus sacras manos besen,
les dará las suyas reales,
libertad que los obligue,   905
y perdón que los espante.

DON JUAN

Si el deseo de reinar,
que tantos insultos hace
como cuentan las historias,
fuera disculpa bastante,   910
yo quedara satisfecho;
pero no hay razón que baste
contra la poca que tuve
en venir a coronarme.
Su indignación justa temo;   915
que es mujer, y en ellas arde
la ira, y con el poder
del límite justo salen;
que a no recelar su enojo,
hoy viera León echarme   920
a sus vitoriosos pies.

BENAVIDES

La clemencia siempre nace
del valor y la vitoria,
porque es la venganza infame.

DON ENRIQUE

La reina Doña María   925
no es mujer, pues vencer sabe
los rebeldes de su reino,
sin que peligros la espanten.
Echémonos a sus pies;
que siendo los dos su sangre   930

y ella tan cuerda y piadosa,
sentirá que se derrame;
y soldando nuestras quiebras,
fieles desde aquí adelante
procuraremos servirla,   935
porque nuestro honor restaure.
Dios ampara al rey Fernando,
y pelea por su madre.
¿Qué armas, gentes ni favores
podrá haber que a Dios contrasten? 940
El dulce nombre de rey
vino ambicioso a cegarme;
diome el desengaño vista;
la Reina será la imagen
de cuyos piadosos pies   945
libre espero levantarme,
para que a su nombre ilustre
dedique estatuas y altares.

DON PEDRO

¡Noble determinación!
Aunque por hoy se dilate;   950
que no permita la Reina
que Vuestras Altezas la hablen.
Mientras que se desenoja,
será esta torre su cárcel.

DON JUAN

Y no estrecha, si vos sois   955
della, Don Pedro, el alcaide.

DON PEDRO

Con ese título me honra.

ESCENA XIII

DON LUIS, con una fuente de plata, y
en ella un papel.— Dichos.

DON LUIS

La Reina ha mandado, Infantes,
que entréis en esa capilla,
donde os esperan los padres   960
que vuestras almas dispongan,
porque quiere en esta tarde
mostrar a España del modo
que allanar rebeldes sabe.

DON ENRIQUE

La Reina, nuestra señora,   965
¿es posible que eso mande
¡La piadosa! ¡La clemente'

¡A dos primos! ¡A dos grandes!
¡Ah mujeres! ¡Qué bien hizo
naturaleza admirable   970
en no entregaros las armas!

DON JUAN

Cuando darnos muerte mande,
y por medio del rigor
a Fernando el reino allane;
puesto que con los rendidos   975
es medio el amor más fácil;
Portugal y Aragón tienen
reyes de nuestro linaje,
que nuestra muerte la pidan
y castiguen sus crueldades.   980

DON ENRIQUE

Ya no es tiempo de querellas.
Ofender las majestades
en daño de su corona
es crimen mortal y grave.
Pues que como caballeros   985
hemos peleado, Infante,
el morir como cristianos
es hoy hazaña importante.

DON LUIS

Aquí está vuestra sentencia:

(Presenta a los infantes el papel que
viene en la fuente.)

DON JUAN

¿Con ella el plato nos hace?   990
¿En una fuente la envía?
Pues tiempo vendrá en que pague
la costa deste banquete,
cuando lleguen a aprecialle
con lanzas en vez de plumas   995
los que nuestro valor saben.

DON ENRIQUE

Dejádmela ver primero.
¡Oh muerte fiera!, ¡que bastes
a asombrar pechos de bronce,
sólo con un papel frágil!   1000

(Lee.)

"Doña María Alfonso, reina y gobernadora de Castilla, León, etc.; por
el Rey Don Fernando IV deste nombre, su hijo, etc. Para confusión de
sediciosos y premio de leales, manda
que los Infantes de Castilla sus primos

salgan libres de la fortaleza en que
están presos, se les restituyan sus Estados, y demás desto hace merced al infante Don Enrique de las villas de
Feria, Mora, Morón y Santisteban de
Gormaz, y al infante Don Juan de las
de Aillón, Astudillo, Curiel y Cáceres,
con esperanza, si se redujeren, de mayores acrecentamientos, y certidumbre,
si la ofendieren, de que le queda valor
para defenderse, y ánimo para pagar
nuevos servicios con nuevos galardones.—*La Reina Gobernadora.*"

(Descórrese una cortina en el fondo, y
aparece la Reina en pie sobre un trono,
coronada, con peto y espaldar, echados
los cabellos atrás, y una espada des-
nuda en la mano.)

LA REINA. — *Dichos.*

REINA

La reina Doña María
castiga de aquesta suerte
delitos dignos de muerte.
Contra vuestra alevosía,
en armas y cortesía   1005
os ha venido a vencer,
siendo hombres, una mujer,
a daros vida resuelta,
como quien la caza suelta
para volverla a coger.   1010
Si pensáis que por temor
que a los que os amparan tengo,
a daros libertad vengo,
ofenderéis mi valor.
Para confusión mayor   1015
vuestra, he querido premiaros;
porque si acaso a inquietaros
vuestra ambición os volviere,
cuando agora más os diere,
tendré después que quitaros.   1020
Poco estima a su enemigo
quien le vence y vuelve a armar;
que en el noble es premio el dar,
como el recebir castigo,
si dándoos vida os obligo,   1025
por vuestra opinión volved,
y si no, guerra me haced:
veamos quién es más firme,
vosotros en deservirme,
o yo en haceros merced.   1030

DON JUAN

No olvidéis jamás España
tu magnánimo valor,
pues juntas con el temor
la piedad que te acompaña.
Eternicen esta hazaña   1035
pinceles y plumas cuantas
celebran memorias santas,
pues que reprendiendo obligas,
haciendo merced castigas,
y derribando levantas;   1040
que yo desde aquí adelante,
desta merced pregonero,
seré en servirte el primero.

DON ENRIQUE

Y yo leal y constante,
con satisfacción bastante...   1045

REINA

Venid, y al Rey besaréis
la mano.

DON JUAN

            Desde hoy podéis
regir nuestros corazones;
que obligan más galardones,
que las armas que tráeis.   1050

REINA

Benavides os llamáis; *(A él.)*
a Benavides os doy.

BENAVIDES

Tu vasallo y siervo soy.

REINA

Si servirme deseáis,
quiero que por bien tengáis   1055
que vuestra hermana sea esposa
de Don Juan, y en amorosa
paz vuestros bandos troquéis.

BENAVIDES

¿Qué imposible intentaréis
que no acabéis, Reina hermosa?   1060

REINA

Dadle, pues, Don Juan, la mano;
que en dote os doy la encomienda
de Martos.

DON ALONSO

Jamás ofenda
tu vida el tiempo tirano.

REINA

A Don Pedro, vuestro hermano,   1065
mi reino hago mayor
de León.

DON PEDRO

Por tal favor
los pies mil veces te beso.

REINA

No me contento con eso;

yo honraré vuestro valor.   1070
Don Diego López de Haro
cercado tiene a Almazán,
porque de Aragón le dan
las reales barras amparo:
partamos a su reparo,   1075
y mostrad, Infantes, hoy
que es la libertad que os doy
por los dos agradecida.

DON JUAN

Pagárela con la vida.

DON ENRIQUE

Dispuesto a servirte estoy.   1080

ACTO SEGUNDO

ESCENA I

DON JUAN, ISMAEL

DON JUAN

De reinar tengo esperanza
con traidora o fiel acción;
mas no juzgo por traición
la que una corona alcanza.
Reine yo, Ismael, por ti,　　　　5
y venga lo que viniere.

ISMAEL

Si el niño Fernando muere,
cuya vida estriba en mí,
no hay quien te haga competencia.

DON JUAN

De viruelas malo está;　　　　10
fácil de cumplir será
mi deseo, si a tu ciencia
juntas el mucho provecho
que de hacer lo que te pido,
se te sigue.

ISMAEL

　　Agradecido　　　　15
a tu real y noble pecho
quiero ser, porque esperanza
tengo que en viéndote rey,
has de amparar. nuestra ley.
Hebreo soy; la venganza　　　　20
de Vespasiano y de Tito,
que asoló a Jerusalén
y el templo santo también,
causando oprobio infinito
a toda nuestra nación,　　　　25
nos hace andar desterrados,
de todos menospreciados,
siendo burla e irrisión
del mundo, que desvarío
quiere que mi ley se llame　　　　30
sin que haya quien por infame
no tenga el nombre judío.

Mas si palabra me das
en viéndote rey, de hacer
mi nación ennoblecer,　　　　35
y que podamos de hoy más
tener cargos generosos,
entrar en ayuntamientos,
comprar varas, regimientos
y otros títulos honrosos;　　　　40
quitándole al Rey la vida,
te pondrán la corona hoy.
Su protomédico soy;
la muerte llevo escondida
en este término breve.　　　　45
(Saca un vaso de plata.)
Conque si te satisfago,
diré que el Rey en un trago
su reino y muerte se bebe.
A un sueño mortal provoca,
donde con facilidad,　　　　50
de la sombra a la verdad
y al corazón de la boca
viendo el veneno correr,
llamar, de la muerte puedes
los médicos, Ganimedes,　　　　55
pues que la dan a beber.

DON JUAN

Ismael, no pongas duda
que si por ti rey me veo,
satisfaré tu deseo,
y medrarás con mi ayuda.　　　　60
Los de tu nación serán
de ilustre y famoso nombre;
haréis mi ricohombre;
tu privanza envidiarán
cuantos desprecian tu vida.　　　　65
Enferma Castilla está;
pues su médico eres ya,
purga con esa bebida
la enfermedad que la daña.
Su cabeza es un infante　　　　70
pequeño, siendo gigante
mi reino el mayor de España.
Monstruosidad es que intente
un cuerpo de tal grandeza

tener tan chica cabeza,   75
y que el gobierno imprudente
de una mujer, el valor
regir de Castilla quiera.
Púrgala, por que no muera
deste pestilente humor;   80
que con premios excesivos
la cura te pagaré.

ISMAEL

Haciéndote rey, pondré
a Castilla defensivos
que del loco frenesí   85
de una mujer le aseguren,
por más ingratos procuren
ser, Infante, contra ti.
Vete con Dios, que aquí llevo
tu ventura recetada.   90

DON JUAN

Una traición coronada
no afrenta. El proverbio apruebo
de César, cuya ambición
es bastante a autorizar
mi intento, pues por reinar   95
lícita es cualquier traición.   (Vase.)

ESCENA II

ISMAEL

Pues honra y provecho gano
en matar a un niño rey,
y estima tanto mi ley
a quien da muerte a un cristiano.   100
¿Qué dudo que no ejecuto
del infante la esperanza,
de mi nación la venganza
y destos reinos el luto?
La purga le voy a dar.   105
¿De qué tembláis, miedo frío?
Mas no fuera yo judío,
a no temer y temblar.
Alas pone el interés
al ánimo; mas, ¿qué importa,   110
si el temor las plumas corta,
y grillos pone a los pies?
Pero, ¿qué hay que recelar
cuando mi sangre acredito,
y más no siendo delito   115
en médicos el matar?
Antes horra su persona
quien más mata; y si es de suerte,
que se llama cual la muerte,

la que a nadie no perdona.   120
El niño Rey está aquí;
que beba su muerte trato.

*(Al querer entrar en el aposento del
Rey, repara en el retrato de la Reina,
que está sobre la puerta.)*

Mas ¡cielos! ¿no es el retrato
éste de su madre? Sí.
No sin causa me acobarda   125
la traición que juzgo incierta,
pues puso el Rey a su puerta
su misma madre por guarda.
¡Vive Dios, que estoy temblando
de miralla, aunque pintada!   130
¿No parece que enojada
muda me está amenazando?
¿No parece que en los ojos
forja rayos enemigos,
que amenazan mis castigos   135
y autorizan sus enojos?
No me miréis, Reina, airada.
Si Don Juan, que es vuestro primo,
y en quien estriba el arrimo
del Rey, prenda vuestra amada,   140
es contra su mismo rey;
¿qué mucho que yo lo sea,
viniendo de sangre hebrea,
y profesando otra ley?
No es mi traición tan culpada: 145
tened la ira vengativa.
¡Qué hiciérades a estar viva,
pues que me asombráis pintada?
Mas, ¿para qué doy lugar
a cobardes desvaríos?   150
Ea, recelos judíos,
pues es mi oficio matar,
muera el Rey, y hágase cierta
la dicha que me animó...

*(Al querer entrar, cae el retrato y
tápale la puerta.)*

Pero el retrato cayó,   155
y me ha cerrado la puerta.
Dichoso el vulgo ha llamado
al judío, Reina hermosa,
mas no hay más infeliz cosa
que un judío desdichado.   160
Y pues tanto yo lo he sido,
riesgo corro manifiesto,
si no huyo de aquí...

*(Quiere huir por la otra puerta; sale
la Reina, detiénele y él se turba.)*

ESCENA III

LA REINA, ISMAEL

REINA

¿Qué es esto?
¿De qué estáis descolorido?
Volved acá. ¿Adónde vais?   165
¿De qué es el desasosiego?

ISMAEL

Volveré, señora, luego.

REINA

Esperad. ¿De qué os turbáis?

ISMAEL

¿Yo turbarme?

REINA

No es por bueno.
¿Qué llevais en ese vaso?   170

ISMAEL

¿Quién? ¿Yo?

REINA

Detened el paso.

ISMAEL

Quien dijere que es veneno
y que al Rey nuestro señor
no soy leal...

REINA

¿Cómo es eso?

ISMAEL

Que estoy turbado confieso,   175
pero no que soy traidor.

REINA

Pues aquí, ¿quién os acusa?

ISMAEL

(Aparte.)
Mi misma traición será.

REINA

Culpado, Ismael, está
quien sin ocasión se excusa.   180

ISMAEL

El Infante es el ingrato;
que yo no le satisfice;
y si el retrato lo dice,
engañárase el retrato.
Que aunque el paso me cerró,   185
cuando a purgar al Rey vengo,
yo, Reina, ¿qué culpa tengo
si el retrato se cayó?
Don Juan, el infante, sí,
que con aquesta bebida   190
me manda quitar la vida
al tierno Rey que ofendí...
digo, que ofendió el Infante.

REINA

En fin, vuestra turbación
confesó vuestra traición: 195
no paséis más adelante.
¿Es la purga de Fernando
ésa?

ISMAEL

Gran señora, sí;
así he de decir aquí
la verdad... ¿Qué estoy dudando?...
        [200
El deseo de reinar
con Don Juan tanto ha podido,
que ciego me ha persuadido
que llegue la muerte a dar
al niño Rey; y el temor   205
de que no me castigase
me obligó que le jurase
ser a Su Alteza traidor.
Afirméle que este vaso
iba con la purga lleno   210
de un instantáneo veneno;
pero no haga de ello caso
Vuestra Alteza; que es mentira
con que pretendía engañalle,
no más que por sosegalle,   215
y dar lugar a la ira.
Y pues el título infame
me he librado de traidor,
juzgo agora por mejor
que la purga se derrame;   220
que otra medicina habrá
que le haga al Rey más al caso.

(Quiere derramarla y tiénele la Reina.)

REINA

Tened la mano y el vaso;
que pues mi Fernando está
para purgarse dispuesto,   225
no es bien perder la ocasión
por una falsa opinión,
que en mala fama os ha puesto.
Conozco vuestra virtud;
médico habéis siempre sido   230
sabio, fiel y agradecido.
Asegurad la salud
del Rey, y vuestra inocencia,
haciendo la salva agora
a esa purga.

ISMAEL

            Gran señora,   235
no estoy, con vuestra licencia,
dispuesto a purgarme yo,
ni tengo la enfermedad
del rey Fernando, y su edad.

REINA

¿Que no estáis enfermo?

ISMAEL

            No.   240

REINA

No importa: vuestra virtud
desmienta agora este agravio:
en salud se sangra el sabio;
purgaréisos en salud.
Tiene muy malos humores   245
el reino desconcertado,
y por remedio he tomado
el purgante de traidores.
A vos no puede dañaros.

ISMAEL

Es muy recia, y no osaré   250
tomarla, señora, en pie.

REINA

Pues buen remedio, asentaros.

ISMAEL

A vuestros pies me derribo.
No permitáis tal rigor.

REINA

Bebedla, que haré, doctor,   255

atenacearos vivo.
El infante Don Juan es
noble, leal y cristiano,
sin resabios de tirano,
sin sospechas de interés;   260
de la nación más ruin
vos que el sol mira y calienta,
del mundo oprobio y afrenta,
infame judío, en fin.
¿Cuál mentirá de los dos?   265
¿O cómo creeré que hay ley
para no matar su rey
en quien dio muerte a su Dios?
Sed vuestro verdugo fiero,
y imitad por este estilo   270
el toro que hizo Perilo,
estrenándole él primero.
Bebed: qué esperáis?

ISMAEL

            Señora,
si el confesar mi traición
no basta a alcanzar perdón,   275
baste el ser vos...

REINA

            Bebed agora,
o escoged salir mañana
desnudo, y a un carro atado
a vista del vulgo airado
y vuestra nación tirana,   280
por las calles y las plazas
dando a la venganza temas,
y vuestras carnes blasfemas
al fuego y a las tenazas.

ISMAEL

Si he de morir, en efeto,   285
en este trance confuso,
la pública afrenta excuso
por el castigo secreto.
Quien contra su rey se atreve,
es digno de aqueste pago.   290
Muerte, bien os llaman trago
pues sois purga que se bebe.
Pero la que receté
a costa de tantas vidas
en Julepes y bebidas,   295
por el talión pagaré.
Aunque en ser tantas advierto
que para que no me igualen,
a media gota no salen
los infinitos que he muerto.   300
            (Bebe.)

Ya mis espíritus truecan
el ser vital que desatan.
Si los que curando matan,
pagaran por donde pecan,
dieran menos que ganar   305
a los curas desde hoy.
El primer médico soy
que castiga por matar.
Ya obra el veneno fiero;
ya se rematan mis días.   310
¡Favor, divino Mesías,
que vuestra venida espero!

*(Vase por la puerta del fondo y cae
        muerto dentro.)*

ESCENA IV

REINA

¡Vos lleváis buena esperanza!
Su bárbara muerte es cierta.
Quiero cerrar esta puerta;   315
que el ocultar mi venganza
ha de importar por agora.
¡Ay, hijo del alma mía!
Aunque mataros porfía
quien no como yo os adora,   320
el cielo os está amparando;
mas pues sois ángel de Dios,
sed ángel de guarda vos
de vos mismo, mi Fernando.

ESCENA V

Don Enrique, Don Juan, Benavides,
Don Pedro, un mayordomo, un mer-
      cader. — La reina.

DON ENRIQUE

Aquí está su alteza.

REINA

                    ¡Oh primos,   325
ricoshombres, caballeros!

DON ENRIQUE

A saber del Rey venimos
como está.

REINA

        Accidentes fieros
le afligen.

DON JUAN

        Cuando supimos
su enfermedad, con temor   330
de alguna desgracia extraña
nos trajo a verle el amor
que le tenemos.

REINA

        De España
sois la lealtad y el valor.
Reposando mi hijo está;   335
si queréis que le despierte...

DON ENRIQUE

No, señora.

DON JUAN

        (Aparte.)
        Dormirá
en los brazos de la muerte,
si el veneno obrando va;
y asentándome en su silla,   340
sosegaré mi ambición.

REINA

Don Enrique de Castilla,
murió en terrible ocasión;
Don Pedro Ponce en Sevilla,
y pues era adelantado   345
de la frontera, y sin él
desamparada ha quedado,
que supláis la falta dél,
Infante, he terminado.
Adelantado sois ya: 350
partid a Córdoba luego;
que el moro soberbio está
combatiendo a sangre y fuego
a Jaén.

DON ENRIQUE

        Aunque me da
Vuestra Alteza honra y provecho, 355
piden paga los soldados
de la frontera. Eche un pecho
Vuestra Alteza en los Estados;
que, el tesoro real deshecho,
no hay con qué poder pagallos.   360

REINA

Mercaderes y pecheros
conservan, por conservallos,
al Rey y a sus caballeros,

porque no hay rey sin vasallos.
Viénenme todos con quejas 365
de que pobres los tenemos;
y aunque son costumbres viejas,
tanto a esquilmarlas vendremos,
que se mueran las ovejas.

DON ENRIQUE

Pues sin dineros, señora, 370
los soldados no pelean.

REINA

Ni hay tampoco huerta agora,
por más fértil que la vean
que dé fruto a cada hora.
Cada año una vez le echa; 375
no le pidáis cada instante;
que descansada aprovecha,
y los vasallos, Infante,
también tienen su cosecha.
Mi dote todo he gastado 380
defendiendo esta corona
y de mi hijo el Estado;
vendí a Cuéllar y a Escalona;
sólo Écija me ha quedado;
pero véndase también, 385
y páguense los fronteros.

DON ENRIQUE

Si el venderla le está bien
a Vuestra Alteza, dineros
haré que luego me den
prestados de Andalucía, 390
con que sustentar un año
la frontera.

REINA

Bien podía,
llamándome Infante, a engaño,
culpar vuestra cortesía
y poca seguridad... 395

DON ENRIQUE

Señora...

REINA

Basta; ya estoy
cierta de vuestra lealtad.
Vuestra es Écija desde hoy;
la frontera sustentad,
y haced que vuestra partida 400
sea luego.

DON ENRIQUE

Si ha de compralla
otro...

REINA

Ya estoy persuadida
que en nadie puedo emplealla
como en vos. Andad; no impida
vuestra ausencia la defensa 405
que Jaén ha menester.

DON ENRIQUE

Beso sus pies. (Vase.)

ESCENA VI

LA REINA, DON JUAN, BENAVIDES, DON
PEDRO, EL MAYORDOMO, EL MERCADER.

El Rey piensa
de Aragón que no ha de haber
castigo para su ofensa.
Partid, Benavides, vos; 410
que si decercáis a Soria,
dando salud al Rey Dios,
yo os seguiré, y la vitoria
vendrá a correr por los dos.
Dineros me pediréis 415
con que se pague la gente.

BENAVIDES

Mientras con villas me véis
que empeñe o venda...

REINA

El prudente
valor mostráis que tenéis.
Rico os quiero ver y honrado; 420
de vuestra lealtad me fío:
no es bien que estéis empeñado.
Aunque vendí el dote mío,
joyas, Don Juan, me han quedado.
Llévense a la platería. 425

BENAVIDES

Muy mal, gran señora, trata

REINA

Con sólo un vaso de plata
he de quedarme este día.

Vajillas de Talavera   430
son limpias, y cuestan poco
Mientras la codicia fiera
vuelve a algún vasallo loco,
(*Mira al infante Don Juan.*)
pasaré de esta manera.
Hacedlas todas dinero   435
y a Benavides lo dad.
Mayordomo.

MAYORDOMO

Voy.

BENAVIDES

Primero
que eso Vuestra Majestad
consienta, venderme quiero.

REINA

Nunca la prudencia yerra   440
Haced esto, mayordomo;
que mientras dura la guerra,
si en platos de tierra como,
no se destruirá mi tierra.
Procurad partiros luego,   445
y ir con Dios.

BENAVIDES

Iré corrido,
pues tan poco a valer llego,
que aun el ser agradecido
me niegan.

REINA

Don Juan, no niego.
Aumentad vuestro caudal;   450
que sois vasallo de ley,
y no me estará a mí mal,
si es depósito del Rey,
la hacienda del que es leal.

(*Vanse Benavides y el Mayordomo.*)

ESCENA VII

LA REINA, DON JUAN, DON PEDRO.
EL MERCADER

REINA

En Valladolid fabrico   455
las Huelgas; que para Dios
el más pobre estado es rico;

sed su sobrestante vos
del templo que a Dios dedico,
don Pedro, y estaré yo   460
contenta si por vos medra;
que Dios que el reino me dio,
sobre un Pedro, en vez de piedra,
nuestra Iglesia edificó.
Id luego, y daréis señal   465
del valor que en vos se encierra,.
y que cristiano y leal,
mostráis en la paz y guerra
la sangre Caravajal. (*Vase Don Pedro.*)

ESCENA VIII

LA REINA, DON JUAN, EL MERCADER.

REINA

¿Falta más?

DON JUAN

Señora, sí.   470
La gente de Extremadura
que da Portugal por mí,
y la frontera segura
de su rey, me escribe aquí
que ha un año que no recibe   475
pagas, y la desampara;
que sin dineros no vive
el soldado.

REINA

Es cosa clara.
Razón pide el que os escribe.
Ya no tengo qué vender;   480
sólo un vaso me ha quedado
de plata para beber:
mi patrimonio he empeñado;
mas buscadme un mercader,
que sobre una sola prenda   485
que me queda, supla agora
esta falla con su hacienda.

MERCADER

Cuanto yo tengo, señora,
aunque mujer e hijos venda,
está a serviros dispuesto.   490

REINA

¿Sois mercader?

MERCADER

Segoviano.
Mi hacienda os doy, no os la presto;
que vuestro valor cristiano
es bien que me obligue a esto.

REINA

En Segovia ya yo sé   495
que hay mercaderes leales,
de tanto caudal y fe,
que hacen edificios reales,
como en sus templos se ve.
Vuestras limosnas la han dado   500
una catedral iglesia,
que el nombre y fama ha borrado
con que la máquina efesia
su memoria ha celebrado.
Y siendo esto ansí, no hay duda   505
de quién a su Dios y ley
con tanta largueza ayuda,
al servicio de su rey
y honra de su patria acuda.
No quiero ya que me deis   510
de gracia ninguna cosa,
pues harto me serviréis
que sobre una prenda honrosa
cuento y medio me prestéis.
Estas tocas os empeño,   515
(Va a quitárselas.)
si es que estimáis el valor
que reciben de su dueño.

MERCADER

El tesoro que hay mayor,
para tal joya es pequeño.
Gran señora, no provoque   520
Vuestra Alteza mi humildad,
ni su cabeza destoque;
que no es mi felicidad
digna que tal prenda toque;
porque si Segovia alcanza   525
que a sus tocas el respeto
perdió mi poca confianza,
por avaro e indiscreto
de mí tomará venganza.
No me afrente Vuestra Alteza   530
cuando puede darme ser;
que una reina, no es nobleza
que hable con un mercader,
descubierta la cabeza.

REINA

Capitán he leído yo,   535
que para pagar su gente,

cuando sin joyas se vio,
cortó la barba prudente
y a un mercader la empeñó.
Las tocas son, en efeto,   540
como la barba en el hombre,
de autoridad y respeto;
y ansí no es bien que os asombre
lo que veis, si sois discreto,
ni que murmuren las bocas   545
extranjeras, si lastiman
con lenguas libres y locas
a capitanes que estiman
(Mira al infante Don Juan.)
más sus barbas que mis tocas.
Tomad, y a mi tesorero   550
daréis esa cantidad.

MERCADER

Como reliquias las quiero
guardar de la santidad
de tal reina.   (Vase.)

ESCENA IX

LA REINA, DON JUAN.

DON JUAN

(Aparte.)

Alegre espero
¿Si habrá el veneno mortal
asegurado mi suerte?
¡Oh corona!, ¡oh trono real!
¿Cuándo tengo que poseerte?

REINA

Primo.

DON JUAN

Señora.

REINA

Bien sé   560
que desde que os redujisteis
a vuestro rey, y volvisteis
por vuestra lealtad y fe,
a saber que algún ricohombre
a su corona aspirara.   565
y darle muerte intentara
a costa de un traidor hombre,
que pusiérades por él
vida y hacienda.

DON JUAN

Es ansí.

(*Aparte.*)

¿Si dice esto por mí?   570
Creed de mi pecho fiel,
gran señora, que prefiero
la vida, el ser y el honor
por el Rey nuestro señor.
Pero el propósito espero   575
a qué me habláis de esa suerte.

REINA

Solos estamos los dos:
fiarme quiero de vos.

DON JUAN
(*Aparte.*)

Angustias siento de muerte.

REINA

Sabed que un grande, y tan grande   580
como vos... — ¿De qué os turbáis?

DON JUAN

Témome que ocasionáis
que algún traidor se desmande
contra mí, y descomponerme
con Vuestra Alteza procure.   585

REINA

No hay contra vos quien murmure:
que el leal, seguro duerme.
Digo, pues, que un grande intenta
(y por su honra el nombre callo)
subir a rey de vasallo,   590
y sus culpas acrecienta.
Quisiérale reducir
por algún medio discreto,
con vos le intento escribir;
que por quererle bien vos,   595
mejor le reduciréis.

DON JUAN

¿Yo bien?

REINA

Tan bien le queréis
como a vos mismo.

DON JUAN

Por Dios
que el corazón me sacara

a mí mismo, si supiera   600
que en él tal traición cupiera.

REINA

Eso, primo, es cosa clara;
que a no teneros por tal,
no os descubriera su pecho.
El mío está satisfecho   605
de que sois o no leal.
Aquí hay recado: escribid.

DON JUAN
(*Aparte.*)

¿Qué enigmas, cielos, son éstas?
¡Ay, reino, lo que me cuestas!

REINA

Tomad la pluma.

DON JUAN

Decid.   610

REINA

Infante.

DON JUAN

Señora...

REINA

Digo
que así, *Infante*, escribáis.

DON JUAN

Si por *Infante* empezáis,
claro está que habláis conmigo;
pues si Don Enrique no,   615
no hay en Castilla otro infante.
Algún privado arrogante
mi nobleza desdoró;
y mentirá el desleal
que me impute tal traición.   620

REINA

¿No hay infantes de Aragón,
de Navarra y Portugal?
¿De qué escribiros servía,
estando juntos los dos?
Haced mas caso de vos.   625

DON JUAN

(*Aparte.*)

¡Qué traidor no desconfía!

(*Paseándose la Reina, va dictando
y Don Juan escribe.*)

REINA

*Infante: Como un rey tiene
dos ángeles en su guarda,
poco en saber quién es tarda
el que a hacelle traición viene.*   630
*Vuestra ambición se refrene;
que se acabará algún día
la noble paciencia mía;
y os cortará mi aspereza
esperanzas y cabeza.*   635
La reina Doña María.
Ledme agora el papel;
que no es de importancia poca,
y por la parte que os toca,
advertid, Infante, en él.   640

(*Léele Don Juan.*)

Cerradle y dadle después.

DON JUAN

¿A quién? Que saberlo intento.

REINA

El que está en ese aposento
os dirá para quién es.   (*Vase.*)

ESCENA X

DON JUAN

"¡El que está en ese aposento   645
os dirá para quién es!"
Misterios me habla, después
que matar al Rey intento.
¡Escribe el papel conmigo,
y remite a otro el decirme   650
para quién es! Prevenirme
intenta con el castigo.
¿Si hay aquí gente cerrada,
para matarme en secreto?
Ea, temor indiscreto,   655
averiguad con la espada
la verdad desta sospecha.

(*Saca la espada, abre la puerta del fondo y descubre al judío muerto, con el vaso en la mano.*)

¡Ay cielos!, mi daño es cierto.
El dotor está aquí muerto,
y la esperanza deshecha   660
que en su veneno estribó.
Todo la Reina lo sabe;
que en un vil pecho no cabe
el secreto: él le contó
la determinación loca   665
de mi intento depravado.
El veneno que ha quedado
he de aplicar a la boca. (*Toma el vaso.*)
Pagaré ansí mi delito,
pues que colijo de aquí   670
que sois, papel, para mí,
siendo un muerto el sobrescrito.
Si deste vano interés
duda vuestro pensamiento,
"el que está en este aposento,   675
os dirá para quién es",
mudo dice que yo soy;
muerto está por desleal;
quien fue en la traición igual,
séalo en la muerte hoy;   680
que por no ver la presencia
de quien ofendí otra vez,
a un tiempo verdugo y juez
he de ser de mi sentencia.

(*Quiere beber, sale la Reina y quítale
el vaso.*)

ESCENA XI

LA REINA, DON JUAN

REINA

Primo, Infante, ¿estáis en vos?   685
Tened la bárbara mano.
¿Vos sois noble?, ¿vos cristiano?
Don Juan, ¿vos teméis a Dios?
¿Qué frenesí, qué locura
os mueve a desesperaros?   690

DON JUAN

Si no hay para aseguraros
satisfacción más segura
si no es con que muerto quede,
quiero ponerlo por obra;
que quien mala fama cobra,   695
tarde restauralla puede.

REINA

Vos no la perdéis conmigo
ni aunque desleal os llame

un hebreo vil e infame,
que no vale por testigo.   700
¿Le he de dar crédito yo?
Él fue quien dar muerte quiso
al Rey: tuve dello aviso,
y aunque la culpa os echó,
ni sus engaños creí,   705
ni a vos, Don Juan, noble primo,
menos que antes os estimo.
El papel que os escribí,
es para daros noticia
de que en cualquier yerro o falta   710
ve mucho, por ser tan alta,
la vara de la justicia;
y lo que su honra daña
quien fieles amigos deja,
con traidores se aconseja,   715
y a ruines acompaña.
De la amistad de un judío
¿qué podía resultaros
si no es, Infante, imputaros
tal traición, tal desvarío?   720
Escarmentad, primo, en él,
mientras que seguro os dejo,
y si estimáis mi consejo,
guardad mucho ese papel,
porque contra la ambición   725
sirva, si acaso os inquieta,
a la lealtad de receta,
de epítima al corazón;
que siendo contra el honor
la traición mortal veneno,   730
no hay antídoto tan bueno,
Infante, como el temor.

DON JUAN

No tengo lengua, señora,
para ensalzar al presente
la prudencia que en vos...

REINA

                       Gente   735
viene; dejad eso agora.

ESCENA XII

DON ALONSO, y SOLDADOS *que traen a*
DON DIEGO *preso. Detrás* DON NUÑO,
DON ÁLVARO *y otros* CABALLEROS.
DICHOS.

DON ALONSO

A los pies de Vuestra Alteza,
que leal y humilde beso,

pone labios y cabeza
don Diego, y puesto que preso   740
por mí, nunca su nobleza
de serviros pretendió.
Del Rey es deudo cercano,
amor ciego le cegó,
pretendió daros la mano   745
de esposo, y así buscó
en el de Aragón ayuda,
sin que su ausencia o presencia
su lealtad pusiese en duda,
ni de la justa obediencia   750
saliese que a tantos muda.
Perdonadle, gran Señora,
porque en vuestra gracia viva.

DON DIEGO

Yo enmendaré desde agora,
como en ella me reciba,   755
faltas de quien os adora.
Bástame para castigo
el venir, Señora, tal,
pues a la enmienda me obligo
que...

REINA

Don Juan de Caravajal.   760

DON ALONSO

Señora.

REINA

      Veníos conmigo.

(*Vanse la Reina y Don Alonso, de-*
jando de rodillas a Don Diego.)

ESCENA XIII

DON JUAN, DON DIEGO, DON NUÑO,
DON ÁLVARO, CABALLEROS.

DON DIEGO

¡Pues de esa suerte se va
sin oírme Vuestra Alteza!
¿Satisfacciones no oirá?
¿Tan falto estoy de nobleza?   765
¿Tan poco valor me da
la sangre real que me ampara,
que cuando estoy a sus pies,
y algún príncipe estimara
postrarse a los míos, es   770
aun de palabras avara?

¿Don Diego de Haro no soy?
¿A Vizcaya no poseo?
¿Tan sin parientes estoy
que no den, si lo deseo,   775
venganza al desprecio de hoy?
Pues, vive Dios, que ha de ver
presto Castilla si puedo...

DON JUAN

Don Diego, callar y hacer;
que tan agraviado quedo   780
de que os tenga una mujer
en tan poco, que reviento
de pesar.

DON NUÑO

        Yo estoy corrido
y al paso que callo, siento
que hayan los grandes venido   785
a tan vil abatimiento.

DON JUAN

Y si en vosotros hubiera
ánimo como hay valor,
ricoshombres, yo os dijera
cosas que oculta el temor,   790
porque otra ocasión espera.

DON DIEGO

¿De la Reina?

DON JUAN

        Aquellas tocas
blancas, honestas y bajas,
cubriendo costumbres locas,
son de la virtud mortajas,   795
que en las viudas siempre hay pocas.

DON DIEGO

Aunque agraviado me veis
por la Reina, sed discreto,
y hablad, mientras aquí estéis,
con la mesura y respeto   800
que a Su Majestad debéis,
porque yo, Infante, me precio
de comedido y leal.
aunque siento mi desprecio.

DON JUAN

Si la Reina fuera tal   805
como juzga el vulgo necio,
pusiera a la lengua tasa,

que en desdoralla se atreve.
Creed que aunque no se casa
debajo de aquella nieve   810
de tocas, torpe se abrasa.

DON DIEGO

No digáis, Infante, tal;
que es una santa la Reina,
y el que es noble no habla mal.

DON JUAN

Si en Castilla Don Juan reina... 815

DON DIEGO

¿Qué Don Juan?

DON JUAN

        Caravajal,
desposándose con ella,
¿qué diréis?

DON DIEGO

        Que el desvarío
vuestro sentido atropella.

DON JUAN

Aunque muerto, este judío   820
        (Descúbrele.)
será en mi abono y contra ella.
Al niño Rey, que está malo,
en una purga mandó
darle veneno, regalo
que el torpe amor recetó,   825
con que su virtud señaló.
Que como no hay fortaleza
en el reino que no esté
en su nombre (¡qué vileza!),
ni en Castilla quien no dé   830
por servirla la cabeza;
con fingida santidad
matando a su hijo y rey,
determina hacer verdad
que contra el reinar no hay ley, 835
parentesco mi amistad.
Don Juan, que ve que interesa
desde un hidalgo abatido
subir a tan alta empresa,
a la Reina ha prometido   840
matar a Doña Teresa,
y con el favor y ayuda
del moro rey de Granada,
cuando a desposarse acuda

de España tiranizada   845
poner la lealtad en duda.
Por conjeturas saqué
esta bárbara traición,
porque de la Reina sé
la ambiciosa presunción;   850
y ansí a palacio llegué
cuando el veneno iba a dar
al Rey este vil hebreo;
y comenzando a negar,
yo que la vida deseo   855
de Fernando asegurar,
haciéndosele beber,
luego que llegó a los labios
el alma, vine a saber
las deslealtades y agravios   860
que un torpe amor puede hacer.
Confesóme todo el caso;
murió y encerréle ahí:
si de mi fe no hacéis caso,
mirad el médico aquí,   865
y la ponzoña en el vaso.
Dad crédito a la homicida
de su hijo, y llore España
su rey cuando esté sin vida;
veréis del modo que engaña   870
una santidad fingida.

DON DIEGO

Imposible es de creer
cosa tan horrenda, Infante.
¿Tal puede una madre hacer?

DON ÁLVARO

¿Qué no hará, si es arrogante   875
y ambiciosa, una mujer?

DON DIEGO

No es testigo fidedigno
contra la persona real
un hebreo, infame, indigno
de que dél se crea tal,   880
contra el estilo benigno
de la Reina.

DON NUÑO

          Yo no creo
tal cosa.

DON JUAN

          El averiguallo
es el más seguro empleo.
Del Rey soy tío y vasallo,   885

y los peligros que veo
me obligan a recelar;
pero a mi quinta os convido
esta noche a cenar,
y el cuerdo secreto os pido   890
hasta que en aquel lugar
lo que importa consultemos.

DON DIEGO

Eso me parece bien.

DON ÁLVARO

De una mujer los extremos
no es una maravilla que os den   895
las sospechas que tenemos.
Y pues no os mandó prender
la Reina, venid, Don Diego.

DON DIEGO

Si verdad viniese a ser
tal traición...

DON JUAN

          Veréislo luego.   900
          (Vase Don Juan.)

ESCENA XIV

DON DIEGO, DON NUÑO, DON ÁLVARO,
          CABALLEROS

DON DIEGO

No lo tengo de creer.
¡Con Don Juan Caravajal
la reina Doña María
deshonesta y desleal!

DON ÁLVARO

Mal sabéis su hipocresía.   905

DON DIEGO

¡Contra su rey natural,
contra su hijo, su fama,
su ley, su nombre, su Dios...!

DON ÁLVARO

Es mujer, es moza y ama:
luego, aquí para los dos,   910
aunque Castilla la llama
santa, en no querer casarse

con Don Juan y Don Enrique,
¿no da causa a sospecharse,
por más virtud que publique,   915
conde, que debe abrasarse,
con el torpe amor de ese hombre?

DON NUÑO

Que es una hipócrita loca;
nada, Don Diego, os asombre;
que engaña una blanca toca   920
y obliga un fingido nombre.

DON ÁLVARO

¿Qué mucho haga tanto caso
y con tal privanza apoye
a un leonés de estado escaso?

ESCENA XV

LA REINA. — Dichos

REINA

(Asomándose al tapiz.)
Mirad que la Reina os oye;   925
caballeros, hablad paso.   (Vase.)

DON NUÑO

¡La Reina!

DON DIEGO

¿La Reina?

DON NUÑO

Sí.

DON ÁLVARO

Culpada está, pues consiente
y no osa volver por sí.

DON DIEGO

Disimula, que es prudente. — 930

DON ÁLVARO

Vamos, Don Niño, de aquí.   (Vanse.)

ESCENA XVI

LA REINA, DON ALONSO

REINA

La obligación en que estoy confieso.
Por vos mi Don Fernando el reino
[goza;

trajísteme a Don Diego de Haro preso,
volviendo contra mí de Zaragoza; 935
salí en León con próspero suceso
contra la deslealtad soberbia y moza
de los Infantes locos, que la silla
a mi hijo usurpaban de Castilla.
Pobre, Don Juan, estoy; poco os he
[dado, 940
pero por mí fiador al tiempo dejo
desta deuda.

DON ALONSO

Yo quedo bien pagado
con serviros, que sois de España espejo.

REINA

Segura estoy, trayéndoos a mi lado,
que juntando al valor vuestro consejo,
[945
no ofenderá a mi hijo la malicia,
ni torcerá su vara la justicia.

ESCENA XVII

DON MELENDO. — LA REINA,
DON ALONSO.

DON ALONSO

¿Está mejor Su Alteza?

REINA

Gloria al cielo,
de peligro salió.

DON ALONSO

Gócele España
mil años, heredando el justo celo 950
de tal madre.

REINA

Melendo de Saldaña,
¡triste venís! ¿De qué es el descon-
[suelo?

DON MELENDO

Quien sirviéndoos, señora, os acompaña,
si es leal, con razón muestra tristeza
de que llegue a este extremo Vuestra
[Alteza. 955

REINA

Pues ¿qué hay de nuevo?

DON MELENDO

No hay en vues-
[tra casa
con qué os dé de cenar: vendidas tengo
las prendas de la mía, que aunque es-
[casa,
se honra de ver que os sirvo y os man-
[tengo.
No es la virtud moneda ya que pasa;
[960
de probar amistades falsas vengo.
Prestado a mercaderes he pedido,
y con todos el crédito he perdido;
cansado, en fin, me vuelvo de rogallos.

REINA

¡Gracias a Dios! ¡No os dé pena nin-
[guna, 965
que es señal de que comen los vasallos,
Melendo noble, cuando el Rey ayuna.

DON ALONSO

Véndanse, gran señora, mis caballos,
mi encomienda, los bienes que fortuna
me dio: mi esposa y yo me ponga en
[venta; 970
que de lo que oye mi lealtad se afren-
[ta.
(Hace que se va y la Reina le detiene.)

REINA

Don Juan Caravajal...

DON ALONSO

Si imaginara
que esto a una reina suceder podía,
la tierra como rústico cavara,
ganándoos el sustento cada día.   975

REINA

Volved acá, Don Juan.

DON ALONSO

Quién no repara
en esto, ¿qué valor...?

REINA

Por vida mía,
Don Juan, que os soseguéis.

DON ALONSO

No será justo
que viendo lo que veo...

REINA

Éste es mi gusto.

DON MELENDO

Lo que me causa más enojo y pena 980
cuando os veo venir a tal estado,
que dé el Infante una soberbia cena,
y haya todos los grandes convidado.

REINA

Por mí Don Juan ese banquete ordena.

DON MELENDO

¿Por vos?

REINA

Melendo, sí, yo le he man-
[dado 985
que, para cosas del servicio mío,
los grandes junte ansí, de quien las fío.

DON MELENDO

Sosiégome con eso.

REINA

Los monteros
de Espinosa, mis guardas, con secreto
me prevenid, Don Juan, y caballeros
[990
parientes vuestros; yo os diré a qué
[efeto.

DON ALONSO

No quiero saber más que obedeceros.

REINA

La pena refrenad, que yo os prometo
que esta noche, Melendo, a costa ajena
hemos de tener una real cena. (Vanse.)
[995

ESCENA XVIII

DON JUAN, DON DIEGO, DON NUÑO,
DON ÁLVARO.

DON JUAN

Mientras que se hace hora
de cenar entretengamos
el tiempo.

DON NUÑO

Dados jugamos.

DON JUAN

Dejad los dados agora:
que tienen muchos azares.   1000

DON DIEGO

No es pequeño el que sospecho
que ha de alborotar mi pecho,
Don Juan, mientras no repares
de la Reina la opinión,
que corre riesgo por ti.   1005

DON JUAN

Que el reino he librado di,
Don Diego, de una traición.

DON DIEGO

Más difícil de creer
se me hace, cuanto más
lo pienso.

DON JUAN

                 ¡Terrible estás,   1010
Don Diego! Si te hago ver
hacer la Reina favores
a Don Juan Caravajal,
y en correspondencia igual
que él la está diciendo amores,   1015
¿creyéraslo?

DON DIEGO

                 Creeré que miente
la vista; pero en tal caso
los celos en que me abraso,
si ven tal traición presente,
y de Castilla el decoro   1020
me obligará a que os incite
que el gobierno se le quite,
y en el alcázar de Toro
esté presa.

DON JUAN

                 ¿A quién podremos
nombrar para gobernador,   1025
y del niño Rey tutor?

DON NUÑO

Si a vos, Don Juan, os tenemos
¿qué hay que preguntar o a quién?

DON JUAN

Yo soy muy poco ambicioso.

DON DIEGO

Don Enrique es poderoso,   1030
y tendrá ese cargo bien.

DON JUAN

Don Enrique ha pretendido
ser rey, y si en su poder
está el reino, ha de querer
lo que hasta aquí no ha podido.   1035

DON ÁLVARO

Serálo Don Diego, pues,
que nadie en España ignora
quién es.

DON JUAN

                 Dejemos agora
esto para después,
que cuando por elección   104C
el reino en Cortes me elija,
será fuerza que le rija,
y tuerza mi inclinación.

DON DIEGO

(Aparte.)

Éste es traidor, vive el cielo
y por verse rey levanta   1045
a la Reina, cuerda y santa,
el insulto que recelo.
Aunque la vida me cueste,
lo tengo hoy de averiguar.

DON JUAN

Caballeros, a cenar.   1050
                 (Tocan a rebato.)
Pero, ¿qué alboroto es éste?

ESCENA XIX

EL CRIADO 2º. — Dichos.

EL CRIADO 2º

La Reina y toda su guarda
la casa nos ha cercado.

DON JUAN

(Aparte.)

¡Qué mucho si tiene al lado
los dos ángeles de guarda   1055

que dijo, que la dan cuenta
de aquesta nueva traición!
¿Cómo esperáis, corazón,
sin matarme, tal afrenta?

ESCENA XX

DON ALONSO, DON MELENDO, SOLDA-
DOS. — Dichos; después LA REINA.

DON ALONSO

Daos a prisión, caballeros;   1060
las espadas de las cintas
quitad.

(Quítanselas y sale la Reina armada.)

REINA

No se hacen las quintas
si no es para entreteneros.
No es bien que yo guarde fueros
a quien no guarda a mi honor   1065
el respeto que el valor
de un vasallo a su rey debe,
y a dar crédito se atreve
ligeramente a un traidor.
¡Buena información por cierto   1070
hizo el que agraviarme intenta,
pues por testigo os presenta
un judío, y ese muerto!
Cuando hagáis algún concierto
en palacio, es bien callar,   1075
no os oigan; pues vino a dar
Dios, que os enseña a vivir,
dos oídos para oír,
y una lengua para hablar.
La fama de quien me acusa,   1080
comparada con la mía,
responder por mí podría
sin otra prueba o excusa;
mas no ha de quedar confusa
dando a juicios su licencia;   1085
antes saldrá cual la ciencia
junto a la ignorancia oscura,
y entre sombras la pintura,
con la traición mi inocencia.
Si la vida que os he dado   1090
dos veces (que no debiera)
apetecéis la tercera,
Infante inconsiderado:
decid, pues estáis atado
al potro de la verdad,   1095
quién fue el que con deslealtad
quiso dar veneno al Rey.

haciendo a un hebreo sin ley
ministro de tal maldad.

DON JUAN

Señora...

REINA

No moriréis,   1100
como la verdad digáis.

DON JUAN

Si piadosa me animáis,
severa temblar me hacéis:
muerte es justo que me deis,
y cesará la ambición   1105
de una loca inclinación
que a su lealtad rompió el freno,
y con el mortal veneno,
ha mezclado esta traición.
Yo al médico persuadí   1110
que al Rey mi señor matase,
porque en su silla gozase
el reino que apetecí.
Después que muerto le vi,
por vos forzado a beber   1115
el veneno, hice creer
a todos, en nuestra mengua,
cosas que no osa la lengua
memoria de ellas hacer.

REINA

En la Mota de Medina   1120
estaréis, Infante, preso,
hasta que os vuelva a dar seso
el furor que os desatina.

DON JUAN

Quien a ser traidor se inclina,
tarde volverá en su acuerdo.   1125
La libertad y honra pierdo
por mi ambicioso interés:
callar y sufrir, pues es
por la pena el loco, cuerdo.

(Llévanle.)

DON NUÑO

Nadie, gran señora, ha dado   1130
fe en vuestra ofensa al Infante.

REINA

Noticia tengo bastante
de quién es o no culpado.

Dos ángeles traigo al lado,
y el cielo a Fernando ayuda,　　1135
que ingratos intentos muda.
Pero decid: ¿cuántos son
los que en Castilla y León
reinan hoy?, que estoy en duda.
Responded. ¿De qué os turbáis,　　1140
cuando vuestra fe acrisolo?

DON DIEGO

Fernando el cuarto es rey solo,
y vos, que le gobernáis.

REINA

¿A él solo, en fin, le dais
nombre de rey?

DON ÁLVARO

　　　　No sabemos　　1145
que haya otro, ni le queremos.

DON NUÑO

Un Dios nos da nuestra ley,
y en Castilla un solo rey,
por quien fieles moriremos.

REINA

Pues yo sé que hay en Castilla　　1150
tantos reyes, cuantos son
los grandes, cuya ambición
ocupar quieren su silla.
Si esto os causa maravilla
y deseáis que os los nombre,　　1155
decid, por que no os asombre:
¿Cuál de éstos es rey por obra;
quién las rentas reales cobra,
o quién sólo tiene el nombre?
¡No os atrevéis a decirlo!,　　1160
pues no es difícil la cuenta;
que rey sin Estado y renta,
será sólo rey de anillo.
No puedo, grandes, sufrillo.
¿Qué cuentos a daros viene　　1165
el Rey a vos que os mantiene?

DON DIEGO

A mí tres.

DON NUÑO

Y dos a mí.

DON ÁLVARO

A mí uno.

REINA

　　　　Sacad de aquí
qué reyes Castilla tiene.
Mal podrá mi hijo reinar　　1170
sin rentas y sin poder,
pues por daros de comer,
hoy no tiene qué nacer.
Un cuerpo no puede estar
con tanto rey y cabeza;　　1175
que es contra naturaleza.
Éstas me cortad agora.
Soldados.

DON ÁLVARO

Reina...

DON NUÑO

　　　　Señora...

DON DIEGO

No permita Vuestra Alteza
tal rigor; yo volveré　　1180
lo que al Rey le soy en cargo.

DON ÁLVARO

De satisfacer me encargo
lo que a su Alteza usurpé.

REINA

La vida os perdonaré
como me deis en rehenes　　1185
vuestros castillos.

DON DIEGO

　　　　Ya tienes
por tuyos los que señales.

REINA

Padece el reino mil males,
si al Rey le usurpáis sus bienes.
A ser vuestra convidada,　　1190
caballeros, he venido:
no os acongojéis; que aunque he sido
por vosotros agraviada,
ya yo estoy desenojada,
cada cual su Estado cobre;　　1195
y para que a todos sobre,

desustanciad al Rey menos;
que no son vasallos buenos
los que a su rey tienen pobre.
Don Diego de Haro, ya veo   1200
que por mi fama volvisteis,
cuando a Don Juan no creísteis.

DON DIEGO

Sólo vuestra virtud creo.

REINA

Conde os hago de Bermeo.

DON DIEGO

No llegue el tiempo a ofender   1205
tal valor, pues vengo a ver
en nuestro siglo terrible
lo que parece imposible,
que es *prudencia en la mujer*.

ACTO TERCERO

ESCENA PRIMERA

El Rey Don Fernando *(ya mancebo)*,
la Reina, Benavides, Don Nuño, Don
Álvaro, Don Alonso y Don Pedro.

REINA

Pues los deseados días,
hijo y señor, se han llegado
en que el cielo os ha sacado
hoy de las tutelas mías,
y de diez y siete años   5
a vuestro cargo tomáis
el gobierno, y libre estáis
de peligros y de daños
(que no pocos han querido
ofender vuestra niñez,   10
aunque mi amor cada vez
cual madre os ha defendido);
haciendo una suma breve
del estado en que os le dejo,
con el último consejo   15
quedar una madre debe,
me despediré de vos,
y del reino que os desea,
y siglos largos os vea
ensanchar la ley de Dios.   20
Cuando el rey Don Sancho el Bravo,
vuestro padre y mi señor,
dejó por otro mejor
el reino (que aquí es esclavo
de sus vasallos quien reina),   25
y en Castilla, que aun le llora,
por el de gobernadora,
el nombre troqué de reina;
de solamente tres años
comenzastes a reinar,   30
y juntamente a probar
trabajos y desengaños,
cual veréis por tiempos largos
que los reinos interesan;
pues por lo mucho que pesan,   35
les dieron nombres de cargos.
Un solo palmo de tierra
no hallé a vuestra devoción:
Alzóse Castilla y León,

Portugal os hizo guerra,   40
el granadino se arroja
por extender su Alcorán,
Aragón corre a Almazán,
el navarro la Rioja;
pero lo que el reino abrasa,   45
hijo, es la guerra interior;
que no hay contrario mayor
que el enemigo de casa.
Todos fueron contra vos,
y aunque por tan varios modos   50
os hicieron guerra todos,
fue de nuestra parte Dios,
a cuyo decreto sumo,
babeles de confusión
que levantó la ambición   55
se resolvieron en humo.
Pues en el tiempo presente
por que al cielo gracias deis
del reino que le debéis
le hallaréis tan diferente,   60
que parias el moro os paga;
el navarro, el de Aragón,
hijo, amigos vuestros son;
y para que os satisfaga
Portugal, si lo admitís,   65
a Doña Constanza hermosa
os ofrece por esposa
su padre el rey don Dionís.
No hay guerra que el reino inquiete,
insulto con que se estrague,   70
villa que no os peche y pague,
vasallo que no os respete.
De que salgo tan contenta
cuanto pobre, pues por vos,
de treinta no tengo dos   75
villas que me paguen renta.
Pero bien rica he quedado,
pues tanta mi dicha ha sido,
que el reino que hallé perdido,
hoy os lo vuelvo ganado.   80

REY

Él y yo, madre y señora
con desamparo y tristeza

quedamos, si Vuestra Alteza
se ausenta y nos deja agora.
Porque el gobierno mío,   85
¿Cómo se puede esperar
que mozo llegue a llenar
ausente vos, tal vacío?
Vuestra Alteza no permita
dejarme en esta ocasión.   90

REINA

Ya es, hijo y señor, razón
que la viudez, que limita
del gobierno la inquietud,
halle en mí la autoridad
que pide la soledad,   95
y ejercita la virtud.
Cerca tengo de Palencia
a Becerril, pueblo mío;
mientras de vos me desvío,
por que no sintáis mi ausencia,   100
si la consideración
pasáis por el arancel
que os deja mi amor, por él
verá España un Salomón
contra lisonjas y engaños   105
que traen los vicios en peso;
pues las canas, en el seso
consisten más que en los años.
El culto de vuestra ley,
Fernando, encargaros quiero;   110
que éste es el móvil primero
que ha de llevar tras sí al Rey,
y guiándoos por él vos,
vivid, hijo, sin cuidado,
porque no hay razón de Estado   115
como es el servir a Dios.
Nunca os dejéis gobernar
de privados, de manera
que salgáis de vuestra esfera,
ni les lleguéis tanto a dar   120
que se arrojen de tal modo
al cebo del interés,
que os fuercen, hijo, después
a que se lo quitéis todo.
Con todos los grandes sed   125
tan igual y generoso,
que nadie quede quejoso
de que a otro hacéis más merced;
tan apacible y discreto
que a todos seáis amable;   130
mas no tan comunicable
que os pierdan, hijo, el respeto.
Alegrad vuestros vasallos,
saliendo en público a vellos;

que no os estimarán ellos,   135
si no os preciáis de estimallos.
Cobraréis de amable fama
con quien vuestra vista goce;
que lo que no se conoce,
aunque se teme, no se ama.   140
De juglares lisonjeros,
si no podéis excusaros,
no uséis para aconsejaros,
sino para entreteneros.
Sea por vos estimada   145
la milicia es vuestra tierra,
porque más vence en la guerra
el amor que no la espada.
Recibid médicos sabios,
hidalgos y bien nacidos,   150
de solares conocidos,
sin raza, nota o resabios
de ajena y contraria ley;
que si no hace confianza
de quien nobleza no alcanza,   155
cuando un castillo da, el Rey.
¿Cuánta más solicitud
poner en esto es razón,
pues que los médicos son
alcaides de la salud?   160
Hablo en esto de experiencia,
y sé en cualquier facultad
que suele la cristiandad
alcanzar más que la ciencia.
A Don Juan, señor, debéis   165
de Benavides, la silla
en que os corona Castilla,
y es bien que se la paguéis.
A los dos Caravajales
con el mismo cargo os dejo,   170
tan cuerdos en dar consejo,
como en serviros leales.
Ejercitad su prudencia,
conoceréis su valor;
y con esto, hijo y señor,   175
dadme brazos y licencia. *(Abrázanse.)*

REY

Vamos; acompañaré
a Vuestra Alteza.

REINA

              Asistid
a las Cortes de Madrid;
que es de importancia que esté   180
en ellas vuestra presencia;
que en mi compañía irán
los dos hermanos, Don Juan

y Don Pedro, hasta Palencia,
y en acabándose iréis   185
a ver al de Portugal,
por que con amor igual
la mano a la Infanta deis,
que con su padre os espera
cerca de Ciudad-Rodrigo.   190
Quedaos.

REY

Vuestro gusto sigo,
aunque más gusto tuviera
en iros acompañando.

REINA

Hágaos tan dichoso el cielo
como a vuestro bisabuelo,   195
y tan santo, mi Fernando.

REY

Como yo os imite a vos,
no habrá bien que no me cuadre.
Servid los dos a mi madre.

REINA

Adiós.

REY

Gran señora, adiós.   200
(Vase la Reina con Don Alonso
y Don Pedro.)

ESCENA II

EL REY, BENAVIDES, DON NUÑO,
DON ÁLVARO.

DON NUÑO

¡Gracias al cielo que ya
salió el reino del poder
y manos de una mujer!

DON ÁLVARO

Catorce años y más ha
que a Semíramis imita,   205
y a Vuestra Alteza encerrado,
si disfrazalle no ha osado,
y el gobierno no le quita,
cual la otra hizo con Nino,
es porque tiene temor   210
a nuestra lealtad y amor.

REY

Del cielo santo imagino
de mi madre la prudencia
con que el reino gobernó·
mas no puedo negar yo   215
que ha sufrido mi paciencia
un cautiverio enfadoso;
pues según me recataba,
no para rey me criaba,
sino para religioso.   220

BENAVIDES

No desdice de la ley
que en el gobierno se emplea,
antes la adorna, que sea,
Señor, religioso un rey.
Ni la Reina mi señora,   225
a quien la envidia contrasta
hizo...

REY

Benavides, basta;
no nos prediquéis agora.
Nadie dice mal aquí
de mi madre, ni tampoco   230
será ninguno tan loco
que ose delante de mí
agraviar la cristiandad
que España conoce en ella,
para que volváis por ella.   235
Conozco vuestra lealtad.
Idos, Don Juan, a León.

BENAVIDES

Si os he, señor, enojado...

REY

No habéis; pero estáis cansado.
Cuando se ofrezca ocasión   240
en que os haya menester,
yo os enviaré a llamar.

BENAVIDES

Merced me hacéis, singular,
y como os sé obedecer
en esto, seré obediente   245
en lo demás que os dé gusto;
pero advertid que no es justo,
cuando vos estáis presente,
que murmure el atrevido
de quien nombre alcanza eterno   250
por su virtud y gobierno,

y el reino os ha defendido;
que a no estar delante vos,
en quien mi lealtad repara,
pudiera ser que cortara   255
las lenguas a más de dos.

DON ÁLVARO

Si de vuestro atrevimiento,
hidalgo pobre...

ESCENA III

EL REY, DON NUÑO, DON ÁLVARO.

REY

Dejadle,
pues que se va; que no en balde
de la corte echalle intento   260
Sirvió a mi madre; disculpa
tiene si por ella ha vuelto.

DON NUÑO

Hablar tan libre y resuelto
delante su Rey, es culpa
digna, señor, de castigo.   265

REY

Por mi madre le perdono:
su lealtad, sirva de abono.
Si he de ir a Ciudad-Rodrigo,
despedir las Cortes puedo,
pues no hay en ellas qué hacer,   270
y saldréme a entretener
por los montes de Toledo;
que me afirman que hay en ellos
mucha caza.

DON NUÑO

Todos son,
para vuestra inclinación,   275
entretenidos y bellos.

REY

(Aparte.)

Pues, Don Nuño, prevenid
a mi cazador mayor;
que hoy, a pesar del calor,
he de salir de Madrid;   280
y a Don Enrique avisad,
mi tío, por que dé traza,
si es inclinado a la caza,
de seguirme.

DON ÁLVARO

Vuestra edad,
gran señor, pide todo eso.   285

REY

(Aparte.)

Revienta el fuego encerrado,
vuela el neblí desatado,
y sin grillos corre preso.
Por que este símil me cuadre,
fuego, neblí y preso he sido,   290
que como río he salido
de madre, ya sin mi madre.   (Vase.)

DON NUÑO

Don Álvaro, en derriballa
consiste nuestra ventura.

DON ÁLVARO

Don Nuño, el Rey asegura   295
(que no es fácil contrastalla),
pues con él la ha descompuesto.

DON NUÑO

Ayúdeme tu cautela;
que yo la urdiré una tela,
que no la rompa tan presto.   300
(Vanse.)

ESCENA IV

DON DIEGO, DON TELLO, PADILLA

DON TELLO

Pues de la Reina, célebre don Diego,
ha tanto tiempo que os preciáis de
                            [amante,
siendo de nieve helada a vuestro fuego,
y a vuestro tierno amor duro diamante,
corresponded con él seguro ruego 305
de Don Enrique de Castilla infante;
que en un pecho cruel, cuando es in-
                            [grato,
lo que no pudo amor, podrá el mal
                            [trato.
Ponedla mal de su hijo, decid della
que el patrimonio real tiene usurpado,
                            [310
que soberbia los grandes atropella,
y levantarse intenta con su Estado,
que viéndose, aunque viuda, moza y
                            [bella,

con el aragonés ha concertado
casarse, y conquistando esta corona,
                                    [315
reinar desde Galicia a Barcelona:
que al verse de su hijo aborrecida,
y de los ricoshombres despreciada,
por conservar la peligrosa vida,
os ha de dar la mano deseada.   320
Es la mujer humilde, perseguida,
como soberbia y loca, entronizada;
y si por vos a tal peligro llega,
y os aborrece, vos veréis que os ruega.
Descomponella Don Enrique intenta,
                                    [325
porque teme, si en gracia del Rey vive,
que le ha de dar de sus insultos cuenta,
porque de su privanza le derribe.
Ésta es razón de Estado, aunque vio-
                                    [lenta.
Puesto que interés villano estribe; 330
pues contra quien recela el temor vano,
prudencia es el ganarle por la mano.

DON DIEGO

¡Vive el cielo, afrentoso caballero,
merecedor que desta suerte os llame,
que a no manchar mi siempre noble
                               [acero 335
en vuestra sangre bárbara y infame,
el corazón doblado y lisonjero
os sacara del pecho! Cuando ame
a la reina María sin remedio,
amor no toma la traición por medio.
                                    [340
No me aborrece a mí porque desprecia
la casta voluntad que en ella empleo,
sino por dar a España otra Lucrecia,
imitando a la viuda de Siqueo.
Es más de su difunto esposo precia 345
la memoria que el yugo de himeneo;
que a quien enlaza el tálamo segundo,
no amante, incontinente llama el mun-
                                    [do.
Si intenta conservarse Don Enrique
con el Rey, busque medios más hon-
                               [rados; 350
que cuando esos ilícitos aplique
centra su Reina, y imite otros privados;
por más quimeras que el temor fabri-
                                    [que,
ejemplos hay presentes y pasados
del triste fin que tiene la privanza, 355
que por medios tan bárbaros se al-
                                    [canza.

Y cuando la persiga, y no escarmiente,.
y como mozo el Rey mentiras crea,
vasallos y armas tengo con que intente
hacer que sus engaños sienta y vea.
                                    [360
Ampararé a la Reina, que inocente
ha trocado la corte por la aldea,
y mostrará mi amor noble y loable
que es honesto y cortés, no interesable.
A Don Enrique dad esta respuesta, 365
y de mí le decid que jamás viva
seguro, mientras la virtud honesta
persiga en que la Reina ilustre estriba.

PADILLA

Porque el amor ha visto que os mo-
                                    [lesta,
deseoso, Don Diego, que os reciba 370
la Reina...

DON DIEGO

Voime solo, por no oíros.

DON TELLO

(Aparte.)

Andad, que presto habéis de arrepen-
                               [tiros. (Vanse.)

ESCENA V

(Claro en los montes de Toledo.)

EL REY, DON ENRIQUE, DON NUÑO,
DON ÁLVARO, en traje de caza; acompañamiento, retirado.

REY

¡Fértiles montes!

DON ÁLVARO

Notables.

DON ENRIQUE

Afirmarte dellos puedo,
que aunque ásperos y intratables. 375
son los montes de Toledo
más fecundos y admirables
que los de África, alabados
de Plinio por milagrosos.

DON NUÑO

Ésos fueron celebrados 380
por los partos monstrüosos
de sus desiertos nombrados;
y en éstos, según las gentes
que los pisan nos informan,
cuando especies diferentes 385
de brutos se juntan, forman
varios monstruos y serpientes.

REY

De más estima es la caza
que tienen, a que me inclino.

DON ENRIQUE

La que esta comarca abraza 390
es tanta, que hasta el camino
muchas veces embaraza.

REY

No pienso salir tan presto,
Infante, de su aspereza.

DON ENRIQUE

Este ejercicio es honesto, 395
y propio de la grandeza
de un rey.

REY

Escuchad: ¿qué es esto?

ESCENA VI

DON JUAN, de labrador. — Dichos.

DON JUAN

Ínclito y famoso Rey,
felice por ser Fernando,
en el valor el primero, 400
aunque en sucesión el cuarto:
si la justicia y prudencia,
que mostró en sus tiernos años
Salomón, le ganó nombre
eternamente de sabio, 405
y a las puertas del gobierno,
sobre el trono estáis sentado
de España, cuando Castilla
os pone el cetro en la mano;
imitad a Salomón, 410
y entrad deshaciendo agravios,
por que al principio os respeten
y adoren vuestros vasallos.

Dejad, Fernando, las fieras 415
destos montes solitarios,
y perseguid justiciero
las que os dañan en poblado;
que yo temeroso de una
que os pretende hacer pedazos, 420
huyendo a estos montes, juzgo
sus brutos por más humanos
cuando me llamaba España
con las damas cortesano,
liberal con los amigos, 425
valiente con los contrarios,
discreto en conversaciones,
galán y diestro en saraos,
en las guerras victorioso,
como en las paces bizarro; 430
por conservar mi privanza,
vivía lisonjeado;
callaba del poderoso
los insultos y pecados;
que ha de alquilar el prudente, 435
mientras cursare el palacio,
la lengua al cuerdo silencio,
y todos los ojos a Argos.
Mas yo encontré la verdad
en esté monte, enseñando 440
a las aves y a los peces
naturales desengaños;
donde líquidos espejos
están la cara mostrando
a la verdad sin lisonja, 445
segura de afeites falsos;
donde arroyuelos y fuentes
se entretienen murmurando,
no a costa de honras ajenas,
que es pasatiempo de ingratos: 450
donde si aplauden las aves
al sol su cuna dorando,
es con verdades sencillas,
no con hipérboles vanos;
donde jamás miente a Flora 455
el siempre joven verano,
ni el estío adusto a Ceres,
ni el fértil otoño a Baco;
donde el encogido invierno
sale decrépito y cano, 460
sin teñirse los cabellos
por desmentir a sus años.
Todo es mentira en la corte,
todo es verdad en los campos,
y por esto aprendí dellos, 465
gran señor, el hablar claro.
La reina Doña María
mujer de Don Sancho el Bravo,
Jazabel contra inocentes,

Athalía entre tiranos,
por vivir a rienda suelta   470
en tan ilícitos tratos,
que para que no os ofendan,
los publico con callarlos,
intentando libre y torpe
casarse con un vasallo,   475
y dándoos la muerte niño,
estos reinos usurparos;
de mi lealtad temerosa,
porque me dio mi cuidado
noticia de sus intentos   480
(que dan voces los pecados)
viendo oponerme leal,
con armas y con vasallos
a sus mortales deseos,
quitado me ha mis Estados,   485
y en la Mota de Medina
ha, invicto, señor, diez años
que preso por inocente,
lloro desdichas y agravios.
Supe, gracias a los cielos,   490
que vuelto el siglo dorado,
el gobierno de Castilla
resucita en vuestra mano,
y que esta Athalía cruel
se ha recogido, llevando   495
los esquilmos destos reinos,
por su ambición disfrutados;
y fiando en mi inocencia,
y en la lealtad de un criado,
hechas las sábanas tiras,   500
del homenaje más alto
descolgándome una noche,
como me veis disfrazado,
entre estos montes desiertos
ha cuatro meses que paso.   505
Si el poco conocimiento
que tenéis de mis trabajos,
pone mi crédito en duda,
y a persuadiros no basto
a la justa indignación   510
de vuestra madre, Fernando,
Don Juan soy, infante y hijo
del rey Don Alfonso el Sabio;
mi sobrino os llama el mundo,
y yo mi señor os llamo.   515
Ved si es razón, Rey famoso,
que pobre y desheredado
habite silvestres montes
vuestro tío, y que triunfando
de la lealtad la traición,   520
como las yerbas del campo.
Testigos de mi inocencia,
y del gobierno tirano

de vuestra madre crüel,
son seguros y abonados   525
el infante Don Enrique,
hijo de Fernando el Santo
don Álvaro, Nuño, Tello...
mas, ¿para qué alego en vano
corta suma de testigos,   530
cuando el reino despechado,
los vasallos destruidos,
los leales desterrados,
los ricoshombres ya pobres,
abatidos los hidalgos,   535
y todo el reino perdido,
voces al cielo están dando?
Sol de España sois, señor,
deshagan los rayos claros
de la justicia las nubes   540
que su luz han eclipsado;
y posponiendo respetos
de madre, pues sois amparo
de Castilla, dad prudente
remedio a tan ciertos daños,   545
y vuestros pies generosos
a un infante desdichado,
que juzga, viéndoos reinar,
por venturas sus trabajos.

REY

Levantad, ilustre tío,   550
del suelo, que estáis dañando,
las generosas rodillas,
y dadme los nobles brazos;
que habéis sacado a los ojos
lágrimas que os están dando   555
los pésames del rigor
que con el tiempo os ha tratado.
Con vuestras quejas he oído
la mala cuenta que ha dado
mi madre de su gobierno;   560
pero regocijo tan arduo,
aunque Don Enrique alega
lo que vos, y ha provocado
mi severo enojo, pide
que le averigüe despacio.   565
Contento estoy con la caza
que en estos desiertos hallo,
pues siendo vos su despojo,
a vuestro ser os restauro,
vuestros Estados os vuelvo,   570
dándoos el mayordomazgo
mayor de mi casa y corte.

DON JUAN

Reinés, señor, siglos largos.

DON ENRIQUE

Para gozarlo seguro,
es, gran señor, necesario 575
que a los principios cortéis
a los peligros los pasos,
a lo que el Infante ha dicho
contra vuestra madre, añado
que es Don Juan Caravajal 580
el que en ilícitos tratos
con la Reina ofende torpe
la memoria de Don Sancho,
vuestro padre, y ambicioso
el reino intenta usurparos. 585
Para esto ofrece la Reina
que al de Aragón dé la mano
la infanta Doña Isabel,
vuestra hermana, y que entre armado
en Castilla, cuyo reino 590
le entregará, por que amparo
dé a sus livianos deseos.
En León los dos hermanos
Caravajales intentan,
por ser tan emparentados, 595
juntar sus deudos y amigos,
y del reino apoderados,
alzar por Doña María
banderas, y despojaros
de vuestro real patrimonio: 600
para esto tiene usurpados
diez cuentos de vuestra renta,
a costa de pechos varios,
que mientras tuvo el gobierno,
la dieron vuestros vasallos. 605
Mirad, gran señor, si piden
la diligencia estos casos,
con que ataja inconvenientes
y imposibles vence el sabio.

REY

¡Válgame el cielo!, ¿es posible 610
que mi madre haya borrado
la fama, con tal traición,
que su nombre ha eternizado?
¡Contra mí mi madre misma,
y en deshonestos abrazos 615
las cenizas ofendiendo
de mi padre el rey Don Sancho!
¡Jesús!, no puedo creerlo;
pero pues lo afirman tantos,
que con lealtad acreditan 620
la verdad, ¿de qué me espanto?

DON ÁLVARO

Lo menos, señor te han dicho

de lo que pasa, que es tanto
que excede a cualquiera suma.

DON NUÑO

Si yo por testigo valgo, 625
afirmarte, señor, puedo
que si no acudes temprano
al peligro de Castilla,
no has de poder remediallo.

REY

Alto, pues, vasallos míos; 630
no es posible que haya engaño
en vuestros hidalgos pechos;
creeros quiero a los cuatro.
Mi madre es mujer, moza;
quedó el gobierno en su mano; 635
el poder y el amor ciegan;
no hay hombre cuerdo a caballo;
si por tantos años tuvo
estos reinos a su cargo,
¿qué mucho, siendo ambiciosa 640
que sienta agora el dejarlos?
El derecho natural
perdone; que de dos daños
se ha de elegir el menor.
Castilla me pide amparo; 645
mi madre la tiraniza;
y pues conspira, afrentando
la ley de naturaleza,
contra quien el ser ha dado,
hoy mi justicia dé muestras 650
que contra insultos y agravios
no hay acepción de personas,
sangre, ni deudo cercano.
Pues sois ya mi mayordomo,
y estáis, Infante, agraviado, 655
tomad a mi madre cuentas,
hacedla alcances y cargos
de las rentas de mi reino,
y si no igualan los gastos
a los recibos, prendedla. 660

DON JUAN

No me mandéis...

REY

Esto os mando.
Prended también a los traidores
Caravajales; que entrambos
han de dar a España ejemplo,
viéndolos en el cadalso. 665
Juan Alfonso Benavides

debe ser también tirano:
en Santorcaz esté preso;
que ansí al reino satisfago.
Ni el ser mi madre la Reina,   670
ni yo de tan pocos años,
me impedirán que no imite
en la justicia a Trajano;
y pues soy naturalmente
a la caza aficionado,   675
a caza he de ir de traidores
antes que a fieras del campo.
Don Juan, aqueste es mi gusto;
no pongáis, con dilatallo,
en continencia mi enojo,   680
si pretendéis conservaros.

DON JUAN

Servirte sólo pretendo.

REY

Por los cielos soberanos,
que ha de quedar en el mundo
nombre de Fernando el cuarto.   685

(Vase con el acompañamiento.)

ESCENA VII

DON ENRIQUE, DON JUAN, DON NUÑO,
DON ÁLVARO.

DON JUAN

Esto es hecho, Don Enrique.

DON ENRIQUE

Dadme, sobrino, los brazos
en que estriba nuestro aumento,
y por vuestro ingenio gano.

DON JUAN

Quitemos este estorbo;   690
que si una vez derribamos
la Reina no hay que temer.

DON ENRIQUE

Para eso yo solo basto.

DON JUAN

Mas escuchad, si os parece,
la traza que he imaginado   695
para que los dos reinemos,

que es sólo lo que intentamos.
A la Reina tengo amor,
sin que el tiempo haya borrado
con injurias y prisiones   700
de mi pecho su retrato.
Si por verse perseguida
de su hijo, que indignado
ponerla manda en prisión,
su honor y fama arriesgando,   705
con nosotros se conjura;
y ofreciéndome la mano
de esposa (que esto y más puede
en la mujer un agravio)
de la corona y la vida   710
al mozo Rey despojamos,
¿qué dicha no conseguimos?
¿Qué temor basta a alterarnos?
Vos reinaréis, Don Enrique,
en todo el término largo   715
que abarca Sierra Morena,
y yo en Castilla gozando
el apetecido cetro,
si con la Reina me caso;
daré Trujillo a Don Nuño   720
y a Don Álvaro otro tanto.

DON ENRIQUE

Si eso con ella acabáis
habréis Don Juan, dado cabo
a mi esperanza y temores.

DON ÁLVARO

La traza prudente alabo.   725

DON NUÑO

Infante, si a efecto llega.
conquistad el pecho casto
de la Reina, y habréis hecho
un prodigioso milagro.

DON JUAN

Eso a mi cargo se quede.   730
Venid: firmemos los cuatro,
para más seguridad,
la palabra que la damos
de ser todos en su ayuda
contra el Rey, pues de su mano   735
la fortuna nos corona
en Castilla.

LOS OTROS TRES

Vamos.   *(Vanse.)*

ESCENA VIII

(Entrada a la Villa Becerril.)

LA REINA, DON ALONSO, DON PEDRO

REINA

Ya gozaré con descanso
lo que mi quietud desea;
el sosiego de la aldea,   740
su trato sencillo y manso,
las verdades que en palacio
por tanto precio se venden,
las palabras que no ofenden,
la vida que aquí despacio   745
con tiempo la muerte avisa,
el quieto y seguro sueño,
que en la corte es tan pequeño,
con su vida de prisa;
no sé cómo encareceros   750
el contento que recibo
de ver que ya libre vivo
de engañosos lisonjeros,
de aquel encantado infierno,
adonde la confusión   755
entretiene la ambición
con el disfraz del gobierno.
¡Gracias a Dios que he salido
de aquel laberinto extraño,
donde la traición y engaño,   760
trocando el traje y vestido
con la verdad desterrada,
vende el vidrio por cristal!
¡Oh carga del trono real,
del ignorante adorada!   765
La alegre vida confieso
que sin ti segura gozo:
Fernando, que es hombre y mozo,
podrá sustentar tu peso
que no poco hazaña ha sido,   770
siendo yo flaca y mujer,
el no haberme hecho caer
diez años que te he traído.

DON ALONSO

Los requiebros amorosos
con que Vuestra Majestad   775
celebra la soledad
sin temores ambiciosos
son muestras de la virtud
que en su cristiandad emplea.

DON PEDRO

No hay medicina que sea   780
más conforme a la salud
que la simple, porque daña
nuestra vida la compuesta,
y si en la corte molesta
no se estima quien no engaña,   785
y vive la compostura
a costa de la lealtad;
aquí la simplicidad
más la salud asegura.
Mil años su estado firme   790
goce, y su quietud sencilla.

ESCENA IX

BERROCAL, *con vara de alcalde;* TOR-
BISCO, GARROTE, NISIRO, CRISTINA, AL·
DEANOS. — *Dichos.*

REINA

Los vecinos de mi villa
han salido a recibirme.

*(Hablan los aldeanos entre sí a un lado
del teatro.)*

TORBISCO

¿Sabréis decirle la arenga
que os encomendó el consejo?   795

BERROCAL

Entre la carne y pellejo
del calletre hago que venga;
como no se quede allá,
vos veréis cual la empujo,
si una vez la desbrujo.   800

GARROTE

Aquí la reinesa está:
no hay, Berrocal, son echallo.

BERROCAL

Dios vaya conmigo, amén.
Pero, agora, ¿no será bien,
si la he de hablar, repasallo?   805

CRISTINA

Agora es descortesía.

BERROCAL

¿Antes que empuje el sermón
el fraile, no suele, Antón,

pasalle en la sacristía?
Hed cuenta que estoy allá.   810

NISIRO

Vaya, pues.

TORBISCO

Atento espero.

BERROCAL

Escupo, pues, lo primero.   (Escupe.)
¿No he escupido bien?

CRISTINA

¡Verá!
Pues ¿qué habilencia es aquesa?

BERROCAL

Pensáis vos que no es trabajo   815
saber echar un gargajo
delante de una a reinesa?
Oíd bien, empiezo ansí:
"El cura y el Regidero..."
No, ell Alcalde va primero,   820
y es bien empezar por mí.
"Yo ell Alcalde Berrocal,
y Cristina de Sigura..."
Mas llevar de zaga al cura,
que es clérigo, parece mal.   825
"El cura Miguel Brunete,
que se pica de estordiante..."
Mas tampoco han de ir delante
cuatro esquinas de un bonete.

TORBISCO

Alcalde, acabemos ya,   830
que esperan.

BERROCAL

¡Válgamos Dios!
Mas vamos hablar los dos;
que lo compondré allá.
                (Lléganse a la Reina.)
"Señora: el Cura y Alcalde..."
Digo: "ell Alcalde y el Cura",   835
que aunque ir delante procura,
por Dios que trabaja en balde.
"Y el concejo del lugar..."
Pero soy un majadero,
que había de escupir primero.   840
Escupo y vuelvo a empezar. (Escupe.)
"El Cura, que es nigromante,
y los ñublados conjura..."

¡Válgate el diablo por cura!
¡Qué amigo que es de ir delante! 845
"El Cura y yo Berrocal,
Alcalde, después de Dios..."
El Cura y yo somos dos;
"Pero Gordo, Gil Costal,
Juan Pabros, y Antón Centeno..." 850
Mas Juan Pabros ya murió;
que una ocurrencia le dio,
y era vecino más bueno
que tuvo en Castilla el Rey;
murióse como un jilguero,   855
porque se merendó entero
ei menudillo de un buey.
El cielo dejaba raso,
si a nublo subía a tañer;
quedó viuda su mujer   860
Crespa; mas vamos al caso.
"Digo, pues, que cada uno,
y todos mancomunados,
en sollidum concertados,
sin que discrepe ninguno,   865
habemos salido aposta
del lugar de Becerril
con la gaita y tamboril..."
Lo que toca a la langosta,
nos aflige a cada paso.   870

GARROTE

(Aparte al Alcalde.)

Pues eso, ¿qué tiene que ver?

BERROCAL

Hacérselo todo saber,
¿no es bien? Mas vamos al caso.
"Como a vivir viene aquí
Su Maldad..."

NISIRO

(Aparte al Alcalde.)

                    Su Majestad,   875
bestia, di.

CRISTINA

(Aparte.)

¡Qué necedad!

BERROCAL

"Su Majestad, bestia, di,
Dalla el parabién percura;
y ansina le sale a honrar...

No hay reloj en el lugar;   880
pero el albéitar nos cura;
y aunque por Gila me abraso,
la vez que a hablarla me llego,
me dice: "jo, que te estriego."
Pero en fin, vamos al caso.   885
"Mándemos su Jamestá;
que bella mercé es mueso gusto,
y siendo reinesa, es justo
C'agamos su volutá."

REINA

La que el lugar me ha mostrado,   890
estimo como es razón,
y más de la comisión
que a vos, Alcalde, os ha dado,
que habéis estado elocuente,
la vara os doy de por vida.   895

BERROCAL

Aquésta ya está podrida
démela por otras veinte;
que soy en la fiestas loco,
y como hay muchachos malos
quiébrolas a puros palos   900
y ansí pueden durar poco;
y una vara de por vida
¿qué vale, quebrándose hoy?

REINA

Por vuestra vida os la doy.

BERROCAL

Eso, bien. Lléguese y pida   905
justicia, si sentenciar
en el concejo me ve,
que por haberla mercé,
yo la mandaré ahorcar.

(Vanse los aldeanos.)

ESCENA X

DON JUAN, DON NUÑO, DON ÁLVARO.
LA REINA, DON ALONSO, DON PEDRO.

DON ÁLVARO

(Hablando aparte con el Infante,
al salir.)
La Reina está aquí y también   910
los Caravajales.

DON JUAN

Tengo
a dicha el tiempo a que vengo.

(Llegándose a la Reina y los Caravajales.)
Los dos a prisión se den.

DON ALONSO

¿Nosotros?, ¿por qué ocasión?

DON JUAN

¡Bueno es que ocasión pidáis,   915
desleales, cuando estaís
indicados de traición!

DON PEDRO

Si no estuviera delante
la Reina nuestra señora,
pudiera un mentís agora   920
daros la respuesta, Infante.

DON JUAN

¡Oh villanos!, brevemente
vuestros castigos darán
muestras de quién sois.

REINA

Don Juan,
¿sabéis que estoy yo presente?   925
¿Sabéis que la Reina soy?
¿Cómo llegáis indiscreto
a prender, sin más respeto,
ninguno donde yo estoy?

DON JUAN

Cumplo, señora, mi oficio.   930

REINA

Cuando yo a enojarme llegue...

DON JUAN

Vuestra Alteza se sosiegue,
que esto es todo en su servicio.

REINA

¡En mi servicio, prender
los que me sirven a mí!   935

DON JUAN

El Rey lo ha mandado así.

REINA

Si él lo manda, obedecer
como vasallos leales;
que tiene el lugar de Dios:
mostrad en esto los dos   940
quién son los Caravajales,
y si lo mismo procura
hacer de mí, la cabeza
le ofreceré.

DON JUAN

Vuestra Alteza
tampoco está muy segura;   945
harto hará en mirar por sí.

DON ALONSO

Al nombre, señora, real,
es cera al acero leal:
los nuestros están aquí.

(Dan las armas.)

Tomadlos, pues se atropella   950
así el valor que ofendéis;
que por más que los miréis
no hallaréis en ellos mella
de deslealtad ni traición.
Aunque no pocas sacaron   955
cuando al Rey os allanaron
con mis deudos en León.

(Con ironía.)

Pero ansí su poder muestra
que poca falta le harán
nuestras espaldas, Don Juan,   960
donde estuviere la vuestra,
siempre en serville empleada.

DON PEDRO

(Con ironía.)

Sí; que la fama pregona
que vos contra su corona
jamás sacasteis la espada,   965
ni las traiciones y engaños
os han formado proceso,
puesto que estuvisteis preso,
aunque sin culpa, diez años.

DON JUAN

No quedara satisfecho   970
mi agravio, si no os quitara
con mis manos y arrancara
la cruz del villano pecho.

(Arráncale la cruz.)

Que indecentemente estaba
en tan infame lugar,   975
usando con ella honrar
a sus nobles Calatrava,
no cobardes corazones.

(A Don Nuño y Don Álvaro.)

Tomadla los dos allá.

DON PEDRO

¡Oh!, ¡qué bien parecerá   980
la cruz entre dos ladrones!
Aunque una cosa condeno
cuando a los dos os igualo,
que allá sólo hubo uno malo:
pero aquí ninguno hay bueno.   985

DON ÁLVARO

Un hombre por traidor preso,
no injuria ni quita honor.

DON NUÑO

De Martos comendador
os hizo algún frágil seso;
mas antes que os hagan cuartos, 990
para que Castilla entienda
que es Martos vuestra encomienda,
os despeñarán de Martos,
y poblaréis cadalsos
infames.

DON PEDRO

Poco valieran   995
si con vos lo mismo hicieran;
que no pasan cuartos falsos.

DON JUAN

A Santorcaz los llevad.

(Don Nuño y Don Álvaro se llevan a
Don Alonso y Don Pedro.)

ESCENA XI

LA REINA, DON JUAN.

REINA

Como a la real obediencia
se sujeta mi paciencia,   1000
no os parezca novedad,
Don Juan, no favorecer
a quien tan bien me sirvió,

porque nunca bien mandó
quien no supo obedecer.   1005
Mas el que es ministro real,
cuando algún culpado prende,
con la vara sólo ofende;
que con la lengua hace mal.
El juez prudente castiga,   1010
cuando el cargo que vos cobra,
y atormentado con la obra,
con las palabras obliga.
Poco mi respeto os debe.

DON JUAN

Cuando sejáis que estos dos,   1015
gran señora, contra vos
han usado el trato aleve
que ignoráis, no juzgaréis
mi rigor por demasiado.

REINA

¿Contra mí? Experimentado   1020
tengo, como vos sabéis,
Don Juan, en no pocos años,
aunque es fácil la mujer,
lo poco que hay que creer
en testigonios y engaños.   1025
Yo los conozco mejor;
mas como el mundo anda tal,
no vive más el leal
de lo que quiere el traidor.

DON JUAN

En prueba, señora, de eso,   1030
por que sepáis cuán leales
os son las Caravajales,
y si el Rey mal los ha preso,
advertid que han dicho al Rey
que la ambición de mandar   1035
os obliga a conspirar
contra el amor y la ley
que a vuestro Rey y Señor
debéis; tanto, que usurpado
tenéis a su real Estado   1040
treinta cuentos; que el amor
que tenéis al de Aragón,
le fuerza, si os da la mano,
a entregalle en ella llano
a Castilla y a León;   1045
y otras cosas que no cuento,
pues por indignas de oíllas,
no sólo no oso decillas
mas de pensallas me afrento.
El Rey, fácil de creer,   1050
contándole lo que pasa

testigos de vuestra casa,
manda que os venga a prender,
después de tomaros cuentas
del tiempo que gobernado   1055
habéis su reino, y cobrado
de su corona las rentas.
No quise que cometiese
a otro el venir sino a mí,
que serviros prometí,   1060
por que no se os atreviese.
Y como aquí los hallé,
no me sufrió el corazón
pasar por tan gran traición,
y ansí prendellos mandé.   1065

REINA

Que el Rey forme de mí quejas,
y ponerme en prisión mande,
no me espanto, mientras ande
la lisonja a sus orejas.
Mas, ¡que los Caravajales   1070
tal traición contra mí digan....
Por más, Don Juan, que persigan
su valor los desleales,
no saldrán con la demanda.
vuestro cargo ejercitad   1075
prendedme, cuentas tomad,
y haced lo que el Rey os manda.

DON JUAN

Yo, gran señora, juré
de serviros y ayudaros,
y lo que os debo pagaros   1080
con lealtad, amor y fe.
El infante Don Enrique
y otros caballeros sienten
que traidores os afrenten,
y el Rey esto os notifique;   1085
para lo cual hemos hecho
pleito homenaje de estar
de vuestra parte, y pasar
cualquier peligroso estrecho
por vos, si darme la mano   1090
de esposa tenéis por bien,
y el reino quitar también
a un hijo tan inhumano,
que a dos traidores socorre,
y el ser olvida que os debe,   1095
pues a prenderos se atreve.
Riesgo vuestra vida corre:
si permitís ser mi esposa,
gozando el reino otra vez,
el llanto, luto y viudez   1100
trocáis en vida amorosa.

En este papel confirman
estos cuatro ricoshombres,
cuyo poder, sangre y nombres
conoceréis, pues lo firman,   1105
que son Don Enrique, yo
con Don Álvaro, y también
Don Nuño: si os está bien,
mi amor justa paga halló.

REINA

(Tomando el papel.)

Guardaréle para indicio   1110
de vuestra lealtad y ley,
y verá por él el Rey
a quién tiene en su servicio...

(Métela en la manga y luego saca otro
y le rompe.)

Aunque pegarme podría
la deslealtad que hay en él;   1115
que si es malo, de un papel
se ha de huir la compañía.
Rasgalle es mejor consejo;
que para vuestros castigos,
es bien aumentar testigos,   1120
y será quebrado espejo,
que en la parte más pequeña,
como en la mayor, la cara
retrata que en él repara;
mas si en pedazos enseña   1125
las vuestras, viéndose en él,
como son tantas, Don Juan,
retratallas no podrán
las piezas de ese papel.
Tomad las cuentas, primero   1130
que me prendáis, de la renta
real, y alcanzadme de cuenta,
si podéis; pero no espero
que en eso me deis cuidado,
pues vos mismos sois testigo   1135
que en tres que hicisteis conmigo,
siempre quedasteis cargado.
Pero esperadme; que en breve
las que pedís os daré,
por que el Rey seguro esté,   1140
y sepa quién a quién debe.   *(Vase.)*

DON JUAN

¡Que callar me haga ansí
el valor de esta mujer!

ESCENA·XII

EL REY, DON MELENDO. — DON JUAN.

REY

Difícil es de creer
que conspire contra mí   1145
mi misma madre, Melendo;
pero es mujer: ¿qué me espanta?

DON MELENDO

La Reina, señor, es santa.

REY

Ver por mis ojos pretendo
la verdad que tengo en duda.   1150

DON JUAN

¡Rey y señor! ¿Vuestra Alteza
aquí?

REY

La poca certeza
que tengo, manda que acuda
en persona a averiguar
la verdad de estos sucesos.   1155

DON JUAN

Ya están los hermanos presos
que el reino os quieren quitar,
y la Reina temerosa
de veros contra ella airado,
conmigo se ha declarado,   1160
y promete ser mi esposa,
si en su favor contra vos
estos reinos alboroto,
y hago que sigan mi voto
los grandes.

REY

¡Válgame Dios!   1165
¿Mi madre?

DON JUAN

No guarda ley
la ambición que desvanece.
Vuestra corona me ofrece;
mas yo no estimo ser rey
por medios tan desleales.   1170
De rodillas me ha pedido

que a su llanto enternecido,
suelte a los Caravajales,
y que me vaya a Aragón
con ella; que desde allá   1175
con sus armas entrará
a coronarme en León;
y si resiste Castilla,
irá después contra ella.
Prendedla, señor, sin vella,   1180
porque si venís a oílla,
yo sé que os ha de engañar;
que, en fin, siendo madre vuestra,
mozo vos, y ella tan diestra,
más crédito habéis de dar   1185
que a mí, a su fingido llanto.

REY

Ésa no es razón ni ley.

ESCENA XIII

LA REINA. — EL REY, DON JUAN,
DON MELENDO.

DON MELENDO

Aquí, señora, está el Rey.

DON JUAN

(Aparte.)

De mis traiciones me espanto.

REINA

Huélgome que haya venido,   1190
hijo y señor, Vuestra Alteza
a averiguar testimonios,
que hace gigantes la ausencia.
sin mucha cordura alabo,
porque en negocios de cuentas   1195
y de honras, suele un cero
dañar mucho si se yerra;
y si como cortan plumas
las unas, cortaran lenguas
las otras, yo sé que entrambas 1200
salieran, Fernando, buenas.
Mandado habéis a Don Juan
que a tomar la razón venga
de vuestro real patrimonio:
viéndolo vos, soy contenta;   1205
que aunque deberos me imputan,
privados que os lisonjean
treinta cuentos, serán cuentos
de mentiras, no de hacienda.

Pero yo admito sus cargos: 1210
sumad, Don Juan, en presencia
del Rey gastos y recibos,
por que sus alcances vea.
Cuando de tres años solos
quedó del Rey la inocencia   1215
y este reino a cargo mío,
primeramente en la guerra
que vos, Infante, le hicisteis,
levantándole la tierra,
llamandoos rey de Castilla   1220
y enarbolando banderas,
gasté, Infante, quince cuentos,
hasta que en la fortaleza
de León preso por mí,
peligró vuestra cabeza.   1225
Redújeos a mi servicio,
y haciéndoos mercedes nuevas,
murmuraron los leales,
que veros pagar quisieran
vuestra traición con la vida;   1230
y para enfrenar sus lenguas
con el oro, que enmudece,
les di tres, que no debiera.
Ítem: en edificar
en Valladolid las Huelgas,   1235
donde en continua oración
a Dios sus monjas pidieran
que de vos al Rey librase,
y las trazas deshiciera
de vuestro pecho ambicioso   1240
en mi agravio y en su ofensa,
veinte cuentos. Ítem más:
cuando por estar Su Alteza
enfermo quisisteis darle
veneno (ya se os acuerda)   1245
por medio del vil hebreo
que entonces médico era
del Rey, en una bebida,
testigo de la fe vuestra:
en hacimiento de gracias,   1250
misas, procesiones, fiestas,
seis cuentos, que repartí
en hospitales y iglesias.
Aunque pudiera contar
otras partidas inmensas,   1255
en que por servir al Rey
vendí mis joyas y tierras,
como todo el reino sabe;
sólo os sumo, Don Juan, éstas,
que no las negaréis, pues   1260
tenéis tanta parte en ellas:
sólo no he de dejar una,
por que el Rey que os honra, sepa
cuán codiciosa usurpé

en Castilla sus riquezas.   1265
A un mercader de Segovia,
para pagar las fronteras
de Aragón y Portugal,
empeñé mis tocas mesmas,
en prueba de vuestra fe;   1270
que no tuvisteis vergüenza
de ver, contra el real respeto,
sin tocas a vuestra Reina.
Premié al mercader leal;
quitéle mis nobles prendas,   1275
que los traidores agravian,
y los leales respetan.
Si estos descargos no bastan,
no hay cosa en mí que no sea
del Rey, mi señor y hijo: 1280
entrad en casa; que en ella
no hallaréis más de este vaso

(Sácalo de la manga.)

que en prueba de mi inocencia,
y en fe de vuestras traiciones,
mi noble lealtad conserva;   1285
pero daréle también,
aunque en vos riesgo corriera;
que en vasos sois sospechoso,
y es bien que dároslo tema.
Ya me parece que basta   1290
esto en materia de cuentas;
en materia de mi honor,
para no seros molesta,
aquí he escrito mis descargos:
Vuestra Majestad los lea,   1295

(Dale su papel.)

Y conozca por sus firmas
en quién su privanza emplea.

REY

¡Válgame el cielo! Aquí dice
que como mi madre ofrezca
la mano a don Juan, de esposa,   1300
juntando estados y fuerzas
con don Enrique, don Nuño
y otros, haciéndome guerra,
me quitará a Castilla
para coronarla en ella.   1305

REINA

Para asegurar traidores,
fingí romper esa letra,
y la guardé para vos,
otra rasgando por ella.

REY

Don Juan, ¿es vuestra esta firma?   1310

DON JUAN

Sí, gran señor.

REY

                    Pues en éstas
a los demás desleales
conozco. Si la prudencia
que tanto celebra España,
gran señora, en vuestra Alteza,   1315
mi confusión no animara;
por no estar en su presencia,
de mí sin causa ofendida,
sospecho que me muriera.

(Tocan dentro cajas.)

Pero, ¿qué alboroto es éste?   1320

ESCENA XIV

DON DIEGO, DON ALONSO y DON
PEDRO, *armados.* — *Dichos.*

DON DIEGO

Deme los pies Vuestra Alteza;
que huelgo de hallarle aquí.

REY

Pues, ¡Don Diego!, ¿vos de guerra?

DON DIEGO

Donde privan desleales,
que en agravio de su Reina,   1325
vuestra verde edad engañan,
armado es razón que venga.
A Don Álvaro y Don Nuño
quité la más leal presa
de vuestros reinos, Señor,   1330
y los prendí en lugar della.
A los dos Caravajales,
indignos de tal violencia,
llevaban a Santorcaz;
no creí que Vuestra Alteza   1335
pudiera mandar tal cosa,
y ansí, viniendo en defensa
de la Reina, los libré,
por constarme su inocencia.

REY

Habéisme en eso servido,   1340
a mi amor y gracia vuelvan,

que si engaños me indignaron,
mercedes les haré nuevas.

DON ALONSO

Mil siglos el reino goces.

(*Tocan dentro cajas.*)

ESCENA XV

BENAVIDES. — *Dichos.*

BENAVIDES

Que un criado, señor, vuelva   1345
por su señora, corriendo
su honra por cuenta vuestra,
no se tendrá a desacato;
y ansí digo que el que lengua
pone en su fama...

REINA

                    Ya estoy   1350
de vos, Don Juan, satisfecha;
que sois, en fin, Benavides,
y los traidores que intentan
ofenderme, convencidos.

(*Tocan dentro cajas.*)

ESCENA XVI

BERROCAL, TORBISCO, GARROTE,
ALDEANOS. — *Dichos.*

BERROCAL

¡A nuesa ama llevar presa!   1355
Arre allá. ¿Soy o no alcalde?

TORBISCO

Que está aquí el Rey.

BERROCAL

                    El Rey venga
a la cárcel.

GARROTE

            ¿Estáis loco?

BERROCAL

Poniéndole una cadena,
sabrá quién es Berrocal.   1360
Daos a prisión.

REY

            Todos muestran,
Señora, el amor que os tienen.
Don Diego, haced que se prendan
Don Enrique y los demás.

DON PEDRO

El temor, sin alas vuela: 1365
a Aragón los tres huyeron
del rigor de Vuestra Alteza.

REY

Haced, madre, de Don Juan
lo que quisiéredes.

REINA

            Sepa
España que soy clemente,   1370
y que el valor no se venga.
Destiérrolo destos reinos,
y sus Estados y hacienda
en los dos Caravajales
(hijo, con vuestra licencia)   1375
y en Benavides reparto.

DON DIEGO

Merécelo su nobleza.

REY

Dignamente en su lealtad
cualquiera merced se emplea;
y Vuestra Alteza, señora,   1380
con su vida ilustre enseña
que hay mujeres en España
con valor y con prudencia.

DON DIEGO

De *los* dos *Caravajales*
con la segunda comedia   1385
TIRSO, senado, os convida,
si ha sido a vuestro gusto ésta.

FIN DE
"LA PRUDENCIA EN LA MUJER"

INDICE

Se acabó de imprimir esta obra
el día 2 de enero de 1981, en los talleres de
OFFSET UNIVERSAL, S. A.
Av. Año de Juárez, 177, Granjas San Antonio
México 13, D. F.
La edición consta de 20,000 ejemplares
más sobrantes para reposición.

COLECCIÓN "SEPAN CUANTOS..." *

* Los números que aparecen a la izquierda corresponden a la numeración de la Colección.

ENCUADERNADOS EN TELA, TREINTA PESOS MÁS POR TOMO

PRECIOS SUJETOS A VARIACIÓN SIN PREVIO AVISO

EDITORIAL PORRUA, S. A.

oscuridad juego mano
p. 187